大陸對海峽兩岸經濟互賴效應之研究

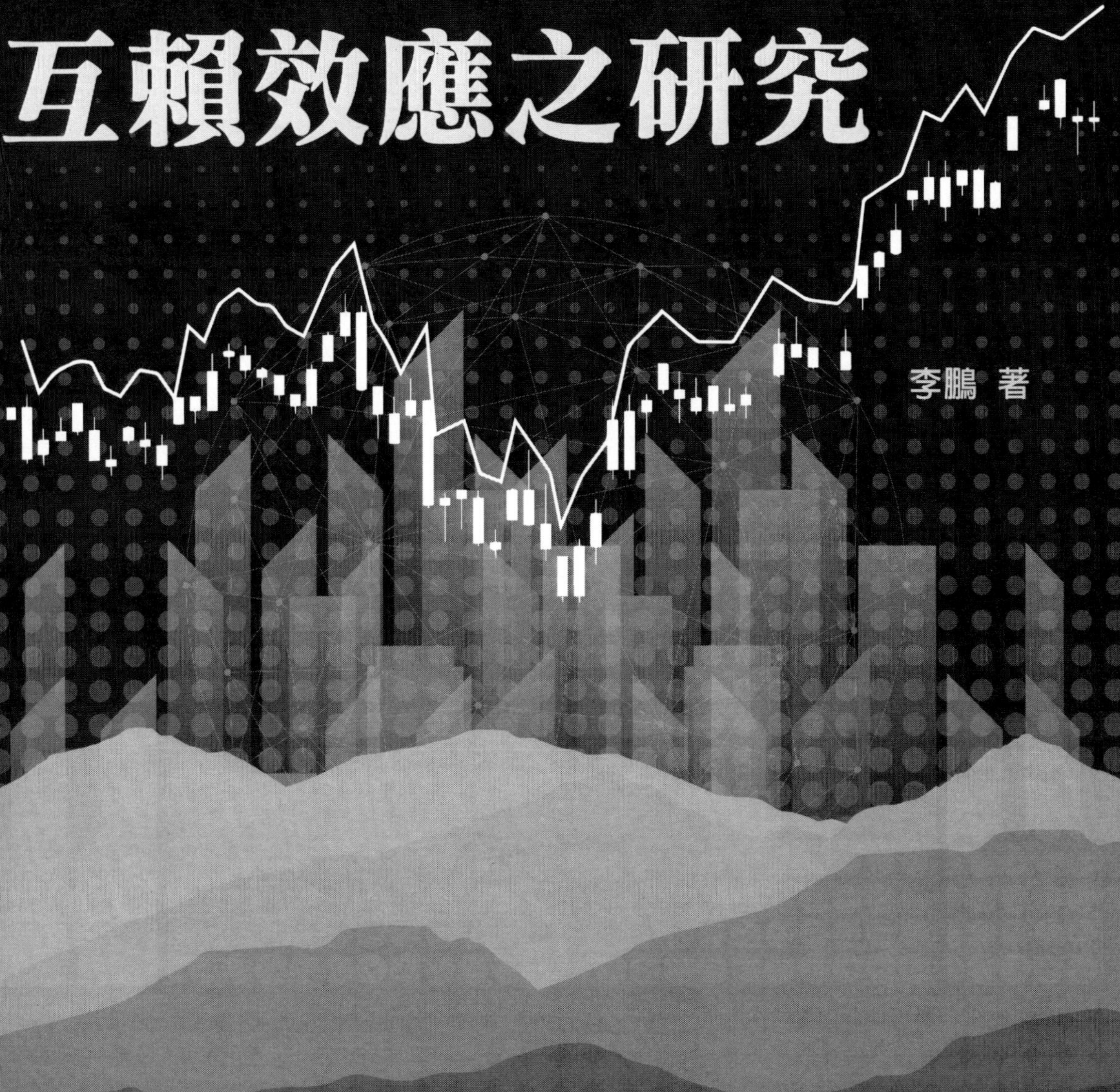

李鵬 著

崧燁文化

目錄

導論
 一、選題意義

第一章 兩岸經濟互賴的概念性解析
 第一節 「相互依賴」的定義辨析
  一、「相互依賴」的定義
  二、「相互依賴」與「依附」辨析
  三、相互依賴的分類
 第二節 經濟互賴的全球化和區域化背景
  一、經濟相互依賴的形成背景
  二、經濟全球化與相互依賴
  三、區域經濟一體化與相互依賴
 第三節 相互依賴的理論延展和分歧
  一、相互依賴理論內容的延展
  二、相互依賴理論的學派分歧
  三、相互依賴理論對兩岸關係的適用性

第二章 兩岸經濟互賴的形成與表現
 第一節 海峽兩岸經濟關係的性質
  一、中國大陸發展兩岸經濟關係的基本原則
  二、臺灣方面對兩岸經濟關係的政治考量
 第二節 兩岸經濟互賴的形成與發展
  一、兩岸經濟相互依賴的形成條件
  二、兩岸經濟相互依賴的發展階段

第三節 兩岸經濟互賴的具體表現
　　一、兩岸經濟相互依賴度的測量
　　二、兩岸貿易領域的相互依賴
　　三、兩岸投資領域的相互依賴
　　四、兩岸其他經濟領域的相互依賴
第四節 兩岸經濟互賴的主要特徵
　　一、兩岸經濟相互依賴的互補性與競爭性
　　二、兩岸經濟相互依賴的非對稱性與對稱性
　　三、兩岸經濟相互依賴的敏感性與脆弱性

第三章 兩岸經濟互賴的經濟效應
　第一節 經濟互賴與兩岸經濟合作
　　一、相互依賴與經濟合作的關係
　　二、兩岸經濟互賴的經濟增長效應
　　三、兩岸經濟互賴的經濟合作效應
　第二節 經濟互賴與臺灣經濟安全
　　一、相互依賴與經濟安全的關係
　　二、互賴背景下臺灣對經濟安全的憂慮
　　三、臺灣憂慮經濟安全的實質
　第三節 經濟互賴與區域經濟合作
　　一、經濟互賴與區域經濟合作的關係
　　二、兩岸經濟互賴與亞太區域經濟合作
　　三、兩岸經濟互賴與臺商投資集中地區的發展

第四章 兩岸經濟互賴的政治效應
　第一節 經濟互賴與臺海和平安全
　　一、經濟互賴與和平安全的關係

二、經濟互賴與大陸的和平意願
　　三、經濟互賴與臺灣的安全考量
第二節 經濟互賴與兩岸政治對立
　　一、經濟互賴的政治涵義
　　二、經濟互賴與兩岸政治關係
　　三、經濟互賴與兩岸「主權」分歧
第三節 經濟互賴與兩岸民眾認同
　　一、經濟互賴與認同的關係
　　二、經濟互賴與臺灣民眾的「國家認同」
　　三、經濟互賴與兩岸共同認同的建構

第五章 兩岸經濟互賴的機制化效應
第一節 兩岸經濟互賴的機制化意涵
　　一、「機制化」的概念辨析
　　二、相互依賴與機制化的關係
　　三、兩岸經濟互賴的機制化意涵
第二節 兩岸經濟互賴的機制化趨向
　　一、兩岸經濟互賴的機制化歷程
　　二、兩岸經濟互賴的機制化需求
　　三、兩岸經濟互賴的機制化路徑
第三節 ECFA 與兩岸經濟互賴
　　一、ECFA 的由來及性質
　　二、經濟互賴與 ECFA 的經濟效應
　　三、經濟互賴與 ECFA 的政治效應

結語 經濟互賴與兩岸關係和平發展
後記

導論

一、命題意義

海峽兩岸的經濟關係已經進入了一個相互依賴的時代。兩岸經濟關係在過去二十幾年的發展過程中表現出的相互依賴特徵和一體化的趨勢，無論作為表象還是現實，人們已經積累了很多感性的認識，很多專家學者也從不同的角度進行過探討，但如何從理論層面探討兩岸經濟相互依賴的效應尚有一定的研究空間。

從上個世紀80年代以來，隨著中國大陸改革開放的不斷深入和海峽兩岸打破隔絕走向緩和，兩岸民間關係在經濟、社會、文化等各個層面都蓬勃發展起來。在影響兩岸關係發展進程的諸多關係中，兩岸經濟關係所處的地位和所發揮的作用相當突出，已然形成了「你離不開我、我離不開你」的相互依賴態勢。這種經濟上的相互依賴在兩岸交流的各個層面，在經濟、政治、社會、安全等多個領域，對兩岸關係的發展都產生了重要和深遠的影響。雖然臺海地區在過去十幾年裡時常呈現緊張、嚴峻、複雜的形勢，兩岸政治關係發展中還有不少政治難題有待破解，臺灣當局也曾不斷對兩岸經貿關係設置重重障礙，從李登輝時期的「戒急用忍」到陳水扁上臺後的「積極開放、有效管理」和「積極管理、有效開放」，都未能從根本上阻擋住兩岸經濟關係相互依賴、緊密相依態勢的形成和深化。2008年5月，臺灣政局發生重大積極變化後，兩岸關係開始展現和平發展的新局面，兩岸經濟相互依賴也進入一個新的階段。

2006年4月16日，中共中央總書記胡錦濤在會見前來參加兩岸經貿論壇的中國國民黨榮譽主席連戰和臺灣各界人士時表示，「和平發展

理應成為兩岸關係發展的主題，成為兩岸同胞共同為之奮鬥的目標。20多年來，兩岸民間交流合作蓬勃發展，基本形成了互補互利的格局，兩岸同胞的利益已更加緊密地聯繫在一起。在經濟全球化和區域經濟一體化趨勢加快發展的形勢下，兩岸有識之士對深化兩岸經貿合作都有著強烈的緊迫感。深化兩岸經貿合作，是關係兩岸發展前途和兩岸同胞利益的大事。」[1]2008年12月31日，胡錦濤總書記在紀念《告臺灣同胞書》發表三十週年座談會上進一步強調，我們要牢牢把握兩岸關係和平發展的主題，積極推動兩岸關係和平發展，實現全民族的團結、和諧、昌盛。兩岸同胞要開展經濟大合作，擴大兩岸直接「三通」，厚植共同利益，形成緊密聯繫，實現互利雙贏。兩岸同胞是血脈相連的命運共同體。包括大陸和臺灣在內的中國是兩岸同胞的共同家園，兩岸同胞有責任把她維護好、建設好。[2]

筆者認為，胡錦濤總書記對兩岸關係和平發展主題的重要論述，以及對深化兩岸經貿合作關係的強調，包括兩岸「命運共同體」和「共同家園」的表述，都是在深刻把握兩岸關係歷史發展和現實規律基礎上提出的。正如賈慶林主席所指出的那樣，兩岸關係和平發展的思想，是「立足於對臺工作長期的豐富實踐，體現了實事求是的科學精神，反映了對兩岸關係發展規律的深刻認識」；牢牢把握兩岸關係和平發展這一主題，「既符合當前推進兩岸關係的實際需要，又反映了兩岸關係發展的客觀趨勢，同時也是堅持和平統一方針的必然要求」。[3]同時，兩岸「命運共同體」和兩岸同胞的「共同家園」不僅僅是民族情感上的，也不僅僅是歷史文化淵源上的，它也越來越多地表現在兩岸經濟關係領域，並向兩岸關係其他領域進行全方位延展。隨著兩岸經濟相互依賴的逐漸加深，有學者認為，大陸作為臺灣「利益製造者」的角色將日益顯現，兩岸經濟命運共同體正逐漸形成。[4]這種以相互依賴為特徵的「經濟命運共同體」必定會對兩岸關係的和平發展，對中國統一大業的最終完成產生重要和深遠的影響。

筆者從1999年國際關係專業碩士研究生畢業以來，絕大多數時間都在從事臺灣政治和兩岸關係的研究。在日常研究過程中，我明顯地感覺到，兩岸關係錯綜複雜，牽涉到方方面面的問題，僅從政治的邏輯研究不足以解釋兩岸關係中的諸多現象，比如說經濟與政治、安全之間相互影響、相互制約的關係就是一個非常深刻和值得研究的課題。

　　兩岸的相互依賴從表面上看似乎是一種經濟現象，在某種意義上也是一種政治現象，它所產生的效應有經濟方面的，也有政治方面的。兩岸經濟上相互依賴的形成一方面是經濟和市場規律作用的結果，同時又離不開兩岸特殊的政治背景。相互依賴對大陸和臺灣的經濟發展、政治安全形勢所產生的影響，既有正面的，積極的，也有負面的，消極的。筆者選擇這樣的題目，就是希望能夠從兩岸經濟關係的相互依賴現象入手，運用相關經濟學和政治學理論，探討兩岸相互依賴的性質、程度和影響，並試圖解釋兩岸關係中出現的所謂「政經背離」現象。兩岸經濟關係是兩岸關係的重要組成部分，筆者認為，釐清經濟與政治之間的關係，深入分析相互依賴給大陸經濟發展、臺灣經濟發展，以及兩岸的政治、安全關係所帶來的效應，兩岸政治關係對經濟相互依賴所產生的影響，以及兩岸經濟互賴對兩岸關係機制化所產生的影響，對於構建兩岸關係和平發展框架，確保臺海地區和平穩定，共謀兩岸同胞的利益福祉，最終實現中國的完全統一，有著重要的理論和現實意義。

　　二、文獻回顧

　　學術界對國家或地區間相互依賴現象的研究並不是一個新的課題，在國際政治經濟學領域，這種研究已經比較深入。具體到兩岸經貿關係研究領域，多數學者都敏銳地觀察到兩岸經濟相互依賴的現象，並進行過一些研究，研究的重點議題主要有：如何計算和解讀兩

岸的貿易依存度、兩岸相互依賴的表現形式、相互依賴對臺灣相關產業的影響、相互依賴對大陸經濟發展的影響、相互依賴與臺灣的「經濟安全」、相互依賴與臺灣當局的兩岸經貿政策、大陸對臺經貿政策中的政治考量、相互依賴與兩岸經濟一體化等等。但由於兩岸經貿關係的蓬勃發展還是近二十幾年的事情，加上兩岸政治形勢的複雜和微妙，海內外學者對兩岸經濟相互依賴的研究，絕大部分成果或觀點還只是散見於各種研究兩岸經貿關係著作的某些章節，或作為學術論文的一部分湮沒於眼花繚亂的期刊雜誌中，迄今專門研究兩岸經濟相互依賴的學術著作並不是很多。臺灣學者徐淑敏出版的《敏感性與脆弱性：互賴理論下的兩岸關係》，以及臺灣學者林崇誠在大陸出版的《產業與政治：兩岸相互依賴的時代》是兩本專門針對這一議題研究的論著。大陸學者中專門研究兩岸經濟互賴的著作還比較鮮見。

　　兩岸學者對經濟相互依賴的研究首先體現在對貿易依賴度或依存度的計算和分析上，有學者認為兩岸的經濟往來主要表現為臺灣對大陸的依賴，也有學者指出大陸在投資領域對臺灣的依賴同樣不能忽視。廈門大學臺灣研究院李非教授對兩岸貿易依存度進行了計算、比較和研究後得出結論，臺灣對大陸的貿易依存度較高，臺灣在兩岸相互依賴的貿易關係上，相對處於劣勢，由於臺灣的外貿依存度遠高於大陸，兩岸貿易的變動對臺灣經濟的影響相對較大。[5]他還從臺灣經濟循環結構變化趨向的角度對兩岸經濟相互依賴的演進趨勢進行了分析，他認為，區域之間經濟相互依賴度的不斷加深，決定並規範著臺灣經濟的發展趨勢；由於兩岸高度互補的經濟條件以及血緣、地緣與文化背景等特殊因素，彼此之間的經濟整合將迅速發展，兩岸相互依賴關係將最終走向直接運用大陸技術與市場的「直接連環關係」，即「雙環結構」[6]。

　　對外經濟貿易大學的華曉紅教授則認為對兩岸經貿依存度的分析僅停留在貿易依存度的層面是不夠的，她從貿易和投資兩方面著手，

分別以不同方法計算投資對海峽兩岸各自產生的利益，試圖客觀分析海峽兩岸經濟依存度。她最後得出的結論是，相互依賴是海峽兩岸經貿往來的基本特徵，但是臺灣對中國大陸的經濟依存度要明顯高於中國大陸對臺灣的經濟依存度；在投資領域，儘管目前的單向投資僅顯示中國大陸對臺灣資金的依賴，但是從投資貢獻的角度分析，臺灣向大陸投資對臺灣經濟的貢獻度要高於對大陸經濟的貢獻度。7

臺灣政治大學國家發展研究所教授、曾經擔任臺灣陸委會副主委的童振源也對兩岸在貿易和金融兩個層面的互賴進行了研究。他認為，貿易依賴度只顯示如果兩岸貿易中斷對於臺灣或大陸貿易往來的潛在影響，但相較於大陸，臺灣是一個高貿易外向地區，因此，貿易依賴度會低估兩岸經濟關係中斷可能對臺灣經濟所造成的衝擊，也就無法反映兩岸經濟真正的相互依賴程度。事實上，兩岸最重要的經濟互賴是金融的互賴。兩岸貿易中斷或在大陸臺商活動受到影響，都會對大陸的區域經濟發展產生衝擊。8童振源的上述觀點代表了相當部分臺灣學者的研究視角，即從維護臺灣「經濟安全」或「政治安全」的角度對兩岸經濟相互依賴進行研究，假設如果兩岸中斷經濟聯繫或大陸對臺灣進行經濟制裁可能會對兩岸經濟政治形勢產生怎樣的衝擊。

曾任臺灣國安會副祕書長、臺灣陸委會副主委的臺灣中華經濟研究院高長教授在1990年代初期就提出，隨著臺灣當局大陸政策的開放和臺商赴大陸投資日增，臺灣對大陸之貿易依存度也隨之攀高，這相對提升了大陸對臺灣實施經濟制裁的籌碼。9另一位臺灣學者陳春山則認為，大陸鼓勵與臺灣之間的經貿關係，當臺灣從經貿關係中獲利時，其將更依賴於大陸的經貿活動，當此經濟利益成長時，臺灣當局將憂慮於喪失經濟利益，大陸遂可以利用此等經濟依賴性以期達到其政治目標。10

在兩岸經濟相互依賴對大陸經濟和臺灣經濟發展影響的問題上，

兩岸的學者也進行了一些有益的探討。大陸學者的主流觀點是兩岸經濟是一種互利共贏的關係，大陸和臺灣都應該從這種相互依賴的關係中獲益。中國社科院臺灣研究所張冠華研究員認為，兩岸經貿關係發展加快了各自經濟結構調整與產業升級。對大陸而言，臺資已成為推動大陸改革開放、加快產業結構調整和升級的重要力量；對臺灣而言，兩岸經貿關係，將不僅是促進臺灣經濟復甦的重要動力，也將是推動臺灣經濟完成新一輪轉型的重要因素。11

臺灣著名經濟學家、中央研究院院士于宗先認為，臺灣與大陸的關係是相互依存的，臺灣經濟自由化與國際化的歷程對大陸扮演示範的角色；而中國大陸對臺灣的持續發展，提供了具比較優勢的生產資源，也提供了具潛力的市場。12曾任臺灣副領導人、前兩岸共同市場基金會董事長蕭萬長先生也指出，問題很清楚，兩岸經貿合作對臺灣有利。我們不能單純假設臺資流向中國大陸，只對中國大陸經濟有利，事實上臺資在中國大陸賺到的錢，也會用各種方式匯出，其中有相當部分流回臺灣，尋找新的投資機會。13

對於兩岸經濟相互依賴中的貿易不平衡和投資不對稱現象，兩岸學者也提出了自己的分析和看法。廈門大學臺灣研究院的石正方教授認為，兩岸經貿關係的嚴重失衡，不僅使大陸因長期貿易逆差而利益受損，而且由於臺資單向流入大陸，兩岸經濟資源的交流不暢，無法實現優化配置，對島內經濟也產生不利影響。14中國社科院臺研所王建民研究員認為，不能簡單地看到臺灣方面從兩岸貿易關係中獲得絕大順差和經濟利益，更不能將貿易盈餘與政治因素完全掛鉤，應更多地看到兩岸貿易的積極意義；更不能曲解臺商對大陸投資是「錢進大陸、債留臺灣」，要正確認識臺商投資大陸和返臺投資對大陸和臺灣經濟發展的貢獻。15

不少臺灣學者在看到臺灣對大陸高度貿易依賴的同時，也觀察到

大陸對臺商投資的依賴性。高長教授就認為，臺灣赴大陸投資，已使兩岸產業結合程度日漸加深，對大陸經濟發展，特別是資本形成、工業生產、出口創匯、創造就業機會、技術轉移等方面貢獻相當大。大陸若缺乏臺資的投入，則其經濟成長的亮麗成績必然失去許多光彩。[16]

對於如何從政策上解決兩岸經濟相互依賴中的不對稱、不平衡，以及可能產生的經濟和政治風險問題，一些學者對臺灣當局「戒急用忍」、「積極開放、有效管理」和「積極管理、有效開放」的兩岸經貿政策提出質疑。臺灣大學政治系教授張亞中觀察到，臺灣當局認為對大陸的經貿依存度過高，將會危及臺灣的「國家」安全與發展的看法，卻抵不過廠商為求生存與發展的思考。他因此提出，與中國大陸對抗或管制態度來面對，或許可收一時之功，但並不能夠形成穩定而長久的策略。張亞中教授表示，如何能夠以參與中國大陸的發展方式來消解臺灣對彼岸的政治及經濟壓力，是一個值得思考的方向。[17]大陸臺研會常務副會長周志懷也曾指出，臺灣當局的大陸經貿政策，無論是「禁重於導」，還是「導禁並重」或「導多於禁」，但基本上均落後於島內工商業的實際步履，落後於兩岸經貿關係發展的現實，使臺灣大批工商業者長期在「違法」狀態下從事兩岸經貿交流活動，這無疑加大了工商業者的經營風險。[18]

除了上述問題外，也有學者觀察到大陸和臺灣在政治上的歧見使得兩岸經貿充滿政治的色彩，臺灣當局在政治和安全的考量下，對兩岸經貿採取消極的態度，臺灣的兩岸經貿政策陷入政治與經濟的兩難。因此，探討兩岸經貿問題時，不可能忽視政治因素，純粹就經濟角度思考，尋求突破兩岸經貿關係之道，也應當從政治角度入手。[19]越來越多的研究兩岸關係的學者在試圖對兩岸「經濟熱、政治冷」的「政經背離」現象進行解釋，即兩岸經濟上的相互依賴為什麼不僅未能導致政治僵局的化解，兩岸關係反而出現越來越嚴峻的趨勢。

對這個問題，學者們之間的看法不盡相同。不少學者認為，兩岸經濟交流與合作的發展毫無疑問地有助於緩解和減輕雙方在政治關係上的對立和分歧，之所以目前還沒有出現這樣的結果，主要是因為時機未到，臺灣經濟對大陸的依賴尚未達到一定的比例或程度，只有達到一定的臨界點，相關效應才會顯現。廈門大學臺灣研究院的鄧利娟教授認為，兩岸經濟關係與政治關係之間會相互影響，但並不存在著必然關係。儘管兩岸經貿關係的發展無法消除「臺獨」觀念及其勢力，但不容忽視的事實是，二十多年來兩岸所形成的極其密切的經貿關係已經成為遏制「臺獨」勢力發展的重要力量。[20]

也有學者在研究世界範圍內的相互依賴後認為，經濟相互依賴不一定必然導向政治上的統一。歐盟國家之間的經濟相互依賴越來越強，但多數依然堅持保持政治上的自主性。經濟相互依賴可能會導致某些經濟主權的讓度，但永遠不會消弭國家或地區對主權的堅持。南開大學的曹小衡教授指出，經濟一體化與政治一體化是兩個截然不同的概念，經濟一體化趨勢，並不意味著承認政治的一體化趨勢。[21]福建省社科院現代臺灣研究所所長吳能遠研究員也指出，國際上有不少學者預期兩岸經貿關係發展必將加速兩岸政治整合乃至統一，低估了兩岸關係中政治的決定性作用。也有學者不適當地誇大了兩岸經貿關係對於政治的促進作用，因而賦予兩岸經貿關係過高的政治意涵，所有這些都無助於兩岸關係問題的解決。兩岸經貿關係發展的決定因素是政治，取決於執政當局的政策。如果兩岸政治上的對立和對抗繼續加深，兩岸關係很可能會陷入危機，從而對兩岸經貿關係造成重大挫傷。[22]

對經濟相互依賴可能產生的政治和社會影響。臺灣學者陳陸輝和耿曙認為，對臺灣民眾而言，兩岸經貿的意義益顯錯綜複雜，既涉及國家認同、軍事安全，又牽涉經濟發展、生涯機會，難怪有關兩岸經貿開放與否，成為臺灣社會爭議話題之一。[23]臺灣大學的張亞中教授

同樣認為，對兩岸雙方而言，經濟絕非純經濟而已，而是帶有相當色彩的政治目的。兩岸的經濟互動如果總是在政治不信任下發展，兩岸人民之間的相互認同將不會隨著經濟交流的密切而增加，這對於未來和平以及善意解決兩岸問題絕對是負數。24 臺灣中興大學國際政治研究所袁鶴齡教授認為，在兩岸關係的互動中，由於雙方「政府」在政治立場上都有所堅持，所以有一方企圖要以經濟實力來換取對方政治上的讓步是不切實際的想法。25

美國研究中國問題和兩岸關係的學者也關注到兩岸經濟相互依賴的問題，他們更多討論的問題也是兩岸經濟上的相互依賴是否會導致政治上的融合，是否符合美國的國家利益和臺海政策，更重要的是，是否可以避免臺海地區發生可能危及到美國國家利益的軍事衝突。

美國亞太安全研究中心高級研究員丹尼·羅伊認為，兩岸不斷加強的經濟合作看似為臺灣問題的政治解決提供了希望，這不僅有利於兩岸的人民，也與美國表達的政策相一致。他進一步分析說，經濟合作可能導致臺灣對大陸經濟的依賴或削弱臺灣經濟，從而使「臺獨」的支持者失去影響力；另一方面，緊密的經濟合作也可能重振臺灣經濟，提高臺灣的安全感。26

美國蘭德公司的一份報告中也指出，兩岸的相互依賴，即大陸需要臺灣的投資和臺灣需要大陸的市場和便宜勞動力，意味著限制了雙方使用經濟手段解決兩岸爭議的能力。也許中國大陸可以在一場極端的危機中對臺商投資採取措施，但卻可能在吸引全球投資方面產生深遠的負面影響；同樣，當臺商越來越多地前往大陸投資，他們會對臺海局勢的不穩定更加敏感，這會導致他們向臺灣當局施加壓力，迫使當局採取更溫和的臺海政策，這並不是北京要求他們這麼做，而是他們出於自身的根本利益的行為。27

從以上的文獻回顧中，我們可以看出，兩岸和海外的學者對兩岸

經濟相互依賴現象的分析和解釋雖然觀點各有不同，但都有獨到之處，這些看法對本書的寫作無疑有很大的啟發意義。因為研究本身就是「需要一種爭論、尋求和探索的氣氛，從而能不受約束地去發現」[28]。

筆者認為，各位先進的研究尚存以下幾個可補漏之處：首先，迄今為止，多數學者只是將相互依賴作為兩岸經貿關係中的一個次經濟現象來研究，研究層次僅停留在對貿易、投資、金融依賴度的現狀一般特性的描述和推導，在系統、宏觀、全面地研究兩岸經濟相互依賴方面尚有很大的空間。其次，多數學者在研究兩岸經濟相互依賴時，感性探討多於理論剖析，特別是在相互依賴如何對兩岸政治關係、臺海地區安全形勢產生影響的問題上，其實可以更多地借鑑國際政治經濟學中相對成熟的相互依賴理論進行解釋，特別是對兩岸經濟依賴的性質、類型、特徵、判斷途徑等要有基本的釐清。第三，臺灣或大陸某些學者對兩岸經濟相互依賴所產生的經濟、政治效應的研究，往往只是從利己的角度來解讀，並未從「將心比心」和兩岸共同利益的角度分析，特別是從合作與機制的角度對相互依賴進行分析時，這樣的結合顯得尤為重要。第四，學者們對兩岸經濟互賴的研究更多的是在兩岸關係緊張時期進行的，在當前兩岸關係形勢緩和，和平發展已經成為兩岸關係主題的情況下，相互依賴的效應還有探討的空間。

因此，筆者認為，既然相互依賴已經成為兩岸經濟關係中最顯著的特徵之一，我們就需要從相互依賴的角度來切入全面研究包括經濟關係在內的兩岸關係，需要運用包括西方經濟學、區域經濟學、國際政治經濟學、政治學、國際關係學等多學科的理論和研究方法，從經濟、政治、安全、社會等多個角度來研究相互依賴，而不僅僅只是將相互依賴作為兩岸經濟關係的一個次現象來研究。只有這樣，才能夠比較全面、客觀、深入地將兩岸經濟相互依賴的狀態及其產生的效應呈現給讀者，這也是本研究希望能夠努力的目標。

三、理論架構和研究方法

美國著名學者肯尼思·沃爾茲曾經說過：「理論是科學的根基，理論紮根於觀念」。29臺灣研究也可以是一門科學，它同樣必須運用科學的理論和方法來進行學術性的研究。倡導提出「臺灣學」的資深臺灣問題專家陳孔立教授就認為，臺灣學是一種學術研究，首先應強調它的學術性，只有把臺灣學當做一門科學看待，才能使臺灣研究具有科學性，才能具有科學價值；臺灣研究是一種區域研究，在運用各種理論、模式、方法進行研究的同時，要力圖尋找出適合研究臺灣的理論、模式和方法，以利於更科學、更深入、更準確地認識臺灣。30兩岸經濟關係的研究是區域經濟學的一個特殊研究領域，也是臺灣研究的重要內容。相互依賴是兩岸經濟關係的一個重要特徵，要想使兩岸經濟相互依賴的研究更具科學性和創新性，就必須運用科學的理論和研究方法。

兩岸經濟關係從學科歸屬上說屬於應用經濟學的研究範疇，因為它是「為獲得解決某個特定問題的訊息所進行的特定研究」，並且有一個明確的目標。31本論文的研究目標是對兩岸經濟相互依賴的現象、關係、原因、效應、影響等做出解釋，瞭解兩岸的相互依賴是如何形成、為什麼會形成、形成後產生的效應、如何來對待和處理它等問題。筆者擬以馬克思主義基本經濟理論為指導，以區域經濟學理論和國際政治經濟學為基礎，並參考和結合西方經濟學、產業經濟學、制度經濟學、發展經濟學、國際經濟學、國際關係學等學科理論，對兩岸相互依賴的經濟特性和所產生的經濟和政治效應進行綜合和系統地研究。具體來說，本書的論述將建構在以下相關理論的基礎上：

區域經濟學是指導本研究最基礎的理論之一。作為研究和揭示區域與經濟相互作用規律和相互關係的學科，它對區域經濟增長與發展的研究、區域產業結構的研究、區域協調與區際關係的研究、區域經

濟發展戰略的研究等等，都對研究大陸和臺灣這一個國家內部兩個區域之間的經濟關係有直接的意義。

國際政治經濟學同樣是指導本研究的最重要的理論基礎之一。1970年代以來，相互依賴理論成為研究國際政治經濟現象時使用得最廣泛的概念之一，被稱為是「國際政治經濟學中理論上最精緻完美、政治與經濟結合得最好的理論」32。兩岸經濟相互依賴的形成、發展及其政治效應，必須借鑑其他學科特別是國際政治經濟學的相關理論來進行分析。

宏觀經濟學中的經濟週期與經濟增長理論、失業與通貨膨脹理論、宏觀經濟政策理論等在考察兩岸經濟相互依賴對大陸和臺灣的整體經濟增長、經濟運行狀況、就業水平、經濟安全、兩岸的經貿政策等問題時都會有所涉及。

產業經濟學中的產業分工理論、產業結構理論、產業布局理論等都可以為研究兩岸經濟相互依賴對工業、農業、第三產業等產業的產業分工、產業轉移、產業合作，以及對兩岸產業政策協調等帶來的影響等問題提供理論支撐。

發展經濟學具有較強的實用性，它是源於解決發展問題，提供政策建議的需要。它透過對各種發展理論和戰略、經濟體制和可行性對策的比較，探索發展中國家經濟發展的過程和規律。33該理論中的經濟增長理論、利用外資理論、外貿發展理論等，對研究經濟相互依賴對兩岸經濟發展的影響有重要意義。

國際經濟學研究的是國家或地區之間的商品、資本、其他生產要素的流動所形成的經濟聯繫，其中的古典貿易理論、標準貿易理論、要素稟賦理論、經濟一體化理論、國際投資理論等都是我們在討論兩岸貿易、投資相互依賴所產生的效應，以及兩岸經濟一體化趨勢時所必須運用的理論。

制度經濟學中的制度創新、制度變遷理論與相互依賴理論有著密切的聯繫，它不僅可以用來研究兩岸經濟相互依賴可能產生的區域性效應和制度化需求，也可以分析兩岸關係中可能實現的制度創建、變遷、功能以及影響等。

既然本論文的研究涉及多個學科，需要運用多種理論，某種單一的研究方法就難以滿足本研究的需要，因此，本文將在辯證唯物主義和歷史唯物主義基本方法的指導下，綜合運用以下方法來進行研究：

結構分析與系統分析方法相結合。本文將運用結構分析法來分析兩岸關係包括兩岸經濟關係的大格局、大趨勢，以及兩岸經濟相互依賴的表現形式、具體效應等；運用系統分析法分析大陸和臺灣的經濟政策對兩岸相互依賴的影響，以及兩岸經濟相互依賴所產生效應之間的關係等。

規範分析和實證分析方法相結合。本文將運用實證的方法來總結出兩岸的經濟相互依賴到底在哪些領域產生了哪些規律性的效應，並以是否有利於兩岸關係和平發展作為標準，運用規範分析法來回答兩岸「應該如何應對」經濟相互依賴所產生的效應等問題。

靜態分析與動態分析方法相結合。本文將運用靜態分析法考察某一時間點上兩岸相互依賴所產生的效應，也將運用動態分析法分析在兩岸經濟關係發展過程中相互依賴所產生效應的變化軌跡和趨勢。

定量分析與定性分析方法相結合。本文將採用定量分析法，將經濟理論與數理統計方法相結合，對兩岸相互依賴中的某些現象，透過建立相關數學模型的方式進行分析。在此基礎上，再透過定性分析法，對定量的結果做出規律性的解釋。

比較分析與個案分析方法相結合。兩岸經濟相互依賴的研究需要研究大陸與臺灣之間的產品、資本、勞動力、經濟政策之間的相互聯

繫及其規律，必須運用比較的方法，進行橫向和縱向的比較，並得出一些相同或相異的結論。同時，也需要運用個案研究方法對兩岸關係中的某一個事件或現象進行研究，以便做出比較深刻和全面的認識。

四、篇章結構安排

為了深入和全面解讀海峽兩岸經濟相互依賴的政治和經濟效應，本論文將分成七個部分進行論述，即「導言」、「兩岸經濟互賴的概念性解析」、「兩岸經濟互賴的形成與表現」、「兩岸經濟互賴經濟效應」、「兩岸經濟互賴的政治效應」、「兩岸經濟互賴的機制化效應」，最後以「經濟互賴與兩岸關係和平發展」作為總結。

導言部分首先指出了本書的選題意義，然後對海內外對兩岸經濟互賴的研究作了簡單的文獻回顧，對本研究中所涉及的理論框架和研究方法、本書的篇章結構安排作了介紹，並對研究資料和數據來源作了說明。

第一章「兩岸經濟互賴的概念性解析」，討論的是兩岸經濟相互依賴的相關概念問題。釐清概念是任何學術研究的前提，對於什麼是相互依賴，海內外很多學者都提出了自己的定義。筆者在分析比較的基礎上提出了自己的看法。相互依賴作為一種經濟現象，存在於一定的時空背景之下，全球化和區域經濟一體化是經濟相互依賴最重要的兩個背景，筆者也對此進行了分析。相互依賴理論是一個不斷發展中的理論，筆者在第三節討論了這一理論的延展和分歧，並就相互依賴理論對兩岸關係研究的適用性問題進行了分析。

第二章「兩岸經濟互賴的形成與表現」，討論的主要是兩岸經濟相互依賴的性質、形成及表現特徵。筆者首先釐清了兩岸經濟關係的性質，它不同於國家與國家之間的關係，也不完全是按照國內經濟規律運行的特殊經濟關係。然後，筆者回顧了1987年以來的兩岸經貿關係發展歷程，並介紹了兩岸經濟相互依賴度的測量和計算方式，用圖

表和數據說明了兩岸在貿易、投資及其他領域相互依賴的形成經過和相互依賴程度。第三節筆者從互補性與競爭性、對稱性與非對稱性、敏感性與脆弱性的角度分析了兩岸經濟相互依賴的主要特徵。

第三章「兩岸經濟互賴的經濟效應」，主要是從經濟的角度討論經濟互賴對兩岸經濟合作、臺灣的經濟安全以及區域經濟合作所產生的效應。筆者先從理論上探討了經濟互賴與合作之間的關係，即經濟互賴是否會導致合作，怎樣才能導致合作的問題。隨後討論了經濟互賴對兩岸經濟增長的促進效應，對兩岸投資、貿易、產業分工合作、經貿關係正常化的影響。第二節討論的是臺灣方面對經濟互賴可能對臺灣經濟安全影響的憂慮，筆者先從理論上分析了經濟互賴與經濟安全之間的關係，並總結出臺灣方面對經濟安全的幾點疑慮，最後分析出臺灣憂慮經濟安全的實質。第三節討論的是兩岸經濟互賴對亞太區域經濟合作，以及對大陸內部長三角、珠三角、環渤海及海峽西岸經濟區等臺商投資集中區域的經濟影響效應。

第四章「兩岸經濟互賴的政治效應」，討論的是兩岸經濟互賴對臺海地區和平安全、兩岸政治對立以及兩岸民眾認同的影響。第一節筆者先從理論上討論了相互依賴與和平之間的關係，並運用這一理論解釋大陸在解決臺灣問題上的和平意願，以及臺灣方面在和平安全問題上的一些考量。第二節筆者從馬克思主義「經濟基礎決定上層建築」和相互依賴對主權的影響等理論出發，探討兩岸關係中的所謂「政經背離」現象，以及相互依賴是否會影響到兩岸在「主權」問題上的立場。第三節筆者先從理論的角度探討了相互依賴與認同的關係，隨後討論了兩岸經濟互賴對臺灣民眾「國家認同」與兩岸建構「共同認同」的影響。

第五章「兩岸經濟互賴的機制化效應」，主要討論的是經濟互賴與兩岸關係機制化之間的關係。第一節主要是從理論的角度分析兩岸

關係機制化的意涵，以及相互依賴會如何影響兩岸關係機制化建構。第二節則在回顧兩岸關係機制化歷程的基礎上，進一步討論兩岸關係機制化的需求和路徑。第三節針對兩岸正在商談的經濟合作框架協議（ECFA）問題進行具體分析，探討的是ECFA的性質，對經濟相互依賴的影響，及其可能產生的經濟與政治效應。

結語「經濟互賴與兩岸關係和平發展」，討論的是在兩岸關係發展的新形勢下，經濟相互依賴到底會呈現怎樣的趨勢，與兩岸關係和平發展是一種怎樣的關係，到底能夠發揮怎樣的作用，這也是本書的結論。

五、數據和資料來源

在經濟學的研究中，資料及數據的權威性和科學性是進行數據分析和模型建構的基礎。對外經貿大學華曉紅教授在分析為什麼很多學者「對臺灣地區向中國大陸投資對海峽兩岸經濟依存度的影響分析停留在一般性的描述和推導」時指出，究其主要原因是，第一，對臺灣對中國大陸投資所得的計算缺少基本統計數據，第二，海峽兩岸經貿交流的非正常化造成對市場需求的扭曲，因而在目前的統計數據下難以分析海峽兩岸經濟依存關係。[34]

即使在兩岸貿易的統計中，由於兩岸的貿易關係尚未實現正常化，經常會出現中國大陸海關總署、臺灣海關部門、臺灣「行政院陸委會」的統計數據並不一致的情況。如2006年，根據中國大陸的海關統計，兩岸貿易額為1078.4億美元；但臺灣海關的統計則為765.9億美元，而臺灣陸委會的估算則為881.78億美元。臺灣自身的統計數據就不一樣，其中一個分歧就是有無計算透過香港轉口的部分，根據香港海關統計，2006年兩岸經香港轉口貿易總額為216.17億美元，這個金額是否應該算在兩岸的總貿易額中，各方就有不同的看法。

為了確保研究數據的客觀性和準確性，筆者在使用數據的過程

中,力求呈現各個部門統計數據的原貌,在應用數據時指明數據的來源和出處。在涉及數據計算的時候,儘量使用統一口徑的數據,避免交叉混用的現象發生。

本書的資料全部來自兩岸官方正式發表的政策文件和重要講話,以及學者公開出版的論文、期刊和專著,即使是引用網路的材料也要仔細檢閱其來源的正當性。這樣做的目的就是為了避免引用一些未經證實、出處不明,甚至是盲目揣測、道聽途說的資料數據。

第一章　兩岸經濟互賴的概念性解析

　　相互依賴已經成為當今世界經濟的一個顯著特點，這個特點在過去二十多年的兩岸經濟關係中也得到了明顯的體現。但是，與兩岸經貿關係二十多年發展歷史不同的是，世界各個國家或地區間的相互依賴現象並不是近二十多年才出現的。早在19世紀中期，馬克思和恩格斯就在《共產黨宣言》中指出，「資產階級由於開拓了世界市場，使一切國家的生產和消費都成為世界性的了」，「過去那種地方的和民族的自給自足和閉關自守狀態，被各民族各方面的相互往來和各方面的相互依賴所代替了」。35進入20世紀以後，各個民族、國家或地區之間的那種局部的、片面的相互依賴迅速被全局的、全面的相互依賴所代替。36特別是20世紀六七十年代以後，各個國家或地區之間的經濟相互依賴特徵更加明顯，發展也更加迅猛。八十年代末九十年代初以來，隨著冷戰的結束，經濟因素在國際關係中的地位變得日益重要，經濟相互依賴也越來越成為大家關注的重點。

　　從上個世紀六七十年代開始，政治學、經濟學領域的學者們就從理論和現實兩個層次上開始對相互依賴進行深入研究。從理論根源上看，相互依賴理論源於古典自由主義經濟學。美國經濟學家理查德·庫珀在1968年出版的《相互依賴經濟學：大西洋社會的經濟政策》一書中首次提出了現代意義上的「相互依賴」概念。1977年，美國著名政治學者羅伯特·基歐漢和約瑟夫·奈在《權力與相互依賴》一書中做出了進一步的闡釋，為相互依賴理論建立了「一個清晰的理論框架」。從那以後，伴隨著世界經濟「全球化」和「區域化」的步伐，不斷有學者在引用、求證、深化和豐富這個理論。

兩岸經濟關係是一種特殊的區域經濟關係，它既存在於「全球化」和「區域化」的大背景中，又與推動兩岸關係和平發展的進程，以及最終實現中國完全統一大業有著密切的關係。我們在理解兩岸經濟關係中的相互依賴現象時，不僅需要從兩岸關係和平發展的架構下來理解，更要借鑑二十世紀以來學者們對「相互依賴」的概念解析和理論建構，它們對兩岸經濟關係同樣具有很強的解釋力。

第一節　「相互依賴」的定義辨析

對概念進行界定是任何學術研究的基礎和前提，不同的定義可能會衍生出對同一名詞南轅北轍的理解。雖然「相互依賴」是一個大家耳熟能詳、相當流行的詞彙，但目前學術界尚沒有一個公認的、能夠被普遍認同和接受的定義，不斷有學者從經濟學、政治學、法學、社會學、國際關係學等不同的角度對「相互依賴」進行詮釋。美國學者小約瑟夫·奈就認為，「相互依賴」同其他諸如「民族主義」或者「帝國主義」之類的政治詞彙一樣，是一個含義不清的詞，人們對它的理解往往是五花八門、相互矛盾的，政治家和分析家運用它的動機也不一樣。[37]在這一節中，筆者就試圖從他們目前已經給出的解釋中尋求靈感，找到最適合解釋兩岸經濟相互依賴現象的定義。

一、「相互依賴」的定義

「相互依賴」也簡稱「互賴」，英文是「Interdependence」，中文又被譯作「相互依存」。從語義學的角度看，根據韋伯斯特美語詞典的解釋，「inter」的意思是「between, among」（在……之間，在……之中）；而「dependence」的一個意思是「relying on someone or something else for aid or support」（依靠其他的某人或某物尋求支持和幫

助），另一個意思是「not in isolation, subordinate」（不隔絕、不孤立、從屬）。[38]中國社會科學院語言研究所編輯的《現代漢語詞典》對「相互」的解釋是「兩相對待的」；對「依賴」的解釋同樣有兩種，一種是「依靠別的人或事物而不能自立或自給」，另一種解釋是「指各個事物或現象互為條件而互不分離」。[39]

從中英文詞典的解釋中，我們可以發現，從字面上理解，「相互依賴」就有主觀和客觀兩個層面的意思，一個層面是客觀上的「不隔絕、不孤立」和「互不分離」的狀態，另一個層面是帶有一定主觀色彩的由於不能「自立」、「自給」而導致的「依靠」、「依附」或「從屬」。海內外學者在對包括經濟在內的各種「相互依賴」進行定義時，都無法脫離其語義學上的含義。主要有三種類型：

（一）一部分學者將定義的重點放在對相互依賴現象的描述上。

理查德·庫珀認為，「相互依賴」指的是一國的經濟運動對另一國經濟運動雙軌的、相互的作用和影響程度，這種相互依賴是雙向的傳遞，而不是單向的。[40]

新自由制度主義的代表人物羅伯特·基歐漢和約瑟夫·奈指出，「依賴」指的是為外力所支配或受其巨大影響的一種狀態；簡而言之，「相互依賴」即彼此相依賴，是以國家之間或不同國家的行為體之間相互影響為特徵的情形；這種影響往往源自國際交往——跨越國界的貨幣、商品、人員和訊息流動。[41]

美國學者羅伯特·吉爾平則把經濟相互依賴描述為一種「實力關係」和「經濟力量」，這種力量可被一個行為主體用來對抗另一個行為主體。經濟上的相互依存產生了一種可供利用和操縱的脆弱性。因此，經濟上的相互依存在不同集團和國家之間或多或少地建立起一種等級森嚴的、依賴性的實力關係。作為這一情況的對策，各個國家均在努力加強自己的獨立性，而增加他國對自己的依賴性。[42]

中國大陸學者張季良在描述國際關係領域的相互依賴時表示，「相互依賴」作為一種國際關係的狀態，表現為國際關係各行為體在政治、經濟、軍事和文化領域極為深刻的相互聯繫、相互滲透、相互作用和相互轉化的狀況。43

而另一位大陸學者俞正梁對「相互依賴」的描述是，「各國或地區間的經濟依賴日益加強，任何一個國家都不可能在封閉的狀態下求得發展，任何一個國家的經濟活動必然會以某種方式，透過某種渠道傳遞到其他國家，同樣也接受著他國對自己的傳遞影響」。44

（二）也有學者的定義是從「相互依賴」到底是「過程」、「狀態」、「條件」、「關係」還是「現象」入手。

美國學者斯坦利·霍夫曼將「相互依賴」定義為「社會的相互滲透」，「世界經濟中不同國家政策的相互聯繫」，它既是「一種條件」，也是「一個過程」。45

格哈特·馬利則表示「相互依賴」是「一種複雜的跨國現象，它包括國家之間多層次、多方面的互動模式，並產生明顯的相互敏感性和脆弱性」46。

美國學者托馬斯·謝林強調「相互依賴」是這樣一種狀態，即「一個參與者實現其目標的能力在很重要的程度上取決於另一個參與者將做出的選擇或決定」。47

臺灣學者宋鎮照認為，經濟相互依賴是一種「情境」，也是一種「狀況」，是一種「動態關係」，而不是「靜態的情境」，是「由國際政治經濟互動關係的動力所模塑」。48

（三）還有學者不僅僅從經濟角度對相互依賴進行定義。

美國的詹姆斯·多爾蒂和小羅伯特·普法爾茨格拉夫從權力角度將「相互依賴」定義為一國對其他國家的影響力量，「相互依存」意味

著一國以某種方式影響著他國的能力。如果依存是相互的，中斷彼此之間業已存在的關係將會對雙方都帶來損害。49

約瑟夫·奈也認為「相互依賴」可以用於意識形態目的和用於研究目的，他提請大家注意這兩種用法的不同。他形象地指出，作為一個政治動詞，「相互依賴」可以表述為「我依賴，你依賴，我們依賴，他們統治」。50

透過對上述相互依賴定義的分析，我們可以發現，「相互依賴」可以從以下四個層次進行詮釋和理解。第一，相互依賴的屬性。即相互依賴到底是一種「條件」、「情形」、「狀態」還是「過程」。第二，從雙邊角度理解的相互依賴。即相互依賴可以是兩個國家、地區或行為體之間一對一的相互影響關係。第三，從多邊或整體角度理解的相互依賴。即多個國家、地區或行為體構成的一對多、多對多、單個對整體、多個對整體等網狀錯綜複雜的相互影響關係。第四，從權力和政治的角度理解相互依賴，即相互依賴不僅僅只是一種經濟現象，其中也包含著權力政治的動機。

綜合這三個層次的詮釋和理解，筆者傾向於將「經濟相互依賴」定義為：各個國家、地區或其他經濟體之間，以及它們與區域經濟或世界經濟體系之間發生的、且難以擺脫的一種相互影響、相互制約、相互作用的關係。它既是一種靜態的客觀狀態和事實，也是一種動態的發展趨勢；它既是一種經濟現象，也是一種政治現象。因為，任何國家或地區間的相互依賴並不僅僅體現於經濟領域，在政治、安全、社會等領域都會存在相互依賴的現象，因此，上述定義是有一定的拓展性，可以延展到其他領域的相互依賴。

依照這個定義，本書所研究的「海峽兩岸經濟相互依賴」，無論是作為一種靜態的客觀狀態和事實，還是作為動態的發展趨勢，在狹義上是指中國大陸與臺灣之間形成的且難以擺脫的一種相互影響、相

互制約和相互作用的經濟關係；在廣義上還包括兩岸經濟關係與區域經濟和世界經濟之間的一種難以擺脫的相互影響、相互制約和相互作用的關係。

從「相互依賴」的定義中，我們可以總結出相互依賴的幾個基本特徵：

首先，相互依賴的行為主體可以是國家、地區或以其他身分出現的經濟體。在國際或跨地區經濟活動中，甚至在國際政治領域中，國家早已不是唯一的行為主體，很多非國家非政府的經濟實體、單獨關稅區、跨國公司、國際組織等都加入到行為主體中來。但是，在國際關係中，國家依然是最核心和最重要的主體。在兩岸關係中，由於大陸和臺灣從本質上就不是國家與國家之間的關係，因此，相互依賴的主體就是大陸和臺灣，或者是大陸作為代表整個中國的經濟體，與臺澎金馬單獨關稅區這兩個主體之間的關係。

其次，相互依賴反映出的是各個國家、各地區或各經濟體之間的一種「你中有我、我中有你」、「你離不開我、我離不開你」的雙向互動關係。雖然相互依賴表現出來的是一種狀態或情形，但它的概念核心是「關係」。在兩岸經濟相互依賴中，核心是兩岸經濟關係或兩岸經貿關係。筆者在本書中無意區分兩岸經濟關係與兩岸經貿關係的差別，因為它們更多的只是一種表述習慣的不同。雖然兩岸經濟關係在很長一段時期內帶有「單向、片面和間接」的特點，但兩岸經貿往來畢竟不是單方面的事情，這種不正常的兩岸經濟關係依然具有雙向互動性。

第三，相互接觸並不等於就是相互依賴，理解相互依賴概念的關鍵在於，行為體之間的互動是否帶來了需要付出代價的結果，如果交往並沒有帶來顯著的需要各方都付出代價的結果，則它只不過是相互聯繫而已，「相互依賴關係之所以總包含著代價，是因為相互依賴限

制行為體的自主權」。51有學者因此認為,「由於無法事先認定某種關係的收益會大於其所付出的代價,因此互利並不是相互依賴的特徵」52。因此,兩岸經濟往來並不等於兩岸經濟互賴,兩岸經濟相互依賴是兩岸經濟關係發展到一定階段與程度的結果。

二、「相互依賴」與「依附」辨析

在國際或地區經濟發展中,與相互依賴理論有一定的聯繫,但同時存在區別的另一個重要理論就是「依附理論」,也有臺灣學者直接稱之為「依賴(Dependency)」理論53。相互依賴與依附之間既有聯繫,又有區別。美國學者羅伯特·吉爾平認為相互依賴就包括了依附,即「相互依賴是相互的但又不平等的依附關係」54。這是因為,在普遍存在的相互依賴關係中,不平等不對稱也是一種普遍現象,這種不對稱的特徵就隱含著一個國家或地區依附於另一個國家或地區的可能性。在具體的國家或地區間的經濟合作中,他們的關係到底是「相互依賴」還是「依附」,不僅取決於客觀上的經濟聯繫狀況和密切程度,有時候也取決於主觀上的認知。比如對於兩岸經貿合作日益密切的現實,多數學者認為兩岸之間已經形成了一種相互依賴的經濟關係,但也有一些人鼓吹大陸經濟對臺灣的「磁吸效應」已經導致臺灣經濟對大陸產生了單方面的依賴或者是依附關係,這種關係不斷威脅到臺灣的「經濟安全」。因此,區分相互依賴與依附相當重要。

筆者認為,相互依賴與依附的概念還是有明顯的區別的。《中國現代漢語詞典》對「依附」的解釋是「附著、依賴;從屬」55。巴西學者多斯桑托斯對「依附」的解釋最具代表性,他認為,「依附」是這樣一種狀況,即一些國家的經濟受到另一國經濟發展和擴張的影響,兩個或更多國家的經濟之間以及這些國家的經濟與世界貿易之間存在著相互依賴的關係,但是結果某些國家(統治國)能夠擴展和加

強自己,而另外一些國家(依附國)的擴展和加強自己則僅是前者擴展的反映,這種相互依賴的關係就呈現依附的形式;不管怎樣,依附狀態導致依附國處於落後和受統治國剝削這樣一種局面。56多斯桑托斯的定義提到了依附與依賴的關係,但對二者的區別並沒有非常明晰地指出來。有中國學者就更清楚地指出,「依附」是不發達國家在同發達國家交往過程中表現出來的一種狀態,反映了不發達國家缺乏自主發展能力而對發達國家的依賴關係。57從字面上理解,「相互依賴」與「依附」或「依賴」的最大區別在於「相互」二字,雖然它們之間有不少相似的地方,但相互依賴理論和依附理論卻是兩種有著不同發展背景和解釋領域的理論。

依附理論在1960年代成為發展經濟學中的重要理論學派之一。它所解釋的是西方發達國家與發展中和不發達國家之間的經濟關係,主要是從全球範圍著眼,從不平等的國際分工和貿易格局的角度出發,運用「中心-邊緣」、「核心-外圍」、「依附」等概念來尋找發展中國家欠發達的原因和出路。它與其他的世界經濟發展理論最大的區別是,其他理論都是發達國家的學者站在維護發達國家利益的角度提出的,依附理論則是以分析不發達國家的不發達問題為自己的唯一使命,站在不發達國家的角度對世界經濟政治關係進行了獨特的闡釋。

依附理論經歷了從古典依附理論到依附發展理論的演變。古典的依附理論把外圍國家與核心國家定位為依附與支配的關係,外圍國家的經濟發展只能居於從屬地位,僅取決於追求最大利潤為目標的發達國家的經濟需要,外圍國只是為中心國服務的。中心國家的「發達」是靠剝削外圍國家,使後者處於「不發達」狀況才得以實現的。58這種理論在一定程度上割裂了依附與發展的關係,認為只有透過激進改革消滅資本主義體系才能夠擺脫依附。

隨著世界經濟形勢的發展變化,越來越多的學者開始強調應辨證

看待不發達國家某些發展，指出依附和發展並非對立排斥的兩個範疇，而是同時發生並存的一個過程，發展中國家在處於依附條件下仍可能會取得相當的經濟發展，並由此而逐步擺脫依附，走上政治獨立、經濟自主的道路，這也被稱為依附發展理論。巴西社會學家費爾南多·卡爾多索就認為，「依附性發展是當今世界上發展中國家取得經濟發展的唯一途徑，依附是發展中國家取得自立的必要代價」59。依附發展理論在很大程度上開始接近相互依賴理論，它更強調發展而不是依附，主張主動融入全球資本主義體系，而不是消極地受制於這一體系；它還強調落後國家可以從相互依賴中獲益，相互依賴可以使核心和邊緣國家互利互榮。60

綜上所述，相互依賴與依附的主要區別存在於以下幾個方面：

第一，依附根據經濟發達程度將經濟行為主體分為核心和邊緣，體現一種垂直型的不平等關係；而相互依賴更強調經濟行為主體地位上的平等性，是平行型的關係。臺灣學者張亞中就認為，平等是國際間在協商時必須遵守的原則，但是往往基於每個國家的國力與資源，其結果往往是不對稱。61我們就不能簡單地將這種「平等而不對稱」的關係稱之為依附。

第二，依附體現的是一種單向性的從屬關係，即不發達一方對發達一方的依附，發達一方則從這種依附關係中單向獲益，不發達一方則利益受損；相互依賴則強調關係的雙向性，「一榮俱榮，一損俱損」，雙方都從這種關係中獲益，雖然這種獲益的水平和程度可能是不平衡的。

第三，依附是一種被動行為，不發達一方在經濟活動中往往缺乏主導權和主動權，只能受到支配和剝削；相互依賴則是雙方的一種主動行為，各方都主動發展與他方的經濟關係，以便從中獲益。

第四，依附發展理論和相互依賴理論雖然都強調在依附或依賴中

發展，但相互依賴的視角更為寬泛，討論的不僅是發達與不發達經濟體的關係，而是所有經濟行為體之間，包括發達國家之間、發展中國家之間、發達國家和發展中國家之間，以及其他非國家經濟體與各發展程度不同的國家之間的關係等。

三、相互依賴的分類

作為一種經濟關係現象，我們可以從不同的角度將相互依賴分成各種類型，以便能夠更深入地探尋相互依賴的基本特徵。從相互依賴的範圍來分，相互依賴可以分為全面和限定的相互依賴，多邊和雙邊的相互依賴，全球性和地區性的相互依賴。從相互依賴的表現形式來分，可以分為直接和間接的相互依賴，自然形成和人為誘發的相互依賴，主動和被動的相互依賴。從相互依賴產生的效果來分，可以分為積極和消極的相互依賴，平等和不平等的相互依賴。從當前的世界範圍來看，全面的、多邊的、誘發的、間接的、全球性的相互依賴趨勢正在日益強化。[62]從海峽兩岸經濟相互依賴來看，它更多表現出的是一種地區性的、雙邊的、有限定的、自然形成的、積極的和平等的相互依賴關係。

也有學者認為上述對相互依賴的分類描述太過寬泛，難以揭示相互依賴背後紛繁複雜的客觀現實和意涵實質，因此，國外的學術界對相互依賴的類型進行了深層次的概括：敏感性相互依賴和脆弱性相互依賴、對稱性相互依賴和不對稱的相互依賴、戰略性相互依賴和戰術性相互依賴等。同前面的分類模式相比，這些對相互依賴的分類更具學術性和研究意義。本書的第二章將從這些角度對兩岸經濟相互依賴的性質和特徵進行分析。

第二節　經濟互賴的全球化和區域化背

景

　　國際社會的相互依賴主要表現在國際經濟關係中，世界經濟的全球化、區域化特徵對相互依賴有著重要影響，它們之間既有聯繫，又有區別。經濟全球化是指世界上多個國家或地區之間形成的相互依賴網絡構成的一種世界經濟狀態；區域化是指世界上某個區域的國家或地區之間相互依賴的經濟關係構成的一種狀態。同相互依賴相比，全球化和區域化的觀察視角更為宏觀，它們更強調的是相互聯繫的網絡狀態，而不僅僅只是雙邊意義上的相互聯繫。但無論如何，相互依賴都是世界經濟全球化和區域化形成的一個重要因素，可以說，沒有各個國家或地區間的經濟相互依賴，就不會有世界經濟的全球化和區域化進程。

一、經濟相互依賴的形成背景

　　西方國家經濟的相互依賴發展並不是從冷戰時代才開始的。相互依賴伴隨著資本主義工業經濟而產生，是國際分工、國際貿易和國際投資不斷發展的結果。當社會生產力發展到一定的階段後，國內社會分工便會跨越國界形成國與國之間的勞動分工。1760年代第一次產業革命後，真正意義上的國際分工形成，國際商品交換開始出現和發展，資本主義世界市場最終形成。之後，在第二次產業革命的帶動下，世界各國的經濟透過國際分工、世界市場、交通、訊息和通訊業的發展，而逐漸成為相互影響、相互依存、相互補充的統一的世界經濟體系。

　　「二戰」以後的第三次科技革命更是導致國際分工、國際貿易、國際投資從內容到形式，從廣度到深度都取得了巨大發展。由於各國經濟的迅速發展，商品國際化、資本國際化和生產國際化程度不斷提

高，各國之間的利益融合不斷加強，促進了相互依賴的發展。日本學者山本吉宣提出，相互依賴的根本依據是，與日俱增的世界性福利和廣泛的超國界流動人口的各種需要，是以跨國交流活動的擴大為源泉，以擴大整體利益和個別利益為基準，並在不同的層次水平上揭示國際社會整體利益與國家的利益、國家利益與各部門的利益、國家利益與國內各集團的利益。[63]

當前世界各個國家或地區間經濟相互依賴的形成與上個世紀60-70年代的世界政治、經濟形勢的大背景也有著密切的聯繫。理查德·庫珀認為，相互依賴是1960年代出現在工業化國家中間的一個強勁趨勢，它的出現和發展是戰後國際關係的一個突出變化。當時，美蘇兩極格局在長期對峙之後開始出現鬆動的跡象，兩大陣營之間的交流合作開始增多，特別在經濟、社會、文化領域的交流合作迅速發展，全球範圍內的各國經濟聯繫也在不斷加強。與此同時，美蘇兩個陣營內部也開始出現新的變化，特別是西歐、日本在經濟發展之後，不再希望扮演「從屬」美國的角色，美歐、美日是「相互依賴的不一致」的經濟關係的聲音開始抬頭，讓美國不得不思考賦予西歐和日本相對平等的經濟地位，這期間西方國家之間經濟上相互依賴的態勢越來越明顯。

冷戰後期和冷戰結束後，包括中國在內的不少國家開始實行開放政策，東西方經濟開始更密切地聯繫在一起，世界經濟領域出現了一些更為顯著的變化。貨幣、商品、人員、訊息、服務以前所未有的速度大規模跨國界流動，加上跨國公司的迅速發展和地位的提升，全球金融市場初具規模，國家或地區間的多邊合作加深，非政府組織的出現和迅猛發展，都極大地促進了各個國家和地區間相互依賴趨勢的發展。匈牙利經濟學家約瑟夫·努伊拉斯就表示，在當今時代，世界上任何一個國家的生產、甚至其生存的本身也或多或少地依賴別國的生產，任何一個國家生產的發展亦有賴於別國生產的發展，這是國際社會相互依賴的最基本現實。[64]在新一波世界經濟發展的大潮中，不僅

各國之間的經濟相互依賴日益凸顯，各國與世界經濟體系之間的相互依賴也越來越明顯。

二、經濟全球化與相互依賴

全球化已經是當前世界經濟的主要特徵之一，但對於什麼是「全球化」，學術界的爭論迄今沒有停止。各國學者對全球化的研究可以分成不同的流派，如自由經濟學派、世界體系理論學派和現實主義學派等，他們都從各自不同的角度對全球化提出解釋。中國大陸學者孫平認為，經濟全球化是指生產、貿易、投資、金融等經濟行為在全球範圍的大規模活動，生產要素按照市場經濟的要求自由流動、合理配置與重組，是世界各國經濟高度相互依賴、相互融合的表現。[65]

美國學者基歐漢和奈最近提出，可以從全球主義的角度來理解相互依賴和全球化的關係。全球主義，是指世界各國都被捲入多個大陸的相互依賴網絡的一種狀態。全球主義是一種相互依賴，但全球主義有兩個特殊的屬性：其一，全球主義指聯繫的網絡（多種關係），而非單一的聯繫；其二，一種聯繫的網絡，如果被認為是「全球的」，必須是包括多個大陸之間的而不僅僅是地區的聯繫。[66]

而國際貨幣基金組織對全球化的定義是：「全球化是指跨國商品與服務貿易及國際資本流動規模和形式的增加，以及技術的廣泛迅速傳播使世界各國經濟的相互依賴性增強」。[67]

有中國學者從更細緻的角度對「世界經濟全球化」與「國際經濟關係全球化」進行了區分，認為「世界經濟全球化」是指生產要素以空前的速度和規模在全球範圍內流動，以尋求相應的區位進行最佳的資源配置；而「國際經濟關係全球化」則是指在此基礎上各國之間在全球範圍內所形成的密切聯繫和交往的一種結構狀態。[68]

中外學者們的上述定義基本上勾勒出了全球化的概念，其中有一致的地方，也有不同的角度，但本文並不想侷限於「全球化」概念的討論，而是希望將重點放在全球化與相互依賴關係的闡述上。

從嚴格意義上來說，相互依賴與全球化並非兩個平行的概念。從被學術界廣泛討論和關注的時間上看，「相互依賴」的概念在1970年代就引起廣泛的討論，而「全球化」的概念在1990年代才被集中關注，並延續至今。科學技術的進步，尤其是現代通訊和交通的發展，使得這個世界越來越像一個「地球村」，不僅各個國家或地區間的經濟聯繫空前緊密，越來越多的國家或地區融入以國際分工為基礎的全球經濟網絡，全球化已經深深滲透到世界經濟領域的方方面面，特別在生產、貿易、投資、金融等領域，各個國家或地區間的相互依賴在全球化的浪潮下也日益加深。不管是否喜歡，人們已經身處在全球化的浪潮之中。這股不可阻擋、不可逆轉的全球化潮流在外延和內涵上都影響到國家或地區間業已存在的相互依賴關係，賦予了「相互依賴」概念在經濟和政治方面新的特徵。

相互依賴與全球化之間的密切關係可以體現在以下幾個方面：首先，經濟全球化與相互依賴都是建立在經濟開放、貿易自由的環境基礎之上的。任何一個國家或地區不可能在封閉的條件下實現相互依賴，更不可能發展成為全球化。經濟全球化要求所有的生產要素的經濟關係能夠跨越國家或地區的界限自由流動，形成國際分工和國際合作，只有在此基礎上，各個國家或地區之間才能發展相互開放、相互聯繫、相互依存的經濟關係，最終形成涵蓋全球範圍的有機經濟整體。同時，世界貿易越來越朝向自由化的方向發展也為國家或地區間經濟的相互依賴，以及經濟全球化的形成創造了條件。貿易自由化是指戰後依賴經濟全球化和市場化的趨勢在國際貿易領域的反映，它是各國透過單邊、雙邊、區域和多邊等途徑，根據互惠互利的安排，在國際貿易中消除歧視性待遇，大量降低關稅和堅守其他貿易壁壘的過

程，其最終目標是在全球範圍內實現資源的最佳配置，擴大商品和服務的生產和貿易。[69]雖然貿易保護主義不時抬頭，但貿易自由化的大趨勢使得各個國家、各個地區或各區域集團之間出現了經濟互動和互融的局面，越來越多地加入到經濟相互依賴和全球化的進程中來。

其次，各個國家或地區間經濟的相互依賴促進了全球化的形成，無數個相互依賴的關係才能構成全球化的網絡。從某種意義上說，全球化是建立在各國各地區經濟相互依賴的基礎之上的，是相互依賴不斷深化的必然結果。相互依賴雖然可以分為國家或地區之間的相互依賴，國家或地區對世界經濟體系的相互依賴，但畢竟更強調雙邊或多邊意義上的關係，在某種程度上是從微觀的角度進行考慮。而全球化則強調在各個國家或地區間相互依賴的基礎上，要求將整個世界的資源配置作為基點，進行全球布局，以此來考量國際合作和協調的問題；它往往是以多邊合作機制為基礎，以統一的世界市場和國際經濟規則為標誌，促進全球生產要素和商品服務的自由流動。因此，全球化是國家間經濟相互依賴和經濟國際化的進一步發展和更高的表現形式。

第三，經濟全球化的發展反過來也可以促進各國各地區間經濟相互依賴的深化。經濟全球化已經將各個國家或地區的經濟緊密聯繫在一起。在經濟全球化的大潮中，生產早已實現了國際化，一件產品往往是多個國家或地區分工生產的結果，很難辨別他們的國別屬性。由於運輸、通訊產業的迅猛發展，使得國際交往空前增加，貨幣、商品、人員以及訊息等都無時無刻不在進行跨國界的大規模流動。任何一個國家或地區一旦被捲入全球化的浪潮，都再難以自外於這個浪潮之外。實際上，在生產、貿易、資本流動高度國際化的時代裡，世界各國各地區經濟的相互依賴都明顯加深了。

三、區域經濟一體化與相互依賴

全球經濟體系是有一系列區域經濟體系組合而成的，經濟全球化與區域經濟一體化有著邏輯上和現實上的聯繫。很多學者認為「經濟區域化是走向全球化或全球經濟一體化的一個中間步驟或一個階段」[70]，區域經濟一體化是借助經濟全球化大背景的有力推動，成為世界經濟一體化在區域層面上的體系，區域經濟一體化有助於進一步推動經濟全球化，成為世界經濟一體化的先驅和基石。[71]我們在從全球的角度對經濟全球化與相互依賴的關係進行分析後，依然有必要從區域的角度研究區域經濟一體化與相互依賴之間的聯繫和區別。

區域經濟一體化的現象出現於1950年代，經過幾十年的發展，世界上的絕大多數國家或地區已經加入一個或多個區域經濟一體化組織，區域經濟一體化也已經成為世界經濟的重要特徵之一。巴拉薩在《經濟一體化理論》一書中將區域經濟一體化定義為「既是一個過程，又是一種狀態。作為一個過程，強調了國家間取消經濟歧視的動態性質；作為一種狀態，強調了國家間完全不存在各種經濟歧視的靜態性質」。[72]中國學者曹宏苓認為，區域經濟一體化就是在一個區域範圍內，兩個或兩個以上國家為了共同的目標，不同程度地消除人為障礙，使商品和生產要素能跨國界自由流動，有關國家在平等互利的基礎上，協調經濟政策，甚至制定共同的經濟政策與制度。[73]

區域經濟一體化與相互依賴同樣有著密切的聯繫。首先，區域經濟一體化是國家或地區間經濟相互依賴加深的必然要求。隨著生產力的迅速發展和國際分工的深化，在一個區域內，當各個國家或地區的經濟關係越來越密切，相互依賴不斷加深時，他們為了尋求建立更加穩定的經濟關係，以便獲得更加廣闊和穩定的國際市場，就在客觀上要求採取國界壁壘，實現自由貿易，建立共同市場，甚至要求國家之間進行更深入的政策協調，經濟一體化就成為必然的趨勢。因此有學者認為，從理論本身的邏輯發展看，區域一體化是區域體系中相互依存的更高發展階段，抑或說一體化是相互依存的最理想狀態。[74]

其次，區域經濟一體化加深了區域內各個國家或地區間的相互依賴。區域經濟一體化具有各種形式，主要包括優惠貿易安排、自由貿易區、關稅同盟、共同市場、經濟聯盟、完全的經濟一體化等。不管是那種形式，經濟區域化的最典型表現就是各個國家或地區間的經濟合作關係更為密切，各成員國之間的產品、資本、勞動力、服務等更加不分彼此，相互之間經濟政策的協調也更為頻繁，區域內國家經濟的集聚效應和互補效應發揮得更為充分。這種區域內各國各地區的經濟合作具有很強的不可逆性，任何國家或地區一旦被捲入這種區域經濟一體化的浪潮，就難以脫離，最終只會更加深化他們之間的相互依賴關係。

第三，在強調區域經濟一體化與相互依賴的聯繫時，我們也必須看到他們之間的差異。經濟的相互依賴並不必然導致一體化，美國耶魯大學教授卡爾·多伊奇也提出，相互依賴只有在一定條件下才可能轉換為一體化，即「如果相互依賴是高度的、積極的，並為參與方所珍重，它就有可能轉向一體化」。[75]而且，區域經濟一體化對不同區域國家間的經濟相互依賴有時會產生消極影響。隨著經濟全球化的發展，很多分屬不同區域的國家之間經濟上都形成了相互依賴關係，但區域經濟一體化往往最初都只是在某一區域內實現。區域經濟一體化的一個基本特徵是開放性與排他性並存，即區域經濟組織在加強成員國對內開放、促進區域貿易自由化的同時，對外則透過共同的關稅和非關稅壁壘等保護措施，限制非成員國商品進入。[76]這在某種程度上反而不利於不同區域國家間的經濟相互依賴關係的發展和深化。

第三節　相互依賴的理論延展和分歧

我們在討論國家或地區間相互依賴的時候，涉及的不僅僅是經濟層面的問題。它是一個多維度的現象，包括政治、經濟、軍事、社會

等各個方面,其中經濟的相互依賴是整個國家或地區間相互依賴的基礎。同任何理論一樣,學術界對相互依賴的理論研究與探討也經歷了一個不斷爭鳴、完善的過程,但經過三十多年的發展,相互依賴理論已經形成了一個相對完整的理論體系,本節將就相互依賴的理論延展和分歧進行闡述。

一、相互依賴理論內容的延展

學術界對相互依賴的研究是從研究國與國之間的經濟關係開始的,在理查德·庫珀1968年出版的《相互依賴經濟學》一書中,他首次對相互依賴作了學術理論上的分析。他以西歐聯合為例,針對「二戰」以後國際合作和國際貿易的新變化,比較系統地闡述了北大西洋公約組織成員國經濟間的相互依賴關係。他觀察到戰後工業化國家間不斷增長的對外經濟發展具有敏感性,因此他強調,研究國家間的關係,特別是國家間的經濟關係,關鍵是要瞭解一國經濟發展與國際經濟發展之間的敏感反應關係。當時,學術界對相互依賴的研究重點還是在經濟領域,主要探討的是各國間的相互依賴和經濟發展的關係。

但隨著時間的發展,越來越多的學者觀察到,國家或地區間的相互依賴並不僅僅表現在經濟領域,它可以有更多的研究維度和視角。在約瑟夫·奈和羅伯特·基歐漢1977年出版的《權力與相互依賴》一書中,他們總結了相互依賴發展的兩個趨勢:一是從單一型到複合型,即從研究經濟上的單一相互依賴到研究包括政治、經濟、軍事和外交在內的複合相互依賴;二是從區域型到全球型,即從研究僅限於發達資本主義國家範圍內的相互依賴到研究包括發展中國家在內的全球範圍的相互依賴。[77]實際上,在相互依賴理論的發展過程中,其研究內容發生有了很大的拓展,具體可以概括為以下幾個方面:

第一,從國際關係行為體方面來看,國家已經不再是唯一的國際

關係行為體，其地位和影響力的下降與非國家行為體的上升形成鮮明對比。跨國公司、國際恐怖集團、國際非政府組織等也已成為國際關係行為體，且影響力日益上升，他們在國家或地區間相互依賴關係的發展中起著越來越重要的作用。

第二，合作是一個與相互依賴密切相連的概念。加強國際經濟合作是建立和發展相互依賴關係的基本條件和動力，國家或地區間應該採取各種形式，透過各種途徑來加強彼此間的經濟交流與合作，以順應人民在經濟發展、社會繁榮等方面的需求。

第三，國家或地區所面臨的類似能源、環境、糧食、人口、裁軍等發展問題已經具有「全球性」的特徵，難以靠個別國家或地區自行解決，而相互依賴使各國各地區在這些領域擁有越來越多的共同利益，以此為基礎建立的國際協調機制在國際關係中的作用日益重要。

第四，由於各國家各地區間業已形成的相互依賴關係，傳統的「高級政治」（國家安全、國家利益、軍事戰略等）與「低級政治」（經濟社會發展等問題）已很難區分孰高孰低，經濟與政治之間的相互依賴、相互影響日益加深。

第五，相互依賴讓國家或地區間的關係具有脆弱性和敏感性，每個國家或地區在相互依賴關係中都會收到對方和外在環境的影響，在採取行動時不能為所欲為，必須考慮到其他各方的利益。

第六，相互依賴要求世界上的國家或地區採取更為開放的經貿政策和對外政策。對外開放是一個國家或地區經濟發展的重要條件，又是各國在全球化條件下相互依存的前提。78幾乎沒有一個國家的問題可以被視為純粹的國內問題，往往要收到外部因素的影響並影響國際社會，任何國家的閉關自守都只能導致自己自外於國際體系，損害自身的利益。

第七，國家或地區間相互依賴日益加深的態勢要求他們以合作代替對抗，用對話談判代替使用武力，用接觸代替遏制，來解決彼此間的矛盾和衝突，這將會導致國際或地區形勢不斷趨向緩和的方向發展。

相互依賴的另一個重要理論延展是發展出了國際機制的概念。國際機制理論是從1970年代國際關係的複合相互依賴模式發展而來的。不少學者觀察到，相互依賴導致了某些規則和制度的安排。基歐漢和奈就提出，認識國際機制的發展和崩潰，是理解相互依賴政治的關鍵。相互依賴關係發生在調節行為體行為並控制其行為結果的規則、規範和程序的網絡中，或受到該網絡的影響，並將對相互依賴關係產生影響的一系列控制性安排稱為國際機制。[79]他們認為現代西方國際經濟學並沒有對國際經濟相互依賴提出國際機制變遷理論上的解釋，而新古典經濟分析只是一種簡單化的解釋法，他們於是從國際機制變遷的角度對相互依賴進行了研究。中國學者門洪華對此指出，從人類發展的漫漫歷程來看，相互依賴與國際機制存在著正比的關係，所謂全球化是相互依賴規模最大化的結果，也是國際機制的規模和作用最大化的契機。[80]

二、相互依賴理論的學派分歧

自從相互依賴理論產生以來，學術界的爭鳴就沒有停止過。對於相互依賴理論到底有哪些理論流派，學術界的分類也並不一致。美國學者羅伯特·利珀認為大致有四種流派觀點：一是全球主義或制度主義學派，他們強調經濟因素是國際關係的首要因素。二是修正學派，他們對相互依賴改變國際秩序的能力持保留態度。三是新現實主義或結構現實主義學派，他們認為國家間存在的是一種不徹底的相互依賴，它是由國際無政府狀態造成的。四是馬克思主義的依附論，他們認為

國際關係是不對等的相互依賴,是發展中國家對發達國家的依附。81

但在約瑟夫·奈和羅伯特·基歐漢的眼裡,過去的相互依賴理論只有「傳統派」和「現實派」兩大思想體系,傳統派是僅僅關注國際關係中政治和安全領域的國家間權力鬥爭的學派;現代派則過於強調國際關係中的經濟社會因素,而忽視了傳統權力政治在一定意義上的延續性。82因此,約瑟夫·奈和羅伯特·基歐漢將這二者取長補短,對「權力與相互依賴」的關係進行了深入分析,提出了複合相互依賴的概念和分析模式。這也導致了學術界對相互依賴的研究重點由研究經濟相互依賴與經濟發展的關係,逐漸轉向經濟與政治、安全關係相結合的研究上。

當前,學術界對相互依賴理論的最大分歧在於相互依賴與和平的關係。自由主義認為,相互依賴有助於減少和緩解國家或地區間的衝突,增進國際和地區和平,其代表性的觀點是「貿易和平論」。最先提出「相互依賴」概念的庫珀從古典經濟學中的比較優勢理論出發,以經濟自由主義所崇尚的自由放任、自由經營、自由貿易和市場競爭原則為基礎,認為「貿易帶來和平」,認為國與國之間的經濟交往既增加了各國因地制宜而採取行動的自由,同時又限制了這種自由。因此,他認為相互依賴的中心問題是「如何在享受不受限制的廣泛的國際經濟合作帶來的多種好處的同時,又能讓國家追求合理的經濟目標」。他總結了經濟上相互依賴及其後果的三種表現,即經濟結構上的相互依賴,一個國家發生的經濟事件勢必對其他國家產生影響;經濟目標上的相互依賴,即各國經濟政策目標受到共同制約;經濟手段的相互依賴,即各國的經濟目標和經濟政策為他國所用。

上述觀點在當代也有一定的影響力和一些支持者。美國學者理查德·羅森克蘭斯就認為,現代世界經濟和相互依賴的發展使越來越多的國家成為「貿易國家」,「如果國家的經濟發展政策依賴於世界市場

的擴大,這樣的國家就很難指望推行領土侵略和擴張」[83]。冷戰結束以後,隨著「民主和平論」的興起,「市場經濟可以推動民主化」、「民主國家在貿易上可以結成更好的夥伴」、「貿易可以帶來和平」、「相互依賴可以導致和平」等自由主義觀點再次得到關注,甚至一度成為西方的主流意識形態。

現實主義理論和依附論的主張者並不同意自由主義的看法。他們認為相互依賴與國家或地區間的戰爭與和平並無關係,有時候相互依賴反而會增加衝突的幾率。他們首先從歷史經驗出發,提出質疑說,冷戰時期的西方經濟相互依存是二戰前相互依賴發展趨勢的恢復和繼續。如果按照經濟自由主義的觀點,自由貿易和投資帶來相互利益的融合,相互依賴關係的發展將帶來國際和平。但第一次和第二次世界大戰的爆發已經證明這種觀點是錯誤的,至少是簡單化的。他們認為,國家或地區之間經濟上的相互依賴關係只是實現和平的一個條件,但遠遠不是充分條件。

堅持認為相互依賴會導致依附關係的阿爾伯特·赫胥曼指出,貿易不會自動導致國際關係的和諧,不對稱的依附關係中存在濫用權力的現象,這會對國家間的關係產生負面影響。[84]新現實主義的代表人物肯尼思·沃爾茲甚至認為「相互依賴著的國家必定會發生衝突,並將不時地陷入暴力中,因為它們的關係沒有任何控制。如果相互依賴的發展速度超過中心控制的發展速度,那麼相互依賴便會加快戰爭的到來。」[85]

對於相互依賴理論的分歧,不少學者希望調和他們之間的不同觀點,也有學者對這些分歧的產生原因進行了分析。有學者經過實證研究發現,相互依賴與和平的關係與衡量變量的角度和範圍有關,即如果從成本的角度衡量,相互依賴會導致國際衝突的增加;但如果從收益的角度衡量,相互依賴會降低國際衝突。[86]也有學者認為貿易是否

能夠促進和平是與各國國家或地區經濟關係中的依賴類型相關的，一般來說，對稱的相互依賴關係可以促進和平，而不對稱的相互依賴可能產生更多的摩擦和衝突。[87]中國學者余萬里則認為，自由主義、現實主義和依附論關於相互依賴與和平關係的理論分歧在很大程度上起源於相互依賴的定義問題。因為在現實政治中，國家間的相互依賴通常同時包含著敏感性和脆弱性，兩者很難被割裂；正是不同學派的學者對敏感性和脆弱性這兩個不同方面的認知導致了相互依賴理論的根本分歧。[88]

三、相互依賴理論對兩岸關係的適用性

運用相互依賴的概念和理論研究兩岸關係在政治上和學術上均具有適用性。從當前學術界對經濟相互依賴的研究來看，主要是運用到經濟學與國際政治經濟學兩個學科的理論。雖然國際政治經濟學是國際關係學的一個重要分支，但對兩岸相互依賴的研究離不開國際政治經濟學的相關理論支撐。從科學研究的角度來說，運用國際關係中的理論研究兩岸問題與將兩岸關係作為國際問題來研究有著本質上的區別。美國學者肯尼思·沃爾茲認為，理論是解釋規律的陳述，它揭示恆定或可能存在的聯繫為什麼普遍存在；所有事物之間都互相聯繫，一個領域與其他領域也不可割裂。[89]理論也不例外，任何理論在保持自有領域個性的同時，也必然有共性的一面，特別是與其他理論共有邊界的概念和開放的思維模式完全可能被其他學科和相似領域所借鑑。[90]

臺灣問題和兩岸關係在本質上是中國的內部事務，涉及中國的和平統一大業，但在學術研究過程中，我們不能簡單地認為用國際關係理論和方法來思考研究兩岸關係就是要將臺灣問題國際化，而是要將理論、方法與立場、觀點區分開來，關鍵還是在於我們出於怎樣的研

究目的，以及如何來運用好國際關係理論得出我們自己的觀點。91 適當地汲取多學科、多領域的理論知識，將有助於我們開闊視野，提高臺灣研究的理論和方法水平。特別是在兩岸經濟相互依賴問題的研究過程中，無論是運用經濟學的相關理論，還是借鑑國際經濟學的相關理論，都不影響臺灣問題是中國內部事務的根本性質。

我們判斷相互依賴理論是適用於兩岸關係的研究，關鍵在於看這種理論中對兩岸關係中的具體問題是否具有解釋力。從某種意義上講，兩岸已經形成了一定程度的複合相互依賴，而經濟互賴是這種複合相互依賴中的核心內容。根據基歐漢的總結，複合相互依賴具有如下三個特徵：其一，各社會之間的多渠道聯繫，包括政府精英之間的正式非正式聯繫或對外部門的正式安排，跨國組織等。其二，國家間關係的日程包括許多沒有明確或固定等級之分的問題。其三，當複合相互依賴普遍存在時，一國政府不在本地區內或在某些問題上對他國政府動用武力，然而，在本地區或在某些問題上，軍事力量在政府間關係中也起著非常重要的作用。92

如果用三個特徵來觀察兩岸關係中的相互依賴現象，我們就會發現，他們之間有一定的契合度。第一，雖然兩岸官方尚未建立起直接的聯繫，但兩岸半官方、政黨、民間之間的聯繫已經非常密切；第二，兩岸在政治、經濟、社會、文化領域的諸多關係，解決起來雖然有先後之分，但難有孰輕孰重之分。第三，兩岸都希望用和平的方式解決彼此的歧見，但大陸也並沒有完全在萬不得已的時候採取非和平方式的選擇。因此，兩岸之間已經具備了一定複合相互依賴的特徵，但並未形成完全的複合相互依賴，與其他領域相比，兩岸在經濟領域的相互依賴顯得更為明顯和成熟。筆者在本研究中將從經濟相互依賴切入，以複合相互依賴的視角，分析其經濟和政治效應，並試圖得出相關結論。

根據上述對相互依賴理論的內容闡述，筆者認為相互依賴理論運用於兩岸關係研究至少有助於解釋下列問題：

第一，既然相互依賴研究的對像是國家或地區等行為體之間的經濟聯繫，那麼它自然可以用來解釋「兩岸之間日益加強的經貿聯繫是否已經構成了相互依賴，表現在哪些方面，相互依賴度有多高」等問題。

第二，既然最初的相互依賴理論是研究相互依賴與經濟發展之間的關係，那麼「兩岸之間的經濟相互依賴關係對中國大陸和臺灣的整體經濟發展、兩岸經濟合作等產生了怎樣的影響」理應成為研究的重要內容。

第三，既然相互依賴與全球化及區域經濟一體化有著密切的聯繫，那麼「在全球化和區域經濟一體化背景下的兩岸經濟相互依賴將對全球和區域經濟，包括大陸內部的區域經濟發展產生怎樣的影響」也需要進行研究。

第四，既然當前對相互依賴的研究已經延展到政治、安全領域，那麼「在兩岸關係的特殊情勢下，兩岸經濟相互依賴對兩岸的政治關係，特別是對維護臺海地區的和平穩定是否有影響，會產生哪些影響」自然也是值得研究的內容。

第五，既然相互依賴理論認為相互依賴會導致某些規則和制度的安排，那麼我們將此引入到「兩岸經濟相互依賴是否導致兩岸關係中產生了機制化的需求」的問題研究也是應有之義。

第六，既然相互依賴對國家或地區行為體的經貿和對外政策提出了新的挑戰，那麼在兩岸關係和平發展的新局下，我們自然需要探討如何來應對經濟相互依賴所產生的效應，維護兩岸關係和平發展的問題。

上述這些問題涉及相互依賴理論的多數內容，對這些問題的回答實際上是將相互依賴理論運用於兩岸關係，特別是兩岸經濟關係研究的一次嘗試，筆者將在此後的章節中對這些問題一一進行討論。

小結

本章主要討論了「相互依賴」的概念及其對兩岸關係研究的適用性。兩岸經濟相互依賴是指中國大陸與臺灣之間形成的且難以擺脫的一種相互影響、相互制約和相互作用的經濟關係，海峽兩岸與區域經濟和世界經濟之間的一種難以擺脫的相互影響、相互制約和相互作用的關係。它既是一種靜態的客觀狀態和事實，也是一種動態的發展趨勢；既是一種經濟現象，也是一種政治現象。它的核心概念是關係，是雙方在互動中付出一定代價後所形成的一種關係。

相互依賴伴隨著資本主義工業經濟而產生，是國際分工、國際貿易和國際投資不斷發展的結果。相互依賴與全球化並非平行的兩個概念。全球化與相互依賴之間、區域經濟一體化與相互依賴之間，都是一種相輔相成的關係。

相互依賴理論在不斷爭鳴中，經歷了從研究經濟上的單一相互依賴，到研究包括政治、經濟、軍事和外交在內的複合相互依賴；從研究僅限於發達資本主義國家範圍內的相互依賴，到研究包括發展中國家在內的全球範圍的相互依賴；從研究相互依賴本身發展到研究國際機制變遷的發展歷程。學術界對相互依賴理論的最大分歧在於相互依賴與和平的關係。

相互依賴的概念和理論在很大程度上能夠解釋兩岸經濟關係中的相互依賴現象。借鑑國際政治經濟學的相關理論研究兩岸經濟相互依賴及其產生的經濟與政治效應，並不影響臺灣問題是中國內部事務的根本性質。兩岸之間已經具備了一定複合相互依賴的特徵，但並未形成完全的複合相互依賴。從經濟相互依賴切入，從複合相互依賴的視

角來研究兩岸經濟互賴的經濟效應、政治效應和機制化效應，不僅可行，且有必要。

第二章　兩岸經濟互賴的形成與表現

　　兩岸經濟關係是推動兩岸關係發展的最為活躍的因素[93]，也是兩岸關係研究中的一個重要領域，更是區域經濟學研究中的一個特殊研究方向。說它活躍，是因為過去二十多年來，雖然兩岸政治關係時常遇到各種問題，有時甚至走到危險的邊緣，時至今日還有不少難題沒有破解，臺灣當局也不斷實施限制性的兩岸經貿政策，試圖阻礙兩岸經貿關係的發展，但是兩岸的經濟關係卻並沒有因此而停滯，而是義無反顧地頑強向前發展，取得了令人矚目的成就。說它特殊，是因為兩岸經濟關係不同於其他國家或地區間的經濟關係，由於受到臺灣問題的性質與兩岸政治關係現實的影響，它在很多方面表現出不同的特徵和內涵。在研究兩岸經濟相互依賴所產生的效應之前，我們需要首先瞭解兩岸經濟關係的性質，包括中國大陸發展兩岸經濟關係的原則、臺灣當局對兩岸經貿關係的政治化考量、經濟規律在兩岸關係中的作用等。

　　對於兩岸經濟是否已經形成相互依賴關係，學者們並沒有分歧，但對於兩岸在什麼時候形成的經濟互賴，這種互賴在貿易、投資和其他領域都有怎樣的表現，兩岸的貿易、投資依賴的程度到底有多高，很多人的看法並不完全一致。約瑟夫·奈認為，相互依賴可以從根源、收益、相對成本及對稱性這四個方面進行分析。[94]如果將其套用到兩岸經濟相互依賴上，也就是我們要分析兩岸經濟相互依賴從何而來，兩岸都從相互依賴中獲得了怎樣的利益，兩岸在相互依賴中所付出的脆弱性和敏感性代價都表現在哪些方面，兩岸經濟相互依賴是否存在不對稱或不平衡的問題等等。在本章，筆者將在討論兩岸經濟關係性

質的基礎上,回顧兩岸經濟相互依賴的形成過程,並深入討論如何判斷兩岸在經濟上是否已經形成相互依賴關係、如何測量相互依賴的程度、兩岸經濟相互依賴具體表現在哪些方面、具有哪些基本特徵等問題。

第一節　海峽兩岸經濟關係的性質

「世界上只有一個中國,大陸與臺灣同屬一個中國,中國的主權和領土完整不容分割」,這是大陸研究兩岸關係,包括研究兩岸經濟關係的基礎和前提。臺灣問題專家李非教授對兩岸經濟關係的性質作了精闢的論述,他認為兩岸經濟關係在性質上屬於一個國家內區域之間經濟交流與合作的範疇,是中國主體同其尚待統一的特殊地區——單獨關稅區之間的經濟關係;另一方面,兩岸在政治上還暫時處於分離狀態,兩岸經濟關係在運行方式上又帶有一定的特點,基本上按照國際經濟慣例和對外經貿制度的模式運行。[95]

一、中國大陸發展兩岸經濟關係的基本原則

積極推動和促進海峽兩岸經濟交流與合作,實現兩岸直接通郵、通航、通商,是中國大陸政府的一貫主張和基本政策。在中國大陸歷次發表的臺灣問題重要文獻中,都有對發展兩岸經濟關係的論述。1979年元旦,全國人大常委會發表《告臺灣同胞書》,呼籲海峽兩岸「相互之間應當發展貿易,互通有無,進行經濟交流」[96]。1981年9月30日,時任大陸人大常委會委員長的葉劍英向新華社記者發表談話,也提到建議雙方「共同為通郵、通航、通商提供方便,達成相關協議」,「歡迎臺灣工商界人士回中國大陸投資,興辦各種經濟事業,保證其合法權益和利潤」。[97]1987年臺灣開放臺灣民眾赴大陸探親之

後，兩岸經濟關係進入一個迅速發展的新時期，中國大陸立即制訂了包括《關於鼓勵臺灣同胞投資的規定》等一系列政策法規，鼓勵兩岸的投資、貿易和經濟技術交流活動。1994年3月，大陸人大通過了《臺灣同胞投資保護法》，第一條就明確指出，「為了保護和鼓勵臺灣同胞投資，促進海峽兩岸的經濟發展，制訂本法」98。

1995年，江澤民在「為促進中國統一大業的完成而繼續奮鬥」的講話中，特別指出「面向二十一世紀世界經濟的發展，要大力發展兩岸經濟交流與合作，以利於兩岸經濟共同繁榮，造福整個中華民族」99。2003年12月17日，國務院臺灣事務辦公室專門發表「以民為本、為民謀利、積極務實推動兩岸『三通』」的白皮書，就兩岸「三通」與經濟交流問題進行了全面闡述。2005年3月14日，大陸人大通過《反分裂國家法》，其中也提到「鼓勵和推動兩岸經濟交流與合作，直接通郵通航通商，密切兩岸經濟關係，互利互惠」100。4月29日，胡錦濤在與連戰會談時就發展兩岸關係提出四點主張，第二點主張就是「加強經濟上的交流合作，互利互惠，共同發展」，認為「既是大勢所趨，也是當務之急」101。

在積極推進兩岸經濟關係發展的過程中，中國大陸逐漸總結出了發展兩岸經濟關係需要遵循的基本原則，即「堅持一個中國原則」、「對兩岸經濟交流與合作實行特殊管理，原則上按照對外經貿制度經濟管理」、「堅持『直接雙向、互利互惠、形式多樣、長期穩定、重義守約』的原則」。102除此之外，在具體的兩岸經濟關係實踐中，「擱置政治爭議，不以政治分歧影響、干擾兩岸經濟合作」、「平等協商、靈活協商」等等也都是發展兩岸經濟關係的重要原則。

第一，堅持一個中國原則是開展兩岸經濟合作與交流的基礎與前提，按照對外經貿制度管理並不影響兩岸經濟關係的性質。

1949年以來，儘管兩岸尚未統一，但大陸和臺灣同屬一個中國的

事實從未改變。這是兩岸關係的現狀，也是我們研究兩岸關係的根本出發點和立足點。臺灣從來都不是「一個主權獨立國家」，因此不可能以「國家」的身分參與國際經濟活動。兩岸之間也不是「國與國的關係」，更不是「一邊一國」，因此兩岸經濟關係就不絕對可能是「國家與國家之間」的關係。無論是在國際經濟合作，還是兩岸經濟交流與合作中，都必須堅持一個中國原則。對於臺灣在國際經濟活動中製造「兩個中國」、「一中一臺」的言行，對於某些國家開展對華對臺經濟合作中違反一個中國政策的言行，對於臺灣企圖將兩岸經濟合作當做是「國家間合作」的任何言行，中國大陸都會堅決予以反對。

考慮到臺灣經濟發展的需要和臺灣同胞的實際利益，中國大陸政府對臺灣同外國發展民間性質的經貿關係不持異議，但必須在一個中國原則的前提下進行。在國際社會普遍接受一個中國原則的情況下，臺灣在國際經濟活動中的身分和定位已經由相關的國際章程明確規定。1985年11月，在中國政府與亞洲開發銀行簽署的諒解備忘錄中，明確規定中華人民共和國作為主權國家參加亞行，而臺灣作為中國的一個地區以「中華臺北」（TAIPEI, CHINESE）的名義參加亞行的活動。1991年8月，亞太經濟合作組織高官會議通過決議，確定臺灣以「中華臺北」的名稱以「經濟體」的身分加入，臺灣不能出席需要主權國家資格的外長會議，臺灣領導人也不得參加APEC領導人非正式會議。[103]1990年1月，臺灣提出申請以「臺灣、澎湖、金門、馬祖單獨關稅區領域」的名義申請加入世界貿易組織，2002年1月，臺灣以中國「臺澎金馬單獨關稅區（中國臺北）」的名義正式成為世界貿易組織的會員。

上述事實都清楚地表明，臺灣在國際經濟活動中並不是以「主權國家」的身分或名義參與的，而只是作為中國的一個地區經濟體或單獨關稅區的名義參加與非主權國家身分相關的活動，因此兩岸經濟合

作的性質基本上可以定位為「中國主體與臺灣地區經濟體或單獨關稅區之間的經濟關係」，這也是一個中國原則在兩岸經濟關係領域的具體表現。

但是，兩岸經濟關係並不完全同於中國大陸內部不同地區之間的經濟關係，它具有一定的特殊性，特別在具體的經貿關係實踐過程中，以大陸內部各個區域間的經濟管理方式進行管理明顯不合適，也難以操作，必須要實行特殊管理。有學者認為它是一種「按外貿進行管理的特殊的國內貿易」，臺商投資視同港澳投資，屬於外來資本的一個特殊部分；兩岸航運則屬於「特殊管理的國內航線」，按外貿運輸進行管理。[104]將兩岸經濟關係「按照對外經貿制度經濟管理」只是一種管理模式上的務實、靈活和變通處理，並不違背兩岸經濟關係必須遵循一個中國原則的基本原則。

第二，「不以政治分歧影響、干擾兩岸經濟合作」是促進兩岸經濟關係發展的重要保證，也符合兩岸經濟交流與合作中的市場經濟規律。

在一個中國原則的基礎上，中國大陸主張不以政治分歧去影響和干擾兩岸經濟合作。雖然經濟因素在兩岸關係中發揮著重要作用，但兩岸經濟關係發展在一定程度上要受到政治因素的影響，臺灣問題的最終解決還必須透過政治途徑。大陸學者曹小衡認為，兩岸目前的政治關係對兩岸經貿合作的負面影響很大，它使互利與對抗、合作與提防始終貫穿於兩岸經貿交流與合作過程之中，嚴重阻礙兩岸經貿交流與合作的健康發展。[105]臺灣學者蔡學儀也認為，兩岸經貿間的往來，很多發展層面受到非經濟因素的影響，兩岸當局彼此互信不足所導致是主要癥結，但是也有很多現像是顯示兩邊執政者是以經貿為手段、政治為目標；當經貿往來只是過程與手段，而不是雙方積極追求的目標，那麼政治掛帥的經貿政策，當然就注定其發展必有其極限了。[106]

在筆者看來，兩岸經濟關係的發展受到政治因素的影響是必然現象，也是由當前兩岸關係的客觀現實所決定的；但這種影響並不意味著將一些經濟問題「泛政治化」，而是應該想方設法將對經濟問題的政治影響降到最低。我們不能因為經濟可能受到政治的影響，就不去積極推動兩岸經濟關係的發展；更不能因為兩岸政治上的一些結構性難題在短時期內無法突破，就不去積極推動兩岸經濟關係的發展。正是為瞭解決政治和經濟糾結在一起、政經不分的問題，中國大陸提出了「不以政治分歧去影響、干擾兩岸經濟合作」[107]的主張。

但是，這種「政經分離」並不意味著中國大陸放棄堅持一個中國原則，放棄追求兩岸關係和平發展和國家最終統一的根本目標。「政經分離」與「以經促政」是辯證統一的關係，體現了原則性與靈活性的統一。一方面，在一個中國原則下，兩岸可以暫時擱置某些政治上的爭議，大力發展經濟關係，這樣不僅有利於兩岸之間的交流、溝通，增進雙方的互信與理解，另一方面，也有利於進一步密切兩岸經濟聯繫，加深兩岸經濟的相互依賴，增強中國大陸對臺灣的吸引力，從而為促進中國統一大業奠定堅實的經濟基礎。[108]

同時，不以政治分歧去影響、干擾兩岸經濟合作也符合市場經濟的基本規律。兩岸經濟關係從本質上說並非某種集團性的「經濟共同體」，而是一種以市場經濟原則為取向的經濟分工協作關係，理應由經濟規律決定產業分工與協作的層次，由民間企業自發形成的經濟力量推動兩岸區域間的產業對接。兩岸經貿關係發展的歷史表明，雖然兩岸政治上的難題一時難以破解，過去一段時間也曾對兩岸經貿關係造成一定的阻礙，但兩岸經貿關係依然能夠突破政治障礙蓬勃發展，本身就足以證明兩岸經貿關係的發展有其自身的規律，這就是市場的力量、經濟的力量。只要我們排除人為的政治干擾，儘可能淡化政治色彩，降低意識形態的影響，就能夠遵循經濟學的相關原理，用市場和經濟的力量來推動兩岸生產要素流動的自由化，擴大兩岸投資和貿

易規模，推進兩岸經貿關係進一步發展，造福於兩岸人民。

　　第三，「直接雙向、互利互惠、平等協商、方式靈活」是推動兩岸經濟交流合作的重要途徑。

　　由於臺灣多年的阻撓，海峽兩岸的經濟交流合作長期處在「間接、單向、失衡」的狀態，限制了兩岸經貿關係的發展，是一種不正常的經濟交往關係。2008年5月以來，隨著臺灣內部政治局勢的變化，兩岸經濟關係的這種單向性特徵有所改善，但離兩岸經貿關係完全正常化還有一段距離。「直接雙向、互利互惠」是發展兩岸經濟關係的基本要求，「平等協商、方式靈活」是促進兩岸經濟關係走向正常化的重要途徑。兩岸經濟處於不同的發展階段，客觀上存在著互補的條件和巨大的發展空間，只有直接雙向，才能夠更好地節約成本、擴大貿易、吸引投資、刺激消費，不僅造福於臺灣的廠商、有利於臺灣經濟的發展，更可以實現兩岸經濟持久健康的發展，實現經貿關係的互利互惠。

　　兩岸平等協商是解決兩岸經濟關係發展中所衍生問題的最佳途徑。即便是在李登輝和陳水扁當政時期，對於在發展兩岸經濟關係過程中遇到的事務性、技術性問題，中國大陸也是主張本著「平等協商、方式靈活」的原則進行處理，也就是「協商方式可以儘量靈活，解決辦法應當簡單易行，力求使技術問題單純化、解決方式便捷化」[109]。在上個世紀90年代海協會和海基會接觸和對話期間，兩岸之間就經貿關係發展中的諸多問題已經達成了協議。在臺灣造成兩會的對話、商談無法恢復的情況下，中國大陸又提出了「民間協商、達成共識、各自確認」[110]的靈活處理辦法，以圖最大限度地解決兩岸經貿關係發展中的實際問題，維護兩岸同胞的共同利益。馬英九上臺後，兩岸兩會在「九二共識」的基礎上迅速恢復協商，並分別在北京、臺北、南京、臺中進行了四次卓有成效的商談，達成了十二項協議和一

項共識,當前正就兩岸經濟合作框架協議問題進行協商,這些都對兩岸經濟關係的正常化和制度化發展有很大的裨益。

二、臺灣方面對兩岸經濟關係的政治考量

與中國大陸積極推動兩岸經濟關係發展不同的是,在很長一段時間內,臺灣方面對兩岸經濟交流與合作,特別是對兩岸經濟關係中日益明顯和加強的相互依賴現象,始終保持著警惕和疑慮。在臺灣的某些政黨或政治勢力看來,大陸強化臺灣對大陸的經濟依賴,是達成「以經阻獨、以商促談、以民逼官」這一政治目的的最佳策略手段,是要借「兩岸經貿關係深化提高對臺遂行經濟統戰之目的」。[111]因此,不論是李登輝時期的「戒急用忍」政策,還是陳水扁當政時期的「積極開放、有效管理」或「積極管理、有效開放」政策,都充滿著政治上的考量。這些政治上的考量不僅影響到臺灣的兩岸經貿政策,更阻礙了兩岸經濟交流合作的正常發展。臺前任「陸委會」主委陳明通2007年6月就表示,兩岸經貿往來「能放得都放到差不多了」,如果要進一步開放,就會觸到一個政治瓶頸;有些人說政治歸政治,經濟歸經濟,但實際上這是很現實的問題,如果這些政治問題不解決,「兩岸經貿交流很難進一步突破」。[112]

馬英九上臺以後,臺灣對兩岸經貿關係的政治考量依然存在,但是與李登輝和陳水扁時期不同的是,馬英九不僅僅只是看到兩岸經貿關係可能給臺灣帶來風險的一面,更看到機會的一面。馬英九當局在考量兩岸經貿關係可能給臺灣帶來哪些負面影響的同時,更多的是從積極、開放的角度來看待兩岸關係,來制定兩岸經貿政策,以儘量減少對臺灣經濟負面的衝擊,增加臺灣可能獲得的發展機會。回顧兩岸經貿關係發展的歷程,我們可以總結出,臺灣方面對兩岸經濟關係的政治考量主要表現在以下三個方面:

第一，李登輝和陳水扁時期對發展兩岸經貿關係都存在著背離一個中國原則和進行「臺獨」分裂活動的考量。

在1987年兩岸開放往來以後，臺灣就多次對經貿關係的發展採取「降溫」的措施。1993年，臺灣就拋出「南向政策」，其中一個重要考慮就是降低臺灣經濟對大陸的依賴度，並運用經貿實力參與「政府間國際事務」。1990年代中期，正當兩岸經貿關係處在快速發展的關鍵時期，李登輝當局實施了「戒急用忍」的經貿政策，提出發展兩岸經貿應該「臺灣安全第一、臺灣利益優先、考量政治風險、規範大企業赴大陸投資」等政策主張。「戒急用忍」的背後有著明顯的政治考量，當時李登輝當局在島內外不斷進行背離一個中國原則的分裂活動，將兩岸關係定位為「兩個對等互不隸屬的政治實體」，「在國際上互為兩個平行的國際法人」，甚至在國際上進行製造「兩個中國」的活動。而「戒急用忍」就是在這樣的背景下實施的，它的深層次考慮是，試圖透過限制臺商到大陸投資，拉開兩岸經濟的「安全距離」，降低臺灣對大陸經濟的依賴度，以利於維持「對等政治實體地位」。113

民進黨上臺之後，拒絕接受一個中國原則，不承認九二共識，雖然將「戒急用忍」調整為「積極開放、有效管理」和「積極管理、有效開放」，但在兩岸經濟交流過程中，臺灣依然聲稱，「在兩岸互動上，必須確立臺灣的主體性，堅持『中華民國是主權獨立的國家』，『主權』屬於2300萬臺灣人民，臺灣前途任何的改變只有2300萬臺灣人民才有權決定。這是『政府』兩岸政策的最高指導方針」。114陳水扁在2007年元旦講話中明確聲稱，臺灣的兩岸經貿政策，只有「臺灣優先」的路線、只有「臺灣主體意識」的路線，絕對沒有（可能導致開放）的「蘇修路線」。

在是否開放兩岸「三通」直航的問題上，臺灣的評估報告中列出

了種種政治考慮,如直航可能會對臺灣「國家主權」構成嚴重傷害、使臺灣民眾「敵我意識」趨於模糊、容易催化內部爭議與對立、有利於中共對臺統戰、不利於臺灣的國際宣傳等等,報告聲稱「我們如果屈從中共當局的政治前提來推動直航,則勢必嚴重傷害『國家主權』及減損臺灣『國際地位』,這種無可彌補的代價絕非『大陸』民意所能接受」。115說到底,當時的民進黨當局是擔心兩岸經濟關係日趨緊密,兩岸交流日益頻繁,將不利於其聲稱的「臺灣主體意識」的建立,不利於其凝聚所謂「臺灣的國家認同」,不利於其「臺獨」分裂活動的進行。

第二,臺灣某些政黨和政治人物經常將兩岸經濟問題「泛政治化」,從選舉利益的考量出發,謀取政黨和個人私利。

臺灣一些政治勢力將兩岸經濟關係政治化的另一個重要考量是選舉利益的考量,特別是在民進黨上臺以後,這一考量表現得尤為明顯。在以勝選為最高考量的情況下,民進黨當局往往將兩岸經貿政策的開放、兩岸「三通」直航等問題作為選舉的議題和工具來進行政治上的操弄,主要表現在兩個方面:一方面,民進黨當局為了向「臺獨基本教義派」做出交代,鞏固泛綠陣營的基本票源,在選舉的過程中除了攻擊國民黨等政治對手在兩岸經貿關係上的開放政策主張以外,還經常指責兩岸經濟關係的發展造成了臺灣經濟的「空洞化」、造成臺灣的失業問題,聲稱兩岸直航可能會導致「中國併吞臺灣」等等。為此,陳水扁當局不斷向「臺獨基本教義派」許諾對兩岸經貿關係進行限制,在任期內不開放兩岸「三通」等。

另一方面,為了吸引中間選民的選票,向臺灣的工商業者作出交代,並緩解來自美國、歐洲商界的壓力,陳水扁當局在選舉過程中又不得不在兩岸經貿政策問題上做出一些看似會開放的表態。比如陳水扁在2003年8月提出「兩岸直航三階段說」,並表示2004年底推動全面

直航，但實際上陳水扁只是希望將兩岸直航作為一個選舉的議題來炒作，暫時安撫中間選民和工商業者，以騙取他們的選票。民進黨當局將兩岸經貿政策與選舉考量掛鉤的直接後果是使臺灣的兩岸經貿政策受制於「臺獨基本教義派」。只要有選舉，民進黨就很難採取更為積極開放的政策，直接阻礙了兩岸經濟關係的正常發展。

第三，臺灣普遍存在著對大陸經濟依賴程度過深，會威脅臺灣所謂「政治、軍事、經濟、社會安全」的思維。

臺灣方面對兩岸經貿關係的另一個重要考量是所謂「國家安全」的考量。臺灣一向將大陸視為臺灣「最大的外在威脅」，認為兩岸經濟相互依賴過深可能會危及臺灣的「軍事安全」、「政治安全」、「經濟安全」與「社會安全」。這種想法不僅存在於臺灣的執政思維中，也存在於很多學者和普通民眾的思維中，成為臺灣民眾對發展兩岸經濟關係心存疑慮的一個重要原因。2005年6月，陳水扁在接受臺灣一家電視臺採訪時表示，「中國的威脅，我們不能當成不存在，因為他不是一般的『國家』，他不是美國、日本、東南亞或歐洲國家，它是對我們有威脅的，所以不管如何，我們的風險管理一定要考慮，不是只有所謂的互利互惠」。[116]並聲稱「政府的角色必須積極負起管理的責任，才能有效降低開放的風險。執政者必須著眼於『國家』長遠的發展，為可以預見的風險把關，扮演經濟安全的守門人，不能夠討好或取巧」。[117]連臺灣的軍方都有這樣的擔心，「倘若未來兩岸關係惡化，中共有可能禁止我產品輸往大陸或是凍結民生物資輸往臺灣，藉此對我施加經濟制裁，用以癱瘓臺灣經濟、瓦解我方士氣」。[118]因此，在維護所謂「國家安全」的幌子下，陳水扁當局對兩岸經貿關係採取限制性政策，並阻撓兩岸「三通」直航的實現。

馬英九上臺以來，臺灣和民眾對兩岸經貿關係發展可能會影響臺灣安全的疑慮並沒有完全解除，但是與民進黨時期相比，馬英九當局

的思維更加開放而不是繼續選擇保守的做法，其追求安全的路徑是透過對話而不是對抗。2008年8月，馬英九在接受媒體採訪時表示，「中國大陸正在成為世界上最大的經濟體，臺灣無法避免中國大陸的經濟衝擊。我們應該慢慢地改變思考模式，以便適應一個崛起的中國之事實。我想要說的是，我們可以認為中國大陸是一個危險而增加我們的國防，或者認為中國大陸是一個機會，並毫不保留地開放自己」。[119]對於馬英九當局新的安全觀念，民進黨和某些政治勢力依然從保守僵化的思維出發，攻擊馬英九當局的做法是損害臺灣的安全。

第二節　兩岸經濟互賴的形成與發展

隨著兩岸經濟關係的推進和發展，越來越多的人感覺到，兩岸經濟關係的依賴度逐步增強，互補互利的局面已經形成。臺灣學者高長認為，兩岸經貿關係愈來愈密切，這一方面表現在兩岸經貿相互依存度不斷提高，另一方面則是兩岸整合程度逐漸加深，兩岸經濟交流也成為臺灣參與國際產業分工的重要環節。[120]我們對海峽兩岸經濟相互依賴關係的分析首先就涉及以下幾個方面的判斷，即海峽兩岸是否形成相互依賴？是怎樣形成的相互依賴？相互依賴的程度有多高？

一、兩岸經濟相互依賴的形成條件

在第一章，我們討論了相互依賴的概念，從這些概念中，我們大概可以初步總結出相互依賴形成的條件和判斷標準。筆者認為，「開放」、「互動」、「代價」是我們在判斷兩岸是否形成相互依賴的經濟關係時需要把握的關鍵詞。

（一）兩岸經濟相互依賴的重要前提就是要實行開放的經濟政策。

當今的世界是一個開放的世界，不論是中國大陸還是臺灣，其發展都離不開經濟上的開放。對外開放不僅僅只是貿易往來，而是多領域、多渠道和全方位的開放，包括透過對外貿易對國際商品市場開放；透過引進外資、對外投資，對國際資本市場開放；透過技術交流和轉讓，對國際技術市場開放；透過對外勞務合作，對世界勞務市場開放等等。121

　　兩岸之間的開放也是如此，大陸和臺灣不僅各自要對世界上其他的國家或地區開放，兩岸之間更應該保持一個開放的經濟環境，以便讓商品、資本、技術、人員等要素在兩岸之間流動，利用各自的資源和生產要素的優勢，增加資源供給，提高資源的利用效率，共同促進經濟的發展。蒙代爾認為，當生產要素不能在兩國間自由流動，同時又不存在任何貿易障礙的前提下，只要存在資源稟賦的相對差異，國家間就可以透過國際分工與相互貿易達到資源優化配置。122雖然兩岸之間的政治障礙從1949年以來一直都存在，兩岸的資本、人員等生產要素的流動受到一定的限制，但只要經濟環境是開放的，經濟互動的趨勢就難以阻擋。

　　臺灣經濟對外開放比較早，臺灣資源比較缺乏，土地面積有限，市場規模狹小，科技基礎薄弱，經濟發展受到制約，明顯帶有「淺碟子經濟」特點。因此，對外開放的程度直接關係到其經濟發展的成敗。為瞭解決這個問題，臺灣選擇了外向型的經濟發展道路，對外開放度一直都比較高，對海外市場和貿易的依存度也比較高。1980年，臺灣經濟對外貿易依存度高達95.6%，其中對出口依存度也達47.89%。123

　　相比之下，中國大陸在1949年以後，由於受到內外環境的影響，很長的一段時期內維持著「閉關自守、只給自足」的經濟發展模式，在發展對外經濟關係的形式、規模、內容等方面都受到很大的限制，

嚴重影響到國民經濟的發展。兩岸之間更是如此，從1949年到1978年，由於兩岸處於政治、軍事對峙狀態，臺灣對兩岸經貿往來採取完全禁止的政策，兩岸經貿聯繫也基本中斷，雖然偶爾有一些間接貿易，但貿易額也是微乎其微。有學者形容這一時期的兩岸經貿聯繫「處於某種特殊的歷史斷層帶」124。在這一時期，兩岸經濟連交流合作的機會都沒有，就更談不上構成相互依賴了。只有在1978年中國大陸也實行對外開放政策之後，兩岸經濟上形成相互依賴才存在可能性。

（二）正常、頻繁、雙向互動的經貿聯繫是兩岸經濟相互依賴的重要基礎。

1979年之後，兩岸經貿關係開始出現復甦的跡象。但是從1979年至1987年，兩岸經貿關係並沒有構成相互依賴，主要是因為，一方面，這一時期的兩岸經貿關係發展既不穩定，也不頻繁，規模也不大，基本上是處在初興和起伏發展的不正常階段；另一方面，這一時期的兩岸貿易主要以轉口和單向為主，甚至處於地下或非法的狀態，缺乏形成相互依賴的基本條件。

1983年以前的兩岸經貿範圍以透過香港轉口的間接貿易為主，處於暗中和非法的狀態，貿易規模非常小，發展起伏不定，呈現大起大落的態勢。1984年以後，雖然兩岸轉口貿易有較大程度的增長，兩岸的經貿往來範圍也開始擴大，也有部分臺商透過第三國或第三地來大陸投資設廠，但兩岸貿易額度依然不大，成長起伏還是不夠穩定，臺商投資也處於規模小、層次低和非公開的狀態。[125]1985年，臺灣宣布「對港澳地區轉口貿易三項基本原則」，對臺灣與大陸的貿易由禁止改採「不接觸、不鼓勵、不干涉」的政策，等於變相同意臺灣與大陸的間接貿易往來，臺灣產品轉口大陸實現了單向合法化，在規模上也實現了從1979年以來的第二次高潮。

表2-1　1978-1987年海峽兩岸進出口貿易統計

（單位：億美元，%）

年份	進出口總額 金額	進出口總額 增長率	中國對台出口 金額	中國對台出口 增長率	大陸自台進口 金額	大陸自台進口 增長率
1978	0.46	/	0.46	/	0	/
1979	0.77	67.4	0.56	21.7	0.21	/
1980	3.11	303.9	0.76	35.7	2.35	1019.1
1981	4.59	47.6	0.75	-1.3	3.84	63.4
1982	2.78	-39.4	0.84	12	1.94	-49.5
1983	2.48	-10.8	0.9	7.1	1.58	-18.16
1984	5.53	123	1.28	42.2	4.25	169
1985	11.01	99.1	1.16	-9.4	9.85	131.8
1986	9.55	-13.3	1.44	24.1	8.11	-17.7
1987	15.16	58.7	2.89	100.7	12.27	51.3
1988	27.21	79.5	4.79	65.7	22.42	82.7

資料來源：中華人民共和國海關總署，轉自國務院臺灣事務辦公室網站。

兩岸經濟關係真正頻繁、正常、雙向互動開始於1987年兩岸開放之後。由於開放帶來的兩岸互動加劇，雙方貿易往來進入新的轉型時期，轉口貿易逐漸實現雙向合法化，兩岸貿易由單向轉向雙向，由地下轉為地上，貿易額大幅上升。這一時期，兩岸投資關係也開始深化，臺灣放寬外匯管制，加上開放探親後臺灣同胞到大陸考察、洽談投資環境人數的增多，都導致臺商投資大陸熱潮的到來。在開展貿易和投資的過程中，雖然也存在一些競爭性和不平衡性，但兩岸經貿往來的互補性逐漸凸現出來，而且隨著經貿關係的發展表現得越來越明顯，兩岸經濟關係相互依賴的條件逐漸成熟。從1988年至今，兩岸經貿關係取得了長足發展，兩岸經濟的相互依賴關係也隨之逐漸形成。

（三）兩岸經濟相互依賴形成的重要條件是雙方都要為此付出代價。

兩個行為體之間的相互聯繫不等於相互依賴，相互依賴必須在一定程度上限制了行為體的自主權。因此理解相互依賴概念的一個關鍵

點在於,行為體之間的互動是否帶來了需要付出代價的結果。相互依賴是建立在利益合作和協調的基礎上的,處在國際分工網絡中的每個國家或地區,作為一個獨立的體系與其他國家相互依賴,其本質就是利益的相互依賴,沒有合作和利益的協調一致,相互依賴就會對一個國家的經濟利益造成損害。126在利益合作與協調的過程中,各個國家或地區在獲得收益的同時,也必須付出一定的成本,也就是要付出代價。基歐漢和奈認為,「當交往活動產生需要各方付出代價的相互影響時(這些影響並不必然是對等的),相互依賴便出現了。」127

相互依賴一旦形成,這種代價就必須付出,它主要表現在兩個方面,一方面,雙方想要繼續維持這種相互依賴的局面,就必須繼續付出成本,以取得收益;另一方面,任何一方要想中止或退出這種經濟關係,也必須付出代價,而這種代價往往是他們所難以承受或不想付出的。但是,相互依賴並非意味著彼此處於平等的經濟地位,或經濟利益分配上的平衡,或貿易上的平衡,相互依賴也不意味著沒有依賴關係的存在或是沒有經濟剝削現象,而是一種處於互惠互利原則下的關係,是相互而有可能非平等的依賴,以比較現實的方式爭取經濟利益。128也就是說,我們在判斷是否形成相互依賴時,是否平衡獲利並不是一個必要條件,因為我們無法事先認定某種關係的收益會大於其所付出的代價。

如果從付出代價的角度來分析兩岸經貿關係發展的歷程,我們就會發現,從1979到1987年,兩岸經濟關係並不是很密切。根據臺灣「陸委會」的數據統計,1981年至1987年,大陸對臺灣進出口貿易依賴度最高為2.06%,最低僅為0.67%,平均依賴度為1.19%;臺灣對大陸的進出口依賴度最高為2.17%,最低僅為0.64%,平均為1.25%(見表2-2)。如果撇開政治上的代價不談,僅僅從付出經濟代價的角度來看,這一時期的兩岸經貿關係尚沒有達到一旦中斷經濟聯繫,雙方的經濟都會受到很大衝擊,這種衝擊讓雙方難以承受的程度;也沒有達到兩

岸在經濟上都不願意付出中斷經濟聯繫這種代價的程度。

表2-2　1981-1987年臺灣與大陸貿易相互依賴度統計

單位：%

年份	台灣對中國依賴			中國對台灣依賴		
	出口依賴	進口依賴	總貿易依賴	出口依賴	進口依賴	總貿易依賴
1981	1.70	0.35	1.05	0.34	1.75	1.04
1982	0.88	0.44	0.68	0.40	0.94	0.67
1983	0.80	0.44	0.64	0.49	1.55	1.03
1984	1.40	0.58	1.06	0.38	1.01	0.67
1985	3.21	0.58	2.17	0.42	2.34	1.58
1986	2.04	0.60	1.49	0.47	1.89	1.29
1987	2.28	0.83	1.71	0.73	2.84	2.06

註：臺灣對大陸的出口貿易依賴度指臺灣對大陸出口金額占臺灣出口總額的比重，

其他以此類推。

資料來源：臺灣「行政院大陸委員會」，《兩岸經濟統計月報》，第65期，1998年1月。

但是從1988年至今，兩岸經貿關係的快速發展使雙方經濟利益的融合越來越密切，利益量也越來越大。根據中國海關總署和臺灣「行政院主計處」的統計，兩岸貿易額在1987年僅15.16億美元，到1993年突破100億美元，達143.95億美元，再到1998年突破200億美元，達204.98億美元；此後每一兩年就以超過100-200億左右的速度增長，到2006年，兩岸貿易額已經達到1078.4億美元，臺灣對大陸的貿易依賴度達25.3%，大陸對臺灣的貿易依賴度達6.1%。[129]如此龐大的貿易額和高貿易依賴度讓雙方為了維持這種經貿聯繫所需要付出的成本越來越

大，自然中斷這種經濟聯繫付出的代價也越來越大。雖然兩岸的經貿關係由於受到臺灣某些政策限制的影響，尚處於不平衡的狀態，但雙方互利互惠的局面已經形成。可以說，不管是大陸還是臺灣，都依然希望能夠在兩岸經貿關係發展中付出成本，以取得更大的收益，同時，都不願意也難以承擔中斷兩岸經貿聯繫所付出的巨大代價。

二、兩岸經濟相互依賴的發展階段

兩岸經貿關係從1979年以來經歷了不同的發展時期，每個時期都有自己的表現特徵。對於兩岸經濟關係發展階段的分期，學者們的看法並不完全一致。李非教授從兩岸經濟合作三次重大轉折的角度出發，將1999年以前的兩岸經濟關係分成三個階段，即1979-1987年是以貿易主導為特徵的階段；1988-1991年是以貿易主導向投資主導過度的階段；1992-1999年是以投資主導為特徵的階段。130

曹小衡教授則從發展的程度出發，將兩岸經貿關係分成三個階段，即1979-1991年兩岸緊張關係緩和，兩岸貿易起步階段；1991-1997年大陸經濟駛入快車道，兩岸貿易高速發展階段；1998年之後的兩岸貿易平穩發展，醞釀突破的階段。131

臺灣有學者從經貿關係發展的基本特徵和政策演變的角度將1979-2000年兩岸經濟關係發展歷程分成四個時期，即1979年到1986年為試探性階段；1987年到1992年為成熟期階段；1993年到1996年為謹慎保守階段；1996年到2000年為戒急用忍階段。132

另外也有人將1989-1992年描述為間接貿易交流時期；1992-1996年為政策法制化和經濟關係深化時期；1997-2000年為「戒急用忍」政策時期；2001年-2008年為「積極開放、有效管理」與「積極管理、有效開放」時期。133

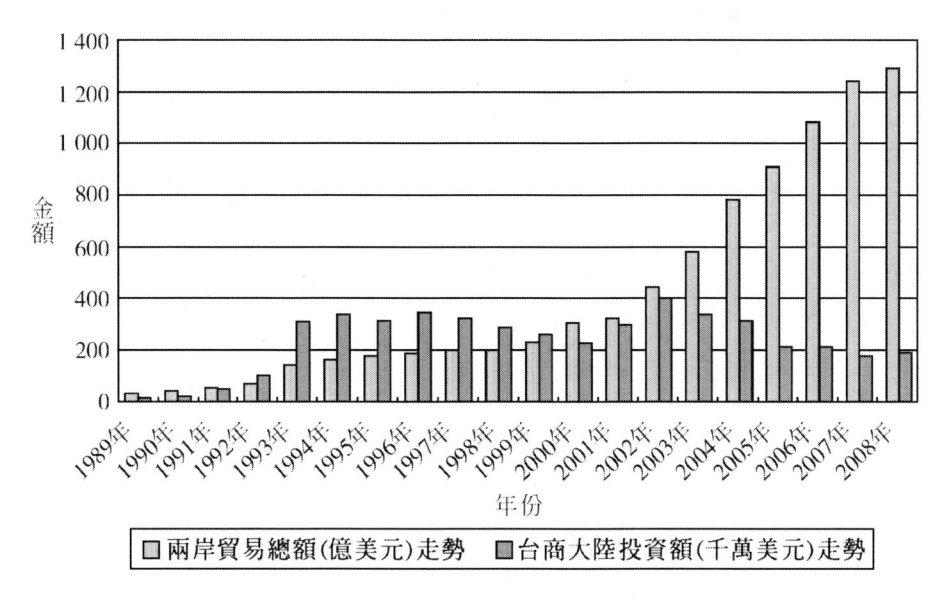

圖2-1　1989-2008年兩岸貿易投資走勢圖

註：製圖數據來源於中華人民共和國海關總署和商務部。

上述分期方法對分析兩岸經濟相互依賴關係的發展階段有一定的借鑑意義，根據兩岸經濟關係的性質和相互依賴的形成條件，我們既要考慮到經濟規律自身的影響與作用，從客觀角度觀察兩岸經貿關係發展的現實狀況，也需要從主觀的角度出發，考慮到臺灣某些限制性政策對兩岸經貿關係發展的干擾作用。筆者根據商務部和海關總署的數據，對1989年以來兩岸貿易總額、投資項目的發展進行圖表交叉分析，得出兩岸貿易投資的走勢圖（見圖2-1），並在此基礎上，結合中國大陸政府和臺灣的經貿政策演變，以及兩岸經貿大環境的發展變化，將兩岸經濟相互依賴現象大致分為以下幾個發展階段：

兩岸經濟相互依賴的成型階段（1988-1992年）：這一時期兩岸經濟相互依賴的雛形開始顯現，並最終形成一種難以逆轉的態勢。從圖2-1中我們可以看出，這一時期的兩岸貿易與投資關係都處於緩慢上升的階段。之所以說這一時期兩岸經濟的相互依賴走向成型，主要源自

兩個方面，一方面，兩岸經貿關係的總量雖然有限，但在客觀趨勢上已經開始呈現出一種頻繁、快速，甚至是飛躍發展的態勢。1987年臺灣開放民眾赴大陸探親後，帶來臺灣民眾赴大陸的熱潮，不少臺灣同胞在赴大陸探親的同時，也在積極尋找貿易和投資的機會。不僅兩岸的貿易往來在這幾年達到一個新的高潮，兩岸投資關係也出現了質的飛躍。根據臺灣方面的統計，1987年，兩岸貿易總額只有15.15億美元，到了1992年則達到116.67億美元，成長了7.8倍，每年的平均增長速度達52.7%。從大陸商務部的統計數字來看，1988年以前，大陸實際利用臺資只有0.22億美元，到1992年則達到10.5億美元。這一時期，兩岸經貿關係的形態出現了質的變化，由過去的貿易帶動投資轉變為貿易與投資互相帶動，意味著兩岸經貿關係由貿易主導階段向貿易與投資並重階段。[134]

另外一方面，為了適應兩岸經貿關係發展的新形勢，中國大陸和臺灣在經貿政策上都進行了調整。中國大陸適時實施了鼓勵臺商投資的相關政策法規，1988年2月，國務院頒布鼓勵臺商投資的《關於鼓勵臺灣同胞投資的規定》，在積極改善投資環境，給予在投資大陸的臺商合法保護的同時，在政策上也給予特別的優惠和便利。1990年2月，國務院又提出加強對臺貿易工作目標，要求相關單位擴大對臺貿易，強化對臺經貿監管與協調，積極吸收臺資以及改善大陸投資環境。面對兩岸經濟交流日益擴大、更為頻繁的大趨勢，臺灣也不得不進行政策調整。1988年4月，臺灣規定，兩岸間接貿易只要符合「不直接由大陸通商口岸出航、不直接與大陸進行通匯、不直接由臺灣公司進行接觸」等「三不」原則，就屬於合法範疇。1990年，臺灣公布「對大陸地區投資和技術合作管理辦法」，1992年7月，臺灣立法院通過「兩岸人民關係條例」，為臺商赴大陸投資提供「法源」依據。這些政策法規不僅在一定程度上解決了過去兩岸經貿關係中的「非法、隱蔽、地下」等不正常情形，而且為今後的兩岸經貿關係的長遠發展提供了相

對規範的政策框架和法律保障。

在客觀形勢與主觀政策的雙重影響下，兩岸經濟相互依賴的態勢也逐漸成型。不僅兩岸的貿易、投資數量達到一定的程度，兩岸經貿關係初步形成了「你中有我、我中有你」的態勢，而且這種態勢是不可逆轉的，兩岸之間要割裂這種經貿聯繫，將要付出比過去大得多的代價，雙方都需要審慎思考是否能夠接受這種代價的付出。當然，我們也應該看到，這一時期的兩岸經濟相互依賴尚處於初級階段，這種關係依然是脆弱的，無論是貿易還是投資，對兩岸總體經濟的影響還是比較有限。當時就有學者認為，大陸已經與世界上160多個多家或地區有經貿關係，吸引外資到大陸投資，臺灣當侷限制臺商到大陸投資，對大陸的影響可以說是微乎其微的。[135]言下之意是，當時的臺商赴大陸投資對大陸整體吸引外資的影響是極其微弱的，大陸可以承受不接受臺商投資的代價。

兩岸經濟相互依賴的鞏固階段（1992年-2001年）：在兩岸相互依賴的態勢初步成型後，從1992年起，便進入了一個鞏固發展的階段。從圖2-1中我們可以看出，從1992年到2001年，兩岸貿易和投資發展的走勢相對比較平緩，中間偶爾還有波動和反覆。如果依然從兩岸經貿關係發展的客觀情勢和兩岸當局的政策演變來分析，我們可以發現，在1992-2001年，兩岸貿易和投資在深度和廣度上都在持續、穩定發展，同時也出現了一些新的趨勢。在近十年的時期內兩岸每年的貿易總額基本上都維持在100億美元到300億美元左右的區間內，雖然每年的絕對貿易額都超過1992年之前，但年增長速度卻並相對有限。從大陸吸收臺商投資的情況來看，根據商務部的統計數據，從1993年到2001年，每年的實際利用臺資額度都徘徊在30億美元左右。筆者認為，這既是兩岸經貿關係發展走向成熟的表現，也是兩岸經濟相互依賴的態勢逐漸鞏固的表現；也預示著這一時期兩岸經貿關係在發展、調整、鞏固的同時，正在蓄勢待發，醞釀新的突破。

伴隨著兩岸經貿關係的穩定發展，中國大陸和臺灣對經貿關係的規範化與法制化步伐也在加強。兩岸先後成立了「海基會」和「海協會」，1999年以前在兩岸經貿交流的事務性商談中扮演著重要角色。1994年大陸人大常委會通過了《臺灣同胞投資保護法》，1995年江澤民主席發表《為促進中國統一大業的完成而繼續奮鬥》的講話，提出要大力發展兩岸經濟交流與合作，以利於兩岸經濟共同繁榮。1996年交通部與外經貿部先後發表《兩岸間航運管理辦法》和《兩岸間貨物運輸代理業管理辦法》，1997年廈門、福州與高雄港開始試點直航。但是，這一時期，臺灣對兩岸經貿政策卻採取了不少限制性的政策措施，導致兩岸經貿關係處於「單向、間接、不對等」的狀態。1996年9月，李登輝提出要以「戒急用忍」來處理企業赴大陸投資事宜。翌年9月，臺灣頒布實施規範臺商赴大陸投資新版辦法，限制臺灣企業赴大陸投資的上限和投資項目。臺灣的限制性政策雖然並沒有能夠完全阻止臺商赴大陸投資的步伐，但卻使兩岸經貿關係「發展到一定的程度難以繼續發展」[136]。

這一時期兩岸經濟相互依賴出現的一個新特點是，兩岸相互之間的貿易依賴度大幅提高。根據臺灣「陸委會主計處」的數據，從1993-2001年，臺灣對大陸貿易依賴度最高為2001年的12.10%，最低為1993年的9.32%；而大陸對臺灣貿易依賴度最高為1996年的8.21%，最低為2001年的5.46%

（見表2-6）。而且，從1992年起，臺灣對大陸的貿易順差每年平均超過臺灣對全球貿易的順差，也就是說，如果扣除臺灣對大陸的貿易順差，臺灣將會在全球貿易中陷入巨額貿易逆差的窘境。[137]這些都表明，兩岸之間的經濟相互依賴已經達到一個相對較深的程度，無論是大陸還是臺灣，特別是對臺灣而言，都再也難以付出中斷兩岸經貿聯繫所帶來的經濟代價。

兩岸經濟相互依賴的深化階段（2001年至今）：進入二十一世紀以來，兩岸經濟的相互依賴呈現出前所未有的持續深化的態勢。從圖2-1中我們可以看出，2001年以後的兩岸經貿關係無論在數額上還是增長率上都呈現快速攀升的態勢。在兩岸投資關係方面，臺商對中國大陸的投資呈現快速擴張的趨勢，不僅投資的地域越來越廣，投資的規模越來越大，投資的形式也越來越多樣，中國大陸成為臺灣對外投資最多的地區，臺商在大陸的發展也進入了本土化經營的高級階段。[138] 特別是2002年以來，臺灣對大陸的投資已經超過其對海外投資的一半以上。在臺商投資大陸的帶動下，兩岸貿易關係也得到長足發展，兩岸的貿易依存度持續攀升。2002年臺灣對大陸的貿易依賴度首度突破20%，達22.56%，這一比例還在繼續升高之中。到2003年，大陸已經成為臺灣最大的貿易夥伴和最大的貿易順差來源地，而臺灣也成為大陸第二大進口市場，第五大貿易夥伴。而且，在2000年之後，臺灣每年從中國大陸獲得的順差都超過200億美元，其中2005年為581.3億美元，2006年為663.74億美元，與大陸的貿易關係已經成為對臺灣經濟發展有舉足輕重影響的重要方面。

在2001年後，兩岸經貿關係改善還有一個大的背景，就是民進黨當局改變「戒急用忍」的經貿政策為「積極開放、有效管理」，而且在2001年底和2002年初，大陸和臺灣先後加入世界貿易組織，這些都為兩岸經貿關係的發展創造了相對有利的環境。臺灣先後減少了產業面的對大陸投資限制，取消了5000萬元的投資上限，開放了八吋晶圓赴大陸投資、分階段開放大陸企業赴臺投資服務業等。但是，當時的民進黨當局並沒有改變對兩岸經貿關係進行限制的固有思維模式，即便在「積極開放、有效管理」的政策下，依然對高科技領域設備、技術、人才、資金等進行嚴格管控，依然設有對大陸投資不能超過淨資產40%的投資上限等等。民進黨當局的這些限制性政策並沒有能夠有效阻擋兩岸貿易的快速發展，也沒有能夠阻擋臺商對大陸投資的快速

提升。這充分說明,兩岸經濟上的相互依賴已經發展到一個比較成熟和深入的狀態,在一定程度上能夠抵禦政治和政策因素的影響。

馬英九上臺以後,兩岸經貿關係的發展面臨著新的歷史機遇。隨著馬英九當局大幅調整和開放兩岸經貿政策,兩會協商達成多項有利於兩岸經濟合作的協議,加上兩岸「三通」直航的實現,都為兩岸經貿關係躍上一個新臺階創造了前所未有的條件。實際上,過去幾年來,兩岸經貿關係發展的政治、政策與法律環境都發生了重大變化,兩岸經貿往來的方式也更加便捷直接,兩岸雙向投資也逐漸得以實現,兩岸經貿的雙向互動持續增強,兩岸經濟關係正常化已初見端倪。一旦兩岸經濟合作框架協議得以簽署,兩岸經濟互賴關係也將進入一個新的階段,兩岸關係和平發展也會進入一個新的時期。

第三節　兩岸經濟互賴的具體表現

在從縱向的角度論述兩岸經濟相互依賴的形成和發展之後,我們也需要從橫向的角度探討兩岸經濟相互依賴的具體表現。一般來說,貿易、投資、金融關係是衡量經濟相互依賴的最重要的三個領域。但從兩岸經濟關係發展的現實來看,兩岸的金融往來由於受到臺灣的嚴格限制一直呈現嚴重滯後的狀態,維持著低層次的間接往來模式,相互依賴表現得並不明顯和充分。因此,本節所要探討的主要是兩岸在貿易、投資及其他領域相互依賴的具體表現。

一、兩岸經濟相互依賴度的測量

相互依賴度是測量兩岸經濟相互依賴程度,以及兩岸經濟交往對兩岸經濟發展影響的重要指標。有的學者從利益得失的角度來分析相互依賴度,美國學者卡爾·多伊奇對相互依賴的幅度和範圍做出了描

述。他認為，一個國家或地區A對另一個國家或地區B的依賴幅度，就是A與B的交往，A最大的價值收益與最嚴重的價值損失之間所產生的差距。同樣，由A引起B變化的得與失的幅度，構成B對A的依賴幅度。進一步說，A與其他國家或地區交往中的得失幅度，體現了它對世界其他部分的依賴幅度。A的內部事件能使世界其他部分產生變化的幅度，表示出世界對A的依賴幅度，這兩個幅度的重合，就表示出世界與A之間的相互依賴。多伊奇還指出，一個國家或地區A對另一個國家或地區B的依賴範圍，在於B所發生的變化能對A的各種活動和結構產生巨大影響；反之，B為對A的變化做出反應而可能發生重大變化的各類進程和結構，構成了B對A的依賴範圍。兩個依賴範圍放在一起，即成為A與B之間相互依賴的範圍。139卡爾·多伊奇更多的是從定性的角度來分析相互依賴的範圍和幅度，這種模式在分析非經濟領域，或者政治、經濟等綜合的相互依賴時有很重要的價值。

對於經濟領域的相互依賴，傳統經濟學理論衡量相互依賴程度的三大指標是：（1）國際貿易的增長與國內生產總值的增長之比；（2）出口貿易占國內生產總值的比率；（3）國際間資本雙項流動指標（這又包括非貨幣部門長期私人流動資本總額占國內生產總值比重、私人資本流動總額占國內生產總值比重）。140也就是說，相互依賴度的指標中應該既包括貿易依存度，也包括投資依存度，還包括貿易和投資依存度在內的經濟依存度。具體到兩岸經濟相互依賴關係說，主要有以下幾個方面的內容：

（一）兩岸貿易依賴度的計算。

兩岸貿易依賴度反映大陸或臺灣的進出口貿易在各自的對外貿易總額和國內生產總值（GDP）中所占的比重，經常被用於表示兩岸貿易在各自的貿易和經濟發展中的地位及影響力，也有人認為可以間接反映出兩岸相互之間的經濟開放度。對兩岸貿易依賴度的分析可以分

解為以下幾個部分：

1.出口依賴度。它包括兩個方面，一是大陸或臺灣對對方的出口對各自出口總額的比率，它在一定程度上反映出中國大陸和臺灣對兩岸整體市場的依賴程度。計算公式為：

大陸對臺灣的出口÷大陸對外出口總額　或

臺灣對大陸的出口÷臺灣對外出口總額；

二是大陸或臺灣對對方的出口對各自國內生產總值的比率，計算公式為：

大陸對臺灣的出口÷大陸國內生產總值　或

臺灣對大陸的出口÷臺灣的「國內生產總值」

2.進口依賴度。它同樣包括兩個方面，一是大陸或臺灣自對方的進口對各自進口總額的比率，它在一定程度上反映出中國大陸和臺灣利用兩岸資源和市場的程度。計算公式為：

大陸自臺灣的進口÷大陸的進口總額或

臺灣自大陸的進口÷臺灣的進口總額；

二是大陸或臺灣自對方的進口對各自國內生產總值的比率，計算公式為：

大陸自臺灣的進口÷大陸的國內生產總值　或

臺灣自大陸的進口÷臺灣的「國內生產總值」

3.貿易依賴度。它同樣包括兩個方面：一是兩岸進出口貿易總額對各自對外貿易總額的比率，計算公式為：

兩岸進出口貿易總額÷大陸對外貿易總額　或

兩岸進出口貿易總額÷臺灣對外貿易總額；

二是兩岸進出口貿易總額對各自國內生產總值的比率，計算公式為：

兩岸進出口貿易總額÷大陸國內生產總值　或

兩岸進出口貿易總額÷臺灣「國內生產總值」

如果進一步將上述這兩個公式得出的數值相除就可以得出大陸與臺灣的相對依賴度數值。

（二）兩岸投資依賴度的計算。

兩岸投資關係本來包括兩個方面，一是臺灣資本對大陸的投資，二是大陸資本在臺灣的投資。但是由於受到臺灣的政策限制，目前大陸資本還不能自由進入臺灣進行投資，因此現階段的兩岸投資只是表現為臺灣資本對大陸的投資。也就是說，我們目前所能夠計算的是大陸對臺灣資本的依賴度，一般的計算公式為：大陸吸引臺資的額度÷大陸吸引海外資本的總額。但有的學者認為僅僅只是這樣計算是不夠的，還應該計算臺資在大陸的實際投資額占大陸當年固定資產投資和GDP的比重。[141]其計算公式應該為：

大陸吸引臺資的額度÷大陸當年固定資產投資總額及

大陸吸引臺資的額度÷大陸當年的國內生產總值。

（三）兩岸經濟依賴度的計算。

海峽兩岸的經濟相互依賴度是對兩岸GDP的影響為基礎，衡量兩岸經濟往來對於兩岸經濟發展的影響。[142]對於如何衡量兩岸經濟相互依賴度，大陸學者華曉紅認為兩岸經濟依賴度的含義是，海峽兩岸經貿往來所產生的經濟貢獻與臺灣或中國大陸的GDP的比值。由於目前海峽兩岸經貿往來主要集中在貿易和投資領域，它們是經濟貢獻中最為主要的部分，因此，海峽兩岸經濟依賴度的計算公式應該為：

（貿易所得+投資所得）÷海峽兩岸各自的GDP。143

　　但是，由於各方統計數據上的誤差，特別在臺商投資領域權威性數據的缺乏，如何比較精確地計算出兩岸實際的貿易所得和投資所得成為一個難以踰越的問題。為瞭解決這一問題，有的學者引入了「外貿乘數（指的是透過開放或增加貿易所能獲得的經濟實際效益或福利，在兩岸間即貿易導致兩岸各自經濟成長的比率）」的概念。他們認為要計算大陸和臺灣的貿易所得，必須用兩岸的貿易總額乘以各自的「外貿乘數」。臺灣學者童振源在對美國學者的計算經過綜合比較後認為，臺灣和中國大陸的「外貿乘數」介於14%到35%之間。144

　　童振源在研究兩岸投資互賴時還使用了「附加價值（即利用工業附加價值對工業產值的比率來推導臺資的經濟貢獻）」的概念，他引用美國華裔學者王直的計算，假設大陸臺商的附加值為產出的26%145，但這個附加值的計算標準是否科學，尚有不同的看法；大陸學者華曉紅則認為在計算兩岸經濟依賴度時需要將臺灣經第三地對中國大陸的轉投資計算在內。146但是，對於到底有多少臺資是經過第三地投資大陸，到底有多少臺資在大陸是以內資的身分登記，各方並沒有權威性的數據。加上兩岸投資到現在為止整體上還只是處於單向的狀況，這就使得將兩岸投資互賴列入兩岸經濟相互依賴度的計算有相當的難度。

二、兩岸貿易領域的相互依賴

　　在海峽兩岸的經濟關係中，貿易往來一直是最基礎、最重要的部分之一。從1987年兩岸開放以來，兩岸貿易在中國大陸的積極推動和臺灣工商業者的廣泛響應下，一直保持著快速發展的勢頭，兩岸貿易額急劇擴大。雖然由於統計口徑的不同，中國大陸海關、香港海關、臺灣海關和臺灣「陸委會」對兩岸貿易額的統計和估算出的數據並不

一致（見表2-3），但卻反映出共同的趨勢。從1989年到2006年，兩岸的貿易額基本上翻了幾十倍。根據大陸海關的統計，在1989年，兩岸貿易額還只有34.8億美元，到了2008年，這個數字已經達到1292.2億美元；而根據臺灣海關部門的統計，1991年，兩岸貿易額只有2.93億美元，到了2008年，這個數字也達到了982.7億美元。

表2-3　1990-2008年兩岸貿易各種統計數據比較

（單位：億美元）

年份	中國海關統計			香港海關統計			台灣海關統計			台「陸委會」估算		
	出口	進口	總額	進口	出口	總額	出口	進口	總額	出口	進口	總額
1990	3.19	22.5	25.7	7.65	32.78	40.43	/	/	/	7.65	43.9	51.6
1991	5.94	36.4	42.3	11.3	46.7	57.9	2.93	0.001	2.93	2.93	74.9	77.9
1992	6.98	58.8	65.8	11.2	62.9	74.1	7.47	0.01	7.48	7.47	105.5	112.9
1993	14.5	129.3	144	11.0	75.9	86.9	10.2	0.16	10.3	10.2	140	150.1
1994	22.4	140.8	163.2	12.9	85.2	98.1	18.6	1.32	19.9	18.6	160.2	178.8
1995	31	147.8	178.8	15.7	98.9	114.6	30.9	3.77	34.7	30.9	194.3	225.3
1996	28	161.8	189.8	15.8	97.2	113	30.6	6.23	36.8	30.6	207.5	237.9
1997	33.96	164.4	198.4	17.4	97.2	114.6	39.2	6.26	45.4	39.2	224.6	263.7
1998	38.69	166.3	205.0	16.5	83.6	100.2	41.1	9.14	50.3	41.1	198.4	239.5
1999	39.5	195.3	234.8	16.28	81.7	98.0	45.3	26.02	71.3	45.3	213.1	258.4
2000	50.4	254.9	305.3	19.8	96	115.7	62.3	43.9	106.2	62.3	250	312.4
2001	50	273.4	323.4	16.93	88.1	105	59	48.9	108	59	256	315.1
2002	65.9	380.3	446.2	17.08	103.1	120.2	79.7	105.3	185	79.7	315.3	395
2003	90	493.7	583.7	21.61	117.9	139.5	110.2	229	339	110.2	382.9	493.1
2004	135.5	647.8	783.2	24.85	147.6	172.5	167.9	363.5	531.4	167.9	489.3	657.2
2005	165.5	746.8	912.3	26.34	170.6	197	200.9	436.4	637.4	200.9	562.7	763.7
2006	207.4	871.1	1078.4	29.1	187.1	216.2	247.8	518.1	765.9	247.9	633.3	881.18
2007	234.6	1010.2	1244.8	29.2	212.1	241.3	280.2	626.2	904.3	280.2	742.5	1022.6
2008	258.8	1033.4	1292.2	29.5	200.3	229.9	314.0	668.9	982.7	313.9	739.8	1053.7

註：臺灣統計數據方面，由於臺商存在未據實填報目的地（大陸）卻填報香港為目的地，會造成統計誤差。類似情況也存在於大陸往臺灣出口商品方面。資料來源：中華人民共和國海關總署、香港海關、臺灣「行政院主計處」、臺灣「行政院陸委會」。

從貿易增長率的角度分析，從1989年到2008年，兩岸貿易增長率的波動幅度還是比較大的，其中兩岸貿易總額增長率最高的是1993年

的94.26%，最低的是1998年的3.3%，二者相差30多倍；在大陸對臺出口方面，最高增長率為1994年的53.21%，但大陸對臺出口在1992年、1996年和2001年卻出現過負增長；在大陸對臺進口方面，最高增長率到105.6%，最低的卻只有1.1%（見表2-4）。這種幅度的出現有經濟方面的原因，也有受到政治方面因素的影響。但是，如果我們用算術平均數計算，兩岸貿易在這20年的平均增長率約為22.87%。如果進一步分別從進口和出口的增長速度來計算，大陸對臺出口的平均增長速度為24.56%，大陸自臺灣進口的平均增長速度為24.37%。綜合比較這三個數字就會發現，無論是算兩岸的貿易總額，還是將進口、出口分開計算，其年平均增長速度都在24%左右，應該說這是一個比較高的增長速度。這也說明，雖然兩岸貿易關係的發展過程起起伏伏，增長速度時快時慢，但卻始終保持著一種快速增長的勢頭。

表2-4　1989-2008年海峽兩岸進出口貿易統計

（單位：億美元，%）

年份	進出口總額 金額	進出口總額 增長率	中國對台出口 金額	中國對台出口 增長率	中國自台進口 金額	中國自台進口 增長率	貿易差額
1989	34.84	28	5.87	22.5	28.97	29.2	-23.1
1990	40.43	16.08	7.65	30.41	32.78	13.18	-25.13
1991	57.93	43.26	11.26	47.11	46.67	42.36	-30.44
1992	74.1	23.9	11.2	-0.6	62.9	34.7	-51.72
1993	143.95	94.26	14.62	30.54	129.33	105.6	-114.69
1994	163.2	13.44	22.4	53.21	140.8	8.87	-118.44
1995	178.8	9.49	31	38.39	147.8	4.97	-116.86
1996	189.8	6.1	28	-9.6	161.8	9.5	-113.79
1997	198.38	4.5	33.96	21.2	164.42	1.6	-130.45
1998	204.98	3.3	38.69	13.9	166.29	1.1	-127.60
1999	234.79	14.5	39.5	2.1	195.29	17.4	-155.8
2000	305.3	31.1	50.4	27.6	254.9	30.6	-204.54
2001	323.4	5.9	50	-0.8	273.4	7.2	-223.4

續表

年份	進出口總額 金額	進出口總額 增長率	中國對台出口 金額	中國對台出口 增長率	中國自台進口 金額	中國自台進口 增長率	貿易差額
2002	446.2	38.1	65.9	31.7	380.3	39.3	-314.9
2003	583.7	30.7	90	36.7	493.7	29.7	-403.6
2004	783.2	34.2	135.5	50.4	647.8	31.28	-512.3
2005	912.3	16.5	165.5	22.2	746.8	15.3	-581.3
2006	1078.4	18.2	207.35	25.3	871.09	16.75	-663.74
2007	1244.8	15.4	234.6	13.1	1010.2	16.0	-775.6
2008	1292.2	3.8	258.8	10.3	1033.4	2.3	-774.6
累計*	8573.9	/	1518.4	/	7056	/	-5537.6

* 累計為1978年至2008年的數據計算所得。1992年前的數據來源於香港海關的統計，1992年後的來源於中國海關的統計。

資料來源：中華人民共和國商務部臺港澳司網站。

　　從兩岸貿易占各自對外貿易的比重來看，兩岸貿易占臺灣對外貿易中的比重相對比較高，而兩岸貿易占大陸對外貿易中的比重也是處於穩中有升的狀態。1991年，兩岸貿易占臺灣對外貿易的比重首次超過5%，1992年達到6.8%，1993年為8.48%，1994年則超過9%，1996年突破10%，到1999年達到11.09%，整個90年代，兩岸貿易占臺灣對外貿易比重以平均每年近一個百分點的比例不斷提高。[147]到2000年以後，這一比例提高得更為明顯，即使在2000年和2001年臺灣經濟遇到困難，出現經濟負增長，對外貿易也出現大幅衰退的情況下，綜合大陸海關和臺灣「行政院」主計處的統計，兩岸貿易占臺灣對外貿易的比例依然達13.8%和10.2%。在2002年之後，這一數字基本上都維持在15%以上，而且呈逐年遞增的趨勢，在2005年超過20%，到2006年最高達到25.3%（見表2-5）。而根據臺灣「陸委會」的估算，上述這些數字都有所增加（見表2-6），如他們估算2003年以後臺灣對大陸的貿易依存度

就已經超過25%,在2006年則高達28.27%。實際上,就在2003年,中國大陸首度超過美國、日本,成為臺灣最大的貿易夥伴,並成為臺灣最大的出口市場和最大貿易順差來源地。

如果進一步分別分析進口和出口情況,大陸對臺灣的出口占臺灣進口的比重相對比較低,在2000年這一比例只有4.4%,最高也只有2005年的11%。而大陸自臺灣的進口占臺灣出口的比重則比較高,最低的是2000年的17.2%,最高的則是2006年的38.9%。這充分說明兩岸貿易相互依賴關係是呈現臺灣商品流向大陸的「單向性」特徵,中國大陸對臺灣保持著巨額的貿易逆差。

表2-5　1989-2006年兩岸貿易額占各自對外貿易的比重兩岸貿易總額

	兩岸貿易總額			中國對台灣出口			中國自台灣進口		
	金額(億美元)	占中國進出口比重%	占台灣進出口比重%	金額(億美元)	占中國進出口比重%	占台灣進出口比重%	金額(億美元)	占中國進出口比重%	占台灣進出口比重%
2000	305.3	6.4	13.8	50.4	2.0	4.4	254.9	11.3	17.2
2001	323.4	6.4	10.2	50.0	1.9	5.5	273.4	11.2	19.1
2002	446.7	7.2	15.1	65.9	2.0	7.0	380.8	12.9	21.8
2003	583.6	6.9	16.6	90.0	2.1	8.6	493.6	12.0	23.5
2004	783.2	6.8	18.7	135.5	2.3	10.0	647.8	11.5	26.8
2005	912.3	6.4	20.0	165.5	2.2	11.0	746.8	11.3	28.4
2006	1078.4	6.1	25.3	207.4	2.1	10.2	871.1	11.0	38.9
2007	1244.8	5.8	19.4	234.6	1.9	12.8	1010.2	10.6	25.2
2008	1292.2	5.0	19.8	258.8	1.8	12.3	1033.4	9.1	26.2

資料來源：中華人民共和國海關總署、臺灣「行政院主計處」，轉自商務部臺港澳司網站。2007年和2008年臺灣的數據係筆者根據臺灣海關的統計測算。

從大陸方面來分析，兩岸貿易在大陸對外貿易中所占的比重一直不是很高。綜合大陸海關總署和臺灣「行政院」主計處的統計，從2000年到2008年，兩岸貿易占大陸對外貿易的比重基本上保持在6%到7%左右，最高的為2002年的7.2%，最低的為2001年的6.1%（表2-5）。這些數值與臺灣「陸委會」所估算的數據差距並不是很大，「陸委會」估算2000-2008年大陸對臺灣的貿易依賴度約在6%左右（見表2-6）。[148]如果進一步分析進出口方面，大陸從臺灣的進口占大陸總進口比重較高，達到11%-12%左右，而大陸向臺灣的出口只占大陸對外總出口的2%左右，這在很大程度上是因為臺灣的政策限制大陸商品銷往臺灣所致。目前，臺灣是大陸第七大貿易夥伴、第七大出口市場、第五大進口市場、最大的貿易逆差來源地。

表2-6　1987年以來臺灣與大陸貿易相互依賴度統計比較

單位：%

年份	台灣對中國依賴			中國對台灣依賴		
	出口依賴	進口依賴	總貿易依賴	出口依賴	進口依賴	總貿易依賴
1987	2.28	0.83	1.71	0.73	2.84	1.83
1988	3.70	0.96	2.47	1.01	4.06	2.65
1989	5.03	1.12	3.31	1.12	5.63	3.51
1990	6.54	1.40	4.23	1.23	8.24	4.47
1991	9.79	0.46	5.57	0.41	11.75	5.74
1992	12.84	1.03	7.31	0.88	13.09	6.82
1993	16.28	1.31	9.19	1.11	13.46	7.67
1994	16.99	2.17	9.93	1.54	13.86	7.56
1995	17.15	2.97	10.36	2.08	14.71	8.02
1996	17.63	2.97	10.79	2.03	14.93	8.21
1997	18.08	3.41	11.03	2.14	15.77	8.11
1998	17.62	3.91	11.00	2.24	14.15	7.39
1999	17.22	4.07	11.00	2.32	12.86	7.17
2000	16.46	4.43	10.67	2.50	11.11	6.59

續表

年份	台灣對中國依賴			中國對台灣依賴		
	出口依賴	進口依賴	總貿易依賴	出口依賴	進口依賴	總貿易依賴
2001	20.27	5.47	13.45	2.22	10.51	6.18
2002	23.30	7.04	15.89	2.45	10.68	6.36
2003	25.43	8.61	17.70	2.51	9.28	5.79
2004	26.83	9.95	18.72	2.83	8.72	5.69
2005	28.36	11.00	20.04	2.64	8.53	5.37
2006	28.27	12.23	20.65	2.56	8.00	5.00
2007	30.11	12.77	21.95	2.30	7.77	4.71
2008	28.94	13.05	21.23	2.20	6.53	4.11

註：臺灣對大陸出口依賴度=臺灣對大陸出口總額/臺灣出口總額；臺灣對大陸進口依賴度=臺灣從大陸進口總額/臺灣進口總額；臺灣對大陸貿易依賴度=兩岸貿易總額/臺灣對外貿易總額；大陸對臺灣進口、出口和貿易依存度依同樣方法計算。上述數字均取自臺灣「陸委會」估算。資料來源：臺灣「行政院主計處」編《兩岸經濟統計月報》，2009年總第202期。

表2-6是將兩岸的貿易額與大陸或各自對外貿易總額相比之後得出的結果。下面我們將用計算貿易依存度的另一種方法，即將兩岸的貿易額與大陸或臺灣各自的GDP總額相比，然後再將這兩個得出的數值相比，就能夠算實施灣對大陸在貿易上的相對依賴度，即：臺灣對大陸相對依賴度=[兩岸貿易總額÷臺灣GDP總額]÷[兩岸貿易總額÷大陸GDP總額]。根據這個公式計算出來的2005年至2008年的兩岸貿易相對依賴度結果如下：

表2-7　2005—2008年兩岸貿易相對依賴度

年份	兩岸貿易總額/台灣GDP總額（％）	兩岸貿易總額/中國GDP總額（％）	兩岸貿易相對依賴度
2005	28.2	4.43	6.37
2006	30.3	4.17	7.27
2007	31.3	3.66	8.55
2008	32.87	2.99	10.99

註：本表計算中兩岸貿易總額使用大陸海關總署的統計數據，GDP使用世界銀行的數據。

三、兩岸投資領域的相互依賴

　　兩岸投資關係是在貿易關係的帶動下而發展起來的，隨著兩岸經貿交流的迅猛發展，臺商在大陸的投資呈現快速擴張的態勢，兩岸貿易和投資關係的良性互動，即臺商投資驅動兩岸貿易、兩岸貿易誘發臺商投資，已經成為兩岸經濟交流與合作的主流。根據商務部統計，從1989年到2008年，臺商在中國大陸的投資項目數達77506個，實際投資額為475.8億美元；由於受到國際金融危機的影響，2008年，大陸吸引臺商投資項目2360個，實際投資金額19.0億美元，與往年相比有所下降（見表2-8）。而根據商務部外資司2006年發布的中國大陸吸收外商直接投資全口徑數據（含銀行、保險、證券）為：大陸新設立外商投資企業41485家，實際使用外資金額694.68億美元。以此計算，2006年臺商投資項目占大陸吸引外商投資總項目的9％，占大陸實際利用外商投資金額的3.1％。而根據臺灣「經濟部投審會」的統計，截止到2008年，在臺灣經濟主管部門登記的臺商投資項目數也達37181個，實際投資額為755.6億美元。2007年和2008年，由於受到國際經濟環境的影響，雖然臺商赴大陸投資的件數有所下降，但投資金額卻依然呈上升的趨勢（見表2-9）。

表2-8　1989-2008年臺商投資大陸統計（一）

單位：億美元

年份	項目個數			實際投資		
	個數	同比%	占總額比重%	金額	同比	占總額比重%
1989	593	／	9.3	1.6	／	4.7
1990	1103	104.26	15.2	2.2	43.2	6.3
1991	1735	57.3	13.4	4.7	109.9	10.8
1992	6430	270.61	13.2	10.5	125.5	9.5
1993	10984	70.27	13.1	31.4	198.7	11.4
1994	6247	-42.94	13.1	33.9	8.0	10.0
1995	4847	-22.4	13.1	31.6	-6.8	8.4

續　表

年份	項目個數			實際投資		
	個數	同比%	占總額比重%	金額	同比	占總額比重%
1996	3184	-34.3	13.0	34.8	9.9	8.3
1997	3014	-5.3	14.4	32.9	-5.4	7.3
1998	2970	-2.55	15.0	29.2	-11.4	6.4
1999	2499	-14.1	14.8	26.0	-10.8	6.4
2000	3108	22.16	13.9	23.0	-11.7	5.6
2001	4214	36.15	16.1	29.8	29.8	6.4
2002	4853	15.2	14.2	39.7	33.3	7.5
2003	4495	-7.38	10.9	33.8	-14.9	6.3
2004	4002	-10.97	9.5	31.2	-7.7	5.1
2005	3907	-2.4	8.8	21.6	-31.0	3.6
2006	3752	-4.0	9.1	21.4	-0.7	3.4
2007	3299	-12.1	8.7	17.7	-20.4	2.4
2008	2360	-28.5	8.6	19.0	7.0	2.1
累計	77506	/	/	475.8	/	/

資料來源：中華人民共和國商務部，轉自商務部臺港澳司網站。

　　但是，上述數字的統計並不完整，由於臺灣設置種種政策限制，極力阻礙臺商對大陸投資，許多臺商為了規避臺灣的阻撓，而透過轉投資的方式選擇到中南美洲加勒比地區的離岸金融中心，如英屬維爾京群島、開曼群島、百慕大等地設立國際商業公司（即「離岸公司」），透過國際商業公司將資金投往大陸，借助離岸金融中心優越的保密條件，隱瞞其真實股權結構、資金來源，來規避臺灣的政策限制。實際上，近年來在大陸投資的不少規模龐大而且技術比較先進的知名外商投資企業都是臺商透過離岸金融中心轉投資進入大陸的，而

離岸金融中心投資迅速增長已經成為近年來大陸資本流入的突出現象。2004年，按照實際投資金額排行，英屬維爾京群島位居中國大陸第二大外資來源地，開曼群島、薩摩亞分別排行第七、第九。帳面統計上來自離岸金融中心的眾多投資中，相當一部分實際上來自臺灣，儘管目前尚難準確估算其規模。2008年後，由於兩岸關係形勢好轉，臺灣對臺商赴大陸投資的限制放寬，很多臺商再也不需要經轉第三地到大陸投資，臺商在英屬中美洲群島的投資明顯減少。按照臺灣方面的統計，從1991年至2009年9月，臺商投資中美洲的金額已經落在臺商在中美洲投資金額為221.88億美元，總額依然排在臺灣對外投資地區的第二位，如果按照投資金額的70%轉入大陸的話，其中約有155.4億美元轉入大陸。

表2-9　1991-2008年臺商投資大陸統計（二）

單位：億美元

年份	件數	同比%	金額	同比%
1991	237	/	1.74	/
1992	264	11.4	2.47	42.0
1993	9329※	3433.7	31.68※	1182.6
1994	934	-90.0	9.62	-69.6
1995	490	-47.5	10.37	11.5
1996	383	-21.8	12.29	14.5
1997	8725※	2178.1	43.34※	252.6
1998	1284※	-85.3	20.35※	-53.0
1999	488	-62.0	12.53	-38.4
2000	840	72.1	26.07	108.1
2001	1186	41.2	27.84	6.8
2002	5440※	358.7	67.23※	141.5
2003	10105※	85.8	76.99※	14.5
2004	2004	9.0	69.41	51.0
2005	1297	-35.0	60.07	-13.0
2006	1090	-16.0	76.42	27.2
2007	996	-8.6	99.70	30.5
2008	643	-35.4	106.91	7.2
合計	37181※	/	755.60※	/

註：※含向臺灣「經濟部投審會」補辦申請的許可件數和金額。

資料來源：中華人民共和國商務部網站及臺灣「經濟部投資審議委員會」，轉自臺灣「行政院主計處」編《兩岸經濟統計月報》，2009年總第202期。

根據臺灣「經濟部」的統計，從1992年開始，大陸就已經成為臺灣對外投資最多的地區。從1991-2008年，臺商對大陸的投資占臺灣對外投資總額的57.13%，其中2006年這一比重占到63.91%；1991-2008年

臺商對英屬中美洲的投資占臺灣對外投資總額的16.42%，2006年這一比重為15.24%。如果按照臺商在中美洲投資的七成可能轉移到大陸來計算的話，從1991-2008年，臺商對大陸的實際投資占臺灣對外投資總額的67.82%，2006年這一比重則高達74.58%。

表2-10：臺灣對外投資主要國別（地區）統計

金額單位：百萬美元

年份 地區	1991-2008年			2009年1-9月			累計		
	件數	金額	比重	件數	金額	比重	件數	金額	比重
中國	37181	75560.5	57.1	307	4106.8	67.3	37488	79667.2	57.6
英屬中美洲	1939	21714.8	16.4	25	473.0	7.75	1964	22187.8	16.0
美國	4650	9375.1	7.1	39	687.9	11.3	4689	10063.0	7.3
香港	967	3010.3	2.3	36	194.3	3.2	1003	3204.6	2.3
新加坡	414	5369.1	4.1	6	35.3	0.6	420	5404.4	3.91
越南	379	2101.7	1.59	15	192.1	3.15	394	2293.7	1.7
日本	450	1173.1	0.9	11	81.2	1.33	461	1254.3	0.9
菲律賓	124	514.9	0.4	2	21.8	0.4	126	536.7	0.4
泰國	279	1713.3	1.3	1	5.6	0.1	280	1718.8	1.2
德國	137	154.4	0.12	0	9.4	0.2	137	163.8	0.1
韓國	134	486.0	0.4	3	6.8	0.1	137	492.8	0.4
巴拿馬	60	1188.5	0.9	1	2.0	0.03	61	1190.5	0.9
其他地區	1945	9890.4	7.5	48	286.2	4.7	1993	10176.5	7.4
合計	48659	132252.0	100.0	494	6102.2	100.0	49153	138354.1	100.0

資料來源：臺灣「經濟部投資審議委員會」，轉自臺灣「行政院主計處」編《兩岸

經濟統計月報》，2009年總第202期。

從上面的描述可以看出，目前兩岸的投資關係還是表現為「間接、單向」的投資格局，這主要是多年來臺灣對臺商赴大陸投資進行限制，以及限制開放大陸資本赴臺灣投資所導致的。這就使得兩岸的投資相互依賴目前還只是表現為大陸對臺灣資本的依賴，但絕大多數臺灣資本投資大陸則造成了臺灣的貿易、經濟發展等方面對大陸的依賴。因此，臺商對大陸投資所產生的依賴效應並不是表現在投資領域，而是擴展到兩岸經濟關係的各個方面。

四、兩岸其他經濟領域的相互依賴

　　兩岸除了貿易和投資領域的相互依賴表現得比較明顯以外，在金融、政策等領域的相互依賴也在不斷發展之中。與兩岸的貿易和投資關係發展熱絡不同的是，兩岸的金融往來與合作嚴重滯後於經貿關係的發展，目前還處在與貿易相聯繫的資金流動方面，如兩岸通匯業務這樣的低層次上。這主要是由於前些年臺灣當侷限制臺資銀行在大陸設立分行、不允許大陸的金融機構在臺灣設立辦事處，對兩岸金融合作設置種種障礙導致的。但政策的限制並沒有抑制密切的貸易與資金往來背後所呈現的兩岸金融機構互相開放的願望。隨著兩岸經貿關係的日益密切，兩岸間金融業增進合作，特別是建立金融機構間互信機制的要求也越來越迫切，部分金融機構透過間接合作方式擴大了銀行業務的聯繫與合作。[149]可以說，兩岸在客觀上已經形成了金融領域相互依賴的強大需求和動力。

　　兩岸金融合作有多方面的需求，其中兩個方面的問題尤為突出，一是在大陸投資的臺商隨著生產規模的擴大，普遍出現資金不足的情況，融資的需求日益凸顯；二是臺商投資大陸的資金和在大陸盈利後匯回臺灣的資金都需要一個合法和正常的途徑。如果能夠在這兩個方面取得突破，兩岸金融領域也將迅速形成相互依賴的局面。實際上，自從2001年6月臺灣開放臺灣銀行國際金融業務分行OBU辦理兩岸通匯業務後，OBU辦理的兩岸金融業務迅速增長，目前已經達到了一個相當大的規模，2005年就有近上千億美元的兩岸金融業務往來資金流量。[150]在2008年兩岸關係形勢改善之後，兩會就開始就金融合作問題展開協商。為了促進海峽兩岸金融交流與合作，推動兩岸金融市場穩定發展，便利兩岸經貿往來，2009年4月，兩會在南京簽署了《海峽兩岸金融合作協議》，11月16日，兩岸分別在北京和臺北簽署了「兩岸金融監理合作備忘錄」（MOU），並於2010年1月16日正式生效。這兩

個重要文件的簽署和生效，標誌著兩岸金融合作已經進入實質階段，並邁入新的里程。

除了金融領域的相互依賴正在醞釀形成之外，兩岸當局的政策相互依賴也有某種程度的表現。在兩岸間經濟聯繫和相互依賴加深的背景下，兩岸經濟的相互滲透導致大陸和臺灣在制定經濟政策時的相互影響加深，任何一方的經濟政策都具有外部性的特徵，不但會對另一方的經濟產生影響，而且還可能因受到對方經濟政策的影響而削弱政策的自身效應，因此兩岸任何一方在制定涉及到兩岸的經濟政策時，都必須充分考慮到經濟政策的有效性和可信性，以及對對方的影響和對方的反應，這就是相互依賴在政策領域的表現。即便是李登輝和陳水扁當政時期，在兩岸的政治氛圍緊張，「兩會」的商談無法恢復，兩岸之間無法直接進行政策協調的情況下，兩岸單方面經貿政策產生的聯動效應依然存在。中國大陸在實施對臺經貿的鼓勵性政策時，必定會考慮到臺灣同胞的利益和臺灣的政策反應；而臺灣實施的限制性經貿政策，從另一個角度看也是考慮到對大陸的影響和大陸的反應，只不過他們是選擇用不合作的方式來對抗兩岸經濟的相互依賴關係，這樣不僅只會付出更高的成本，而且也無法阻止兩岸經濟相互依賴的持續深化和發展。馬英九上臺以來，由於兩岸恢復了兩會制度化協商，使得兩岸相關政策的協調與溝通更為便捷，兩岸政策的聯動性和互賴程度也更強。

第四節　兩岸經濟互賴的主要特徵

兩岸經濟的相互依賴並不是一個完全抽象的概念，它有各種各樣的表現特徵，這些特徵決定著兩岸經濟相互依賴的性質。競爭性與互補性是國家或地區間經濟相互依賴關係最基礎的表現特徵之一。此外，經濟相互依賴還經常表現為對稱性與非對稱性，以及受此影響帶

來的敏感性與脆弱性。對兩岸經濟相互依賴來說,又具有更多新的意涵和特徵。臺灣學者吳金城認為,兩岸的經濟互賴關係的結構狀態特徵顯然不同於一般國際的、同構型經濟互賴關係,也有別於一國內地區性經濟互賴關係,同時兼具了對立與互賴的雙重情況,而政治或意識形態的對立成分在有些時候可能更為明顯,經濟互賴在兩岸經濟互動關係中顯得更為錯綜複雜,充滿特殊的意涵。[151]本節將結合當前兩岸經濟相互依賴的歷史與現實,對上述基本特徵進行深入分析。

一、兩岸經濟相互依賴的互補性與競爭性

互補性與競爭性往往同時存在於兩岸經濟關係中。在很多人看來,經濟上的互補更易於形成相互依賴,但實際上,相互依賴並不排斥競爭。互補性的相互依賴可以深化彼此之間的經濟聯繫,但競爭性相互依賴則會導致經濟合作規模的擴大,人類正是在種種競爭性相互依賴中不斷融合成更大的組織單元,並導致全球化的趨勢不斷加強。對經濟體之間究竟屬於競爭性還是互補性經濟關係,往往是從產業和產品結構的角度來判斷的;產業與產品結構差異大,往往說明經濟體之間經濟互補性強,反之,則說明競爭性更強。[152]

兩岸經濟的互補性是大陸和臺灣在發展相互經濟聯繫過程中,由於地理、資源、經濟、社會等方面的發展差異必然導致的結果,是由經濟活動中分工與交換的特性決定的。根據大衛·李嘉圖的「比較利益理論」,具有絕對優勢的國家或地區,沒有必要生產所有產品,而應該選擇生產優勢最大的那些產品進行生產;而處於劣勢的國家或地區也不能什麼都不生產,可以選擇不利程度最小的那些產品進行生產。只有這樣,這兩類國家或地區才能夠經過分工和貿易都獲取比較利益。[153]赫克歇爾——俄林定理也認為,兩個國家或地區在資源稟賦方面的差異提供了貿易的基礎,雙方都可以從貿易中獲得比較利益。如

果兩個國家或地區的貿易具有互補性，即一方集中出口的產品與另一方集中進口的產品相吻合，貿易關係可以給貿易雙方帶來較大利益。相反，如果雙方的貿易互補性較小，即一方集中出口的產品並非是另一方集中進口的產品，他們之間貿易發展的潛力將受到限制。154

海峽兩岸在發展經濟關係時，同樣需要利用資源、技術、人力、資本或規模上的比較優勢進行專業化生產和分工合作，然後透過相互貿易滿足各自經濟社會多樣化發展的需求。兩岸經貿關係的互補性越強，相互依賴就會越緊密，增進兩岸民眾福祉的機會就越高。

海峽兩岸在諸多方面都存在著互補性，不僅表現在土地、資本、勞動力資源的互補上，兩岸相關產業之間也存在廣泛的互補性。臺灣的土地資源比較稀缺，土地使用成本比較高，而中國大陸土地開放強度尚有餘地，地價比較低廉，如果臺灣企業能夠充分利用中國大陸的土地資源，就可以有效地降低生產成本，提高產品的競爭能力。同時，大陸的勞動力資源比較豐富，工資水平雖然近年有所上升，但依然處於相對較低的水平。相比之下，臺灣的勞動力極其有限，工資水平居高不下讓企業的利潤空間變得日益狹窄，對臺灣勞動密集型傳統產業來說，移師中國大陸就能夠降低企業的土地成本和工資成本，從而提高產品競爭優勢，延長這些傳統產業的生命週期，並且能夠促使臺灣產業的升級換代。臺灣學者高長就觀察到，兩岸經貿交流規模在市場機制引導下快速擴張，已導致兩岸產業融合程度愈來愈深。理論上，兩岸貿易與臺商投資中國大陸兩者具有替代關係，同時也存在相輔相成的關係。臺商赴中國大陸投資，特別重視利用中國大陸的資源與市場腹地，並利用特有的產業網絡進行跨境分工布局。155

在產業結構方面，兩岸經過二十多年的發展，已經逐漸形成了以垂直分工為主要模式的產業分工協作關係。目前兩岸相互之間的進出口的產品結構有趨同的趨勢，根據臺灣「經濟部國際貿易局」的統

計，近年來，臺灣對大陸出口排在前幾位的主要產品為電機設備及其零件、光學照相等儀器及其零附件、機械用具及其零件、塑膠及其製品、有機化學產品、鋼鐵、銅及其製品、人造纖維絲等；而臺灣從大陸進口排在前幾位的主要產品有電機設備及其零件、機械用具及其零件、鋼鐵、光學照相等儀器及其零附件、礦物燃料礦油及蒸餾產品、銅及其製品、有機化學品等。[156]兩岸之間進出口的產品中相當部分都是為臺商提供原材料和製成品，他們在產品結構上的趨同是另一種形式的互補，而不是競爭關係，恰恰說明了兩岸間的分工合作已經形成了非常密切的相互依賴關係。

同時，兩岸在對外出口產品的結構上依然存在很大的差異，使得雙方的出口結構和國際比較利益的產品有很大的不同，存在很強的互補性。中國大陸的貿易結構，在1980年代完成了出口商品總額中以初級產品為主向工業製成品為主的轉變，1990年代開始了在工業製成品出口總額中以勞動密集型產品為主向以資本技術密集型產品為主的轉變。目前大陸出口商品結構發生了很大的變化，技術密集型、資本密集型產品比例迅速提高，突出表現在機電產品、高新技術產品的出口出現了快速增長；但這種出口結構的優化與升級只體現在最終產品上，主要是生產環節上的勞動力成本優勢，而技術水平、研發能力、核心技術、產品品牌、營銷網絡還受制於外來的跨國公司。[157]

因此，從總體的進出口結構來看，大陸的出口結構還是以勞動密集型產品為主，進口結構基本上以技術密集型的產品為主，而出口大多為技術含量偏低的勞動密集型，或無自主創新知識產權技術密集型產品。相比臺灣而言，2006年臺灣出口商品中電機、電器、核反應堆、光學、照相、醫療設備等技術密集型和資本密集型產品不僅比例占據主導地位，而且出口量都排在前列，而針織物、鉤編織物、玩具、遊戲、運動用品、家具、寢具、燈具等勞動密集型的產品的比重不高，而且都排在當年出口量的後幾位。這說明大陸和臺灣在對外出

口商品結構上的互補性依然存在，不僅有利於大陸解決人民增收、就業等問題，也有利於臺灣的產業升級和增長方式的集約化。

從臺商對大陸投資的角度來看，兩岸之間也存在著互補的關係。臺灣已經經歷過經濟高速增長的時期，經濟發展水平相對比較高，有大量的閒置資金希望能夠找到有利可圖的投資項目；而對大陸來說，目前正處於全面建設小康社會的關鍵時期，經濟也處於起飛階段，雖然大陸每年都從世界各國吸引大量直接投資，但由於目前工業增長已經從消費拉動型轉變為投資推動型，工業發展對資金的依賴越來越強，刺激經濟增長需要更多的外部資金的注入，在大陸工業化過程中對資金的大量需求將是一個長期的過程，在這個過程中臺灣的資本依然是一個重要的來源。[158]但是，兩岸投資領域的互補絕不僅僅只是臺灣資金彌補了大陸經濟發展中的資金不足，更重要的是臺商投資不單純只是技術和資金的轉移，而是國際分工方式的改變，這種改變產生了相互之間階梯性的交換關係，形成了兩岸經濟互補的層次性。[159]

如果從分工的角度來看，垂直分工一般表現為互補性，水平分工一般表現為競爭性。在垂直分工和互補性合作發展到一定階段後，國家或地區間的要素稟賦差別逐漸縮小，產品結構和產業結構差異減少，要素價格和產品價格也逐漸趨向一致，市場結果也出現趨同和重疊，互補性合作就開始向競爭性合作轉變。目前臺灣內開始出現兩岸經濟關係中的競爭性大於互補性的聲音，他們的理由主要是：一方面，臺商向大陸投資導致大陸自主生產能力得到加強，過去臺商要從臺灣進口的原材料和中間產品，現在大陸自己的廠商已經能夠生產，或者不少原來向臺商提供的上游產業都轉移到大陸，不再需要從臺灣進口；另一方面臺商投資大陸使大陸的出口能力增強，已經擠占到部分原本屬於臺灣的國際市場。

筆者認為，上述說法至少是不客觀和不全面的，只是看到了問題

的一個方面,而忽視了另一個方面。大陸進口替代能力的增強是大陸經濟發展的必然結果,對臺灣而言,最佳的選擇不是指責大陸,而是增強自己的競爭能力,況且很多問題是由於臺灣當侷限制性經貿政策造成的。其實大陸出口產品中有一部分是臺資企業生產的產品,臺商也能從大陸貿易擴展中獲得利益。而且,從兩岸與相關國家的貿易量和市場占有率來說,雙方也不存在激烈競爭。如根據臺灣方面的統計,2006年臺灣輸往日本的產品市場占有率只有3.52%,而大陸的產品在日本市場占有率為20.51%;2006年臺灣輸往美國的產品市場占有率為2.06%,而大陸的產品在美國的市場占有率為15.51%。160由此可見,大陸和臺灣的商品在國際市場上的競爭並不在一個層次上。

互補性和競爭性的發展往往會帶來「結構性相互依賴」。一方面,隨著跨國或跨地區交流的增加,以及他們對外依賴的深化,各國各地區經濟間的「依賴」會導致「同步化」發展的趨勢。另一方面,相互依賴使得一個國家或地區的經濟發展後,隨著商品等要素的流動,其他國家或地區的經濟也會得到發展。在經濟全球化和區域經濟一體化的大背景下,各個國際或地區之間經濟競爭的加劇是大勢所趨,大陸與臺灣在與其他國家或地區競爭的同時,相互之間也會存在競爭。但競爭並不排斥合作,更不排斥經濟上的互補,他們是相對應同時存在的。從某種程度上說,競爭是絕對的,互補是相對的,競爭中有互補,互補中有競爭,雙方是辯證統一的關係。無論是互補還是競爭,只要競爭是良性的,在競爭中求生存,在互補中找機會,就能夠推動兩岸經濟關係的共同發展。

二、兩岸經濟相互依賴的非對稱性與對稱性

相互依賴並不完全等同於相互間的均衡或關係上的平等,它有對稱與不對稱、平等與不平等之別。從第二節的描述中我們已經得知,

兩岸之間的相互依賴度有高低之別,這種相互依賴度的差異一般表現為對稱性和非對稱性兩種形態。簡單地說,如果A在商品或資本領域依賴B,但B並不怎麼依賴A,那就屬於非對稱性相互依賴;反之,如果B也以同樣的程度依賴A,那就屬於對稱性相互依賴。一般來說,不對稱性是相互依賴最普遍的特徵,絕對對稱的相互依賴關係在現實中是極為罕見的。161不對稱性是兩岸經濟關係的一個重要特徵,但不是唯一的特徵,兩岸經貿關係中的某些方面也具有對稱性的特徵。

對兩岸經貿關係發展的不對稱性,有兩種不同的理解:一種是認為兩岸經貿關係中呈現出的不平等與不公平,損害到中國大陸的利益,影響到兩岸經貿關係的正常發展。主要表現為兩岸在貿易政策上的差異以及兩岸市場規模上的差距,造成大陸對臺貿易逆差的不斷增長;兩岸投資領域目前只有臺商對大陸的投資及相關商務活動,而大陸對臺投資還比較少,而形成兩岸單向與不對稱的投資格局;此外,兩岸在金融保險服務貿易、旅遊服務貿易、商務專業人員往來及工作就業權等方面都存在不對稱性。162

另一種觀察則認為,臺灣在兩岸經濟相互依賴的不對稱關係中處於弱勢,所面臨的風險更大。因為臺灣對大陸的貿易依賴度顯然比大陸對臺灣的依賴度要高,一旦大陸對臺灣採取可能的經濟制裁,臺灣的經濟將會受到很大的衝擊。163特別是大陸已經成為臺灣貿易順差最大的來源地,一旦臺灣對大陸的貿易出超無法維持下去,將會立即對臺灣經濟形成極大威脅。164這兩種理解看似都有道理,其實他們的觀察問題的視角並不一致,是分別從中國大陸和臺灣的角度、從經濟和政治的角度、從現實狀況與潛在威脅的角度來詮釋兩岸經濟關係相互依賴中的不對稱性。

在中國大陸看來,兩岸經濟關係中的不對稱現像是因為臺灣的政策限制導致的。由於臺灣對大陸產品出口到臺灣採取比較嚴格的限制

政策，使得大陸向臺灣的出口量和從臺灣的進口量不成比例。如2006年大陸對臺出口為207.35億美元，而從臺灣進口則達到871.09億美元，二者相差四倍之多，臺灣僅這一年所所獲得順差就高達663.74億美元。同樣，在臺商赴大陸投資金額已經高達439.1億美元（大陸商務部數據）或548.98億美元（臺灣「經濟部」的統計）的情況下，由於臺灣嚴格限制大陸資本赴臺投資，導致兩岸投資與資本流動長期處於不對稱的局面。與臺灣的態度相反，中國大陸一直從維護兩岸關係和平發展的大局出發來對待兩岸經貿關係的不對稱現象，一方面，大陸提出「不以政治分歧影響、干擾兩岸經濟合作」，以保障兩岸經貿關係的穩定發展；另一方面，即使在兩岸經貿關係的不對稱不利於中國大陸的情況下，依然堅定地擴大兩岸貿易往來，積極鼓勵臺商到大陸投資，依法保護臺商的合法權益。

從臺灣方面來說，他們並不是單純從經濟數據的角度來看待兩岸經貿關係中的不對稱現象，其中也摻雜了一些政治上的考量。從經濟角度來講，一般來說，引起非對稱相互依賴的主要原因是經濟規模。日本學者山本吉宣認為，當經濟規模不同的國家或地區間進行經濟交流，大的國家或地區能夠從經濟規模小的國家或地區獲取更多的利益；而經濟規模差異所帶來的非對稱性相互依賴，又可能導致兩個國家或地區國民經濟之間相互影響力的非對稱性。[165]

在臺灣看來，即便兩岸貿易、投資的數據上存在很大的差異，但從經濟規模及其所帶來的政治、經濟影響力來看，臺灣依然是處於弱勢的地位，臺灣的經濟在兩岸經貿交流過程中雖然獲得巨大經濟利益，但這種不對稱的相互依賴已經導致政治和經濟的風險出現，而且隨著不對稱性的加強，臺灣所面臨的風險反而越大，甚至已經出現「大陸打噴嚏，臺灣就患感冒」的情況，這已經是一種結構性的現象。因此，臺灣認為不能僅從經濟的角度來看待兩岸經濟關係的非對稱性問題，而是應該從「經濟安全」、「政治安全」的角度來防止臺

灣的經濟被規模龐大的大陸所控制和左右。

　　如果撇開政治的因素和政策的干擾來分析兩岸經濟相互依賴中的對稱性與不對稱性，我們就會發現，兩岸的產業依賴中存在不對稱的成分，也有對稱的方面。根據經濟學的比較優勢理論，各個國家或地區都可以確定自己在某一產業中的比較優勢。但這並不意味著各國或地區的比較優勢必然對稱，比較優勢本身就包含著不對稱的意思。因此，我們在討論產業結構互賴中的對稱與非對稱時，就可以界定：如果各個國家或地區擁有比較優勢的產業競爭力相等，在互惠的貿易中能夠帶來均衡的貿易所得就是對稱性依賴；如果他們擁有比較優勢的產業競爭力不相等，在互惠貿易中給國家或地區帶來不均衡的貿易所得，則界定它們是非對稱性依賴。

　　一般來說，處於水平分工狀態的不同產業，產業競爭力處於同一等級，其比較優勢可視作具有對稱性；處於垂直分工狀態的不同產業，產業競爭力處於不同等級，其比較優勢具有非對稱性。[166]兩岸目前產業結構既有垂直分工、也有水平分工，但從總體來看，主要還是垂直分工；兩岸產業競爭力比較優勢並不相等，互惠貿易給雙方帶來的所得也不甚均衡。因此，目前兩岸的產業互賴結構主要還是表現為非對稱的特徵。

　　經濟相互依賴中的非對稱性主要是從相對獲益的角度來觀察。其實，兩岸經濟相互依存中的非對稱性也並不是絕對的，在某些方面也存在對稱性的特徵，其中最典型的表現是經濟政策領域的相互依賴，這種對稱性具有絕對獲益的特點，在某種程度上是超越兩岸經濟數據、經濟規模和產業機構的差異的。經濟上的相互依賴要求大陸或臺灣在實施各自的經貿政策時，不僅要考慮到自身的利益，也要著眼於對對方的影響。特別是有些政策的實施可能導致兩敗俱傷的結果，雖然利益損失有大小之分，但卻沒有贏家；有些政策的實施則會導致雙

贏的結果，雖然獲利有多寡，但卻沒有輸家。從大陸和臺灣各自的角度來說，發展兩岸經貿關係都是為了促進自身經濟發展，提升人民生活水平；而大陸的經濟發展必定會影響到臺灣的經濟發展，臺灣的經濟發展也會影響到大陸的經濟發展。雖然大陸或臺灣受到對方經濟發展影響的程度並不一致，但這種影響和衝擊是必定存在的，在一定程度上就帶有對稱性的特徵。

三、兩岸經濟相互依賴的敏感性與脆弱性

　　國家或地區行為體之間的相互依賴關係可以是對稱的，也可以是不對稱的，其程度是由行為體對外部變化的敏感性與脆弱性決定的。[167]區分敏感性和脆弱性是理解相互依賴概念最重要的內容之一。根據羅伯特·基歐漢和約瑟夫·奈的定義，敏感性指的是一個國家或地區的政策變化導致另一個國家或地區發生有代價變化的速度有多快，所付出的代價有多大，它產生於政策框架內的互動。就依賴的代價而言，敏感性指的是在試圖改變局面而做出變化之前受外部代價影響的程度。脆弱性可以定義為行為體因為外部事件，特別是政策發生變化之後強加的代價而遭受損失的程度。[168]由於不同的國家或地區在自然資源、經濟發展、勞動力素質、技術水平、產業結構上的差異，導致其對外依賴的敏感性和脆弱性程度有很大的不同。由於不對稱的相互依賴是權力的一個重要來源，一個國家或地區對外依賴幅度和脆弱性程度就成為其在相互依賴關係中擁有實力或權力多寡的決定性變量。[169]一般來說，由於相互依賴不對稱性和脆弱性的存在，那些對外依賴度比較高的國家或地區在追求自身的利益和目標時會受到更多的制約，在突發事件發生時受到的衝擊也會更大。

　　但是，實力也並非影響相互依賴脆弱性與敏感性的決定性因素，一個國家或地區在什麼時候會展現出脆弱性和敏感性，還會受到多種

因素的制約。臺灣學者徐淑敏在用敏感性和脆弱性的概念對兩岸經濟相互依賴進行分析後,得出七點啟示:一、即使兩岸處於相互依賴的狀態,也不能消除衝突,兩岸有各自的權力優勢可以施展,絕非一面倒的劣勢;二、敏感性和脆弱性可以是經濟的,也可以是政治、社會等方面的;三、兩岸不同的社會結構決定了相互依賴中,一方的優勢,不必然形成對方的劣勢;四、兩岸相互依賴的脆弱性程度,取決於行為者獲得替代性選擇方案的能力與代價,而非力量大小的表徵。五、兩岸結構不同提供了權力轉化與行為改變的可能性。六、兩岸在政治、經濟、軍事、社會等領域,呈現不同程度與性質的互賴與對立,使脆弱性與敏感性的標準不同;七、弱勢一方可以針對對方脆弱性,以主導或升高議題的方式,提供改善所處地位的機會和能力。[170] 上述分析基本上點出了兩岸經濟相互依賴的複雜性和獨特性,也為我們後面分析兩岸經濟互賴的各種效應提供了某種思路。

一般認為,兩岸經濟相互依賴可能受到的敏感性和脆弱性影響主要表現在三個方面。第一,由於兩岸經濟聯繫日趨緊密,經濟相互依賴度越來越高,使得兩岸必須共同應對來自國際社會的突發事件或其他國家或地區政策的突然變化。第二,中國大陸對兩岸貿易、對臺商投資的依賴使大陸必須思考如果發生突發事件,如臺灣內發生「臺獨」重大事變等,或者臺灣經貿政策發生重大變化時,大陸將會付出怎樣的代價,是否有應對的措施或辦法?第三,對兩岸貿易高度依賴的臺灣方面也必須思考,如果臺海或者大陸發生重大突發事件,如某些臺灣學者所擔心的「經濟制裁」,以及「臺獨」可能引發的兩岸局勢緊張等,臺灣將會付出怎樣的代價,遭受多大的損失,是否有因應的辦法?

當今世界是一個相互依賴的世界,大陸和臺灣經常會同時面臨外部事件的影響,需要付出某些代價,但是他們即使面對同一外部突發事件,所付出的代價也可能是不一樣的。也就是說,兩岸對同一突發

事件的敏感性和脆弱性並不完全一致。我們借用相互依賴理論中對石油價格的經典分析為例。臺灣是一個石油資源貧乏的地區，99%的原油依賴進口，但根據2005年中期的統計數字，在當時臺灣能源總供給量中，石油的比例高達50.7%；大陸雖然石油資源比較豐富，但由於經濟上的高速發展，對石油的需求量急劇上升。對於歐佩克或產油國是否會大幅提高石油價格，或中東等重要產油地發生戰爭，兩岸將都會有很強烈的敏感性。對大陸來說，它可以透過調整能源政策來降低石油價格提升所帶來的衝擊，以減輕可能付出的代價，包括實行配給制度，開發國內石油資源，動用石油儲備等等。這說明大陸對石油漲價的脆弱性沒有那麼大，是脆弱性小於敏感性。但對臺灣而言，由於幾乎所有原油都依賴進口，油價的大幅上升會帶來的代價付出就會大得多，如果不能夠有效地實行能源多元化戰略，脆弱性和敏感性都將會持續居高不下。

同樣，對於其他國家或地區針對兩岸產品的貿易保護主義政策，兩岸由於在經濟規模、經濟體制、開放程度、調控手段上的差異，對敏感性的感受和對脆弱性的承受也不一樣：一般對大陸來說，所受到的衝擊會比較有限；對臺灣而言，同樣貿易保護措施可能讓臺灣付出的代價更大。

從兩岸之間相互依賴的敏感性和脆弱性來看，臺灣對兩岸經濟關係相互依賴的敏感性和脆弱性都要遠高於大陸。從臺灣某些政治勢力的各種「憂慮」來看，他們擔心兩岸經貿交流的日益密切會給臺灣帶來政治、經濟、軍事、社會等領域的「安全問題」。此外，兩岸交流的加深使「臺獨」分裂勢力搞「臺獨」的空間大大壓縮，民眾之間相互瞭解的加深使民進黨等政治勢力的愚民宣傳越來越難以收到效果。在限制兩岸經貿關係發展方面，臺灣過去的很多政策調控措施實際上並沒有造成他們所期待的作用。因此，臺灣方面對兩岸經濟相互依賴度的不斷提升一直抱持著非常敏感的心態。

由於敏感性的存在，過去的李登輝和陳水扁當局不斷渲染大陸對臺灣進行經濟制裁的可能性，不斷提醒臺灣民眾要注意所謂的「國家安全」，但這並不能阻止臺灣在兩岸經濟相互依賴中處於脆弱一方的事實。比如2004年中國社科院臺灣研究所王建民的一篇評論文章在互聯網上發表，文中提到，若大陸宣布對「臺獨」勢力實施經濟制裁，臺灣股市會出現嚴重跌停，匯率將會出現大幅波動，外資會迅速撤出，臺灣金融市場會很快陷入混亂，臺灣經濟將在2個月之內陷於癱瘓。雖然這只是學者的個人觀點，但卻導致臺灣股市大跌204點，跌幅達3.4%，加權指數一週下滑了6.72%。這個事例表明，臺灣對大陸的經濟依賴實際上已經造成臺灣在兩岸關係中的地位日益變得脆弱。

　　相比臺灣而言，大陸對臺灣經濟依賴的敏感性和脆弱性都要小一些。對中國大陸來說，兩岸貿易和臺商投資對大陸經濟發展造成了重要作用，但這些畢竟只是大陸整體外貿和吸引外資的一部分，即使兩岸貿易和臺商投資數量縮減，大陸會付出一定的經濟代價，但大陸依然可以透過調整經濟政策等方式來將損失降到最低，對大陸整體經濟的影響有限。但這並不表明大陸對兩岸經濟相互依賴不敏感，其敏感性主要表現為對「臺獨」可能引發兩岸軍事衝突的後果的警惕。一旦發生「臺獨」分裂勢力以任何名義、任何方式造成臺灣從中國分裂出去的事實，或者將會發生導致臺灣從中國分裂出去的重大事變，迫使中國大陸不得不使用非和平方式解決臺灣問題，不僅兩岸貿易投資關係會受到影響，中國大陸的經濟建設也會受到衝擊。雖然大陸一定會「不惜一切代價維護國家主權與領土完整」，但最好的方式依然是「以最大的誠意、盡最大的努力爭取和平統一的前景」。為了避免讓兩岸民眾都能夠享受相互依賴所帶來的利益，而不是不付出軍事衝突的代價，因此，大陸提出將和平發展作為兩岸關係的主題，希望透過包括經濟往來在內的兩岸全方位交流，創造破解政治難題的條件，為早日結束敵對狀態、簽訂和平協議，構建兩岸關係和平發展框架而努

力。

小結

本章主要討論的是兩岸經濟互賴的形成、表現及其特徵。「世界上只有一個中國，大陸與臺灣同屬一個中國，中國的主權和領土完整不容分割」，這是我們研究兩岸經濟相互依賴的基礎和前提。堅持一個中國原則是開展兩岸經濟合作與交流的基礎與前提，按照對外經貿制度管理並不影響兩岸經濟關係的性質。「不以政治分歧影響、干擾兩岸經濟合作」是促進兩岸經濟關係發展的重要保證，也符合兩岸經濟交流與合作中的市場經濟規律。「直接雙向、互利互惠、平等協商、方式靈活」是推動兩岸經濟交流合作的重要途徑。

臺灣方面對發展兩岸經濟關係存在著明顯的政治考量，主要表現在：李登輝和陳水扁時期對發展兩岸經貿關係存在著背離一個中國原則和進行「臺獨」分裂活動的考量。臺灣某些政黨和政治人物經常將兩岸經濟問題「泛政治化」，從選舉利益的考量出發，謀取政黨和個人私利。臺灣普遍存在著對大陸經濟依賴程度過深，會威脅臺灣所謂「政治、軍事、經濟、社會安全」的思維。

從兩岸經濟相互依賴的條件來看，兩岸經濟相互依賴的重要前提是要實行開放的經濟政策。正常、頻繁、雙向互動的經貿聯繫是兩岸經濟相互依賴的重要基礎。兩岸經濟相互依賴形成的重要條件是雙方都要為此付出代價。兩岸經濟相互依賴的成型階段（1988-1992年）、兩岸經濟相互依賴的鞏固階段（1992-2001年）和兩岸經濟相互依賴的深化階段（2001年至今）是兩岸經濟關係發展中的三個重要階段。

在海峽兩岸的經濟關係中，貿易往來一直是最基礎、最重要的部分之一。從兩岸貿易占各自對外貿易的比重來看，臺灣對兩岸貿易的依賴度比較高，而兩岸貿易占大陸對外貿易中的比重也是處於穩中有升的狀態。兩岸貿易相互依賴關係呈現臺灣商品流向大陸的「單向

性」特徵，中國大陸對臺灣保持著巨額的貿易逆差。兩岸投資關係是在貿易關係的帶動下而發展起來的，隨著兩岸經貿交流的迅猛發展，臺商在大陸的投資呈現快速擴張的態勢，兩岸貿易和投資關係的良性互動，即臺商投資驅動兩岸貿易、兩岸貿易誘發臺商投資，已經成為兩岸經濟交流與合作的主流。除了貿易和投資領域的相互依賴表現得比較明顯以外，兩岸在金融、經貿政策等領域的相互依賴也在發展之中。

競爭性與互補性、對稱性與非對稱性、敏感性與脆弱性在兩岸經濟相互依賴中同時並存。無論是互補還是競爭，只要競爭是良性的，在競爭中求生存，在互補中找機會，就能夠推動兩岸經濟關係的共同發展。臺灣不是單純從經濟數據的角度來看待兩岸經貿關係中的不對稱現象，其中也摻雜了一些政治上的考量。兩岸的產業依賴中存在不對稱的成分，但也有對稱的方面。從兩岸之間相互依賴的敏感性和脆弱性來看，臺灣對兩岸經濟關係相互依賴的敏感性和脆弱性都要遠高於大陸。大陸對兩岸經濟相互依賴的敏感性主要表現為，對「臺獨」可能引發兩岸軍事衝突後果的警惕。

為了讓兩岸民眾都能夠享受相互依賴所帶來的利益，而避免付出軍事衝突的代價，大陸提出將和平發展作為兩岸關係的主題，就是希望透過包括經濟往來在內的兩岸全方位交流，創造破解政治難題的條件，為早日結束敵對狀態、簽訂和平協議，構建兩岸關係和平發展框架而努力。

第三章　兩岸經濟互賴的經濟效應

　　合作與機制是兩個與經濟相互依賴密切相關的概念。要想深入理解兩岸經濟相互依賴的所產生的各方面效應，就不能不結合這兩個概念進行分析。第三章和第四章筆者將從經濟與政治效應的角度討論相互依賴與合作的關係，第五章將分析相互依賴的機制化效應。

　　在一般情況下，相互依賴與合作是兩個相輔相成的概念，經濟相互依賴因合作而生，進一步的合作又可能導致相互依賴的加深。如前所述，兩岸經濟關係已經形成一種既合作又競爭、既互補又互利的相互依賴關係。這種關係是在過去二十多年的經濟交流合作中形成的，它反過來又促進了兩岸經濟相互依賴的不斷加深。但我們同時也應該看到，相互依賴導致合作並不是必然的，相互依賴有時候也會導致合作方利益分配的不均衡。某些國家或地區出於維護自身經濟安全的考慮，在某些時候、在某些領域可能會實施某些政策，限制經濟合作的開展，甚至導致經濟摩擦和衝突。由於兩岸在很長一段時間內經濟交流不正常，加上兩岸經濟總量上的差距越來越大，使得兩岸經濟合作呈現出某種不平衡性。臺灣內某些政治勢力、某些人也開始擔心經濟相互依賴可能導致的臺灣經濟安全問題，甚至有時候以此為藉口阻礙兩岸經濟往來的正常化和制度化。由此可見，相互依賴到底會導致合作還是導致衝突，在很大程度上取決於各方合作的意願、需求、能力和條件。

　　此外，經濟相互依賴和經濟合作並不只是一個雙邊的概念，並不僅僅是在兩個國家或地區間展開，在很多時候要放在多邊的框架下來理解，從區域經濟一體化甚至全球化的角度來把握。實際上，經濟互賴作為兩岸經濟交流合作的必然結果，它不僅有利於兩岸經濟的繁榮

發展，也有利於促進大陸和臺灣對外經濟關係的發展，有利於包括海峽兩岸在內的整個東亞區域經濟合作的開展；而對臺灣經濟安全的影響，也需要從更廣闊的視野和更長遠的角度去看待，而不要將眼光侷限於兩岸之間，侷限於某些特定領域之內，更不要從政治的角度去操弄，這樣才能夠真正客觀地認知到兩岸經濟互賴所產生的效應。本章就將從兩岸經濟合作、臺灣經濟安全、區域經濟合作等三個方面討論相互依賴對兩岸經濟發展和區域經濟合作所產生的效應。

第一節　經濟互賴與兩岸經濟合作

　　過去二十多年來，雖然兩岸政治關係在很多時候處於不穩定的狀態，但兩岸經濟合作的勢頭一直非常強勁，取得了很大的進展。兩岸經濟相互依賴態勢的形成，本身就是兩岸經濟合作不斷深化，兩岸在經濟領域的利益不斷聯結和融合的體現。隨著兩岸經濟相互依賴的不斷發展，透過合作來求和平、謀發展，已經成為一種必然要求與趨勢。但就具體來講，兩岸經濟上的合作透過怎樣的途徑如何促使互賴關係的形成，這種互賴關係的形成又會給兩岸今後的經濟合作帶來怎樣的影響，依然是一個值得深入探討的問題。

一、相互依賴與經濟合作的關係

　　在互賴理論的各種討論中，關於相互依賴到底是否會導致合作、在多大程度上會導致合作、在什麼情況下會導致合作，向來是一個有爭議的問題。要討論這個問題，首先就必須明確「合作」的概念，即什麼是「合作」，影響合作的主要因素有哪些。合作是個人與個人、群體與群體之間為達到共同目的，彼此相互配合的一種聯合行動。一般來說，成功的合作必須具備以下條件：第一，任何合作都要有共同

目標，至少是短期的共同目標；第二，合作者要對目標、路徑和步驟有統一的認識，遵守共同認可的規範；第三，創造相互理解、彼此信賴的合作氛圍；第四，具有合作賴以生存和發展的一定物質基礎，包括空間上的最佳配合距離，時間上的準時有序。[171]利益是合作最核心的動因。馬克思就指出：「人們的生活自古以來就建立在這種或那種社會生產上面，這種社會生產的關係，我們恰恰就稱之為經濟關係」，而「每一既定社會的經濟關係首先表現為利益。」[172]古希臘修昔底德也曾經指出，利益的一致是國與國之間，個人與個人之間最牢靠的紐帶。

相互依賴所帶來的國家或地區間共同利益的增長，是它們之間進行互惠合作的重要基石。羅伯特·基歐漢特別分析到相互依賴中的一個重要概念——「互惠」。他認為在世界政治的無政府結構下，國際合作不依賴於對權威的順從，更不依賴於集中性的強制實施。互惠常常引致適當的行為標準，從而促進國家或地區間的合作。他還分析了特定互惠（即具體夥伴嚴格按照既定程序交換同等價值的物品）和擴散互惠（即沒有嚴格限定夥伴與行為後果的交換）對合作可能帶來的影響。特定互惠可以實現在無政府狀態下出現合作，它向官僚和政治家提供行為標準，也可以造就擴散互惠發展的條件。擴散互惠雖然並非促進合作的可靠處方，但它可以降低在利益不和諧時發生不必要衝突的機會，因此我們要理解合作出現的條件。[173]

隨著經濟相互依賴的加深，各個國家或地區間的經濟利益相互連接、相互滲透、相互影響，逐步形成一種難以區分、難以割離的利益共同體。這種經濟上的互賴關係使得國家或地區間經濟政策的相互影響程度加深，一個國家或地區在制定經濟政策時，不得不考慮對其他國家或地區的影響，不得不考慮他人的可能反應；其他國家或地區的經濟政策，同樣也會對這個國家或地區產生影響。這種相互影響有時候會帶來正面效應或共同利益，有時候也會帶來利益衝突等負面的結

果。在經濟互賴的情況下,為了使各國各地區之間經濟相互影響的負面效應儘可能降低,任何國家或地區在制定政策或進行經濟干預時,都必須考慮到經濟互賴可能帶來的聯動效應,它們之間就必須加強政策的協調與合作,這樣才能實現經濟利益的最大化。

雖然相互依賴是合作的基石,但相互依賴並不必然帶來合作。有學者將國家或地區間的合作分為三個層次和三種類型:第一個層次是建立在共同利益基礎上的無條件合作,主要針對的是一些共同面對的挑戰和事物;第二個層次是與競爭並存時的合作,合作不能僅僅著眼於共同利益,還必須承認國家或地區間存在著各自的利益,必須考慮當這些個別利益發生對立和衝突時國家間合作的可能性;第三個層次是在利益衝突的情況下,國家或地區之間進行的一種被動式協調。而合作的三種類型則包括:第一,「自助」型合作,即某個國家或地區自動調節自身的政策,從而實現與其他國家或地區的合作;第二,「協調」型合作,即國家或地區間透過談判來針對某些問題進行協調,進行政策調整併實現合作;第三,「制度化」安排,由於鬆散的協調無法保證合作的長期穩定,只有將其升級到制度化安排,合作才能夠鞏固。[174]從上述分類來看,相互依賴只有在一定條件下才有可能達成合作,如果國家或地區間利益競爭激烈、衝突加劇、對自身利益的考慮過多、制度化安排的缺失等等都可能影響到合作的達成。

雖然兩岸經濟的相互依賴在過去二十多年的時間裡不斷加深,但真正意義上兩岸經濟合作的程度其實不高。兩岸經濟關係長期以來呈現一種「單向、間接、民間」的畸形格局,兩岸經濟關係的正常化直至2008年以後才加快步伐,制度化也還有很長的一段路要走。兩岸經濟關係長期以來是以民間的名義在推動,兩岸當局在經濟合作的問題上,更多地採取的是「自助」的方式,即各自單方面實施規範或促進兩岸經貿關係的政策。直到2008年6月,海協會和海基會恢復商談後,兩岸的政策協調才進入一個比較直接的階段。當前兩岸正在商簽經濟

合作框架協議,這一協議如果能夠順利簽署,將可以推動兩岸經濟關係制度化邁上一個新臺階。在看到過去和當前兩岸經濟合作程度不高的同時,我們也應該看到,兩岸經濟相互依賴的形成和加深,已經產生了巨大的共同利益基礎,形成了強大的合作需求。正是有了這樣的基礎和需求,才使得臺灣不得不正視兩岸經濟關係發展的現實,才使得兩會之間的協商對話在臺灣政局發生重大變化後能夠立即恢復,才使得臺灣民眾更加重視和理解促進兩岸經貿關係發展的重要性和必要性,才使得兩岸協商簽訂經濟合作框架協議成為可能。

二、兩岸經濟互賴的經濟增長效應

促進經濟增長是導致合作的重要動因之一。而經濟互賴的加深會對經濟發展產生「成長效應」,一個重要的體現就是可以促進經濟增長。在西方經濟學的經濟增長理論看來,經濟增長是經濟發展的中心內容,無論對於政府當局還是個人來說,都是一種實實在在的利益,它集中表現為經濟實力的增長,即一個國家或地區生產商品和勞務能力的擴大和增加。在實際核算中,常以一國或地區的商品和勞務總量的增加來表示,即以國民生產總值(GNP)或國內生產總值(GDP)的增長來計算。175GDP是當前世界上在評價一個國家、地區或者一個經濟區域的經濟增長水平時,使用得最多、最普遍的指標。它是指一定時期內(通常是一年)一國或地區境內所產出的全部最終產品(即以消費和投資為目的現期生產和出售的產品)和服務按照市場價值計算的總和;它反映了一個國家或區域內一定時期經濟生產過程的最終成果,較好地反映了一個國家或地區的生產能力,是一個具有很強綜合性的指標。我們討論經濟相互依賴能否產生合作的效應,首先就要討論其對兩岸經濟增長水平的影響,就是要透過對兩岸經濟實力和經濟增長情況的比較,分析經濟相互依賴對兩岸GDP增長的影響途徑及

其影響程度。

（一）兩岸經濟增長情況比較

大陸自從改革開放以來，經濟整體上保持了平穩、快速、健康發展的勢頭，經濟實力不斷提升，經濟增長率也居世界前列。臺灣由於經濟發展起步比較早，整體經濟實力一直不弱，經濟在多數時候也是保持著增長的勢頭。整體來看，相對於其他的國家或地區而言，兩岸的經濟增長多數情況下還算比較理想。雖然兩岸經濟合作對大陸或臺灣經濟增長的貢獻率並不一致，但有一點必須肯定，那就是無論是大陸還是臺灣的經濟增長，與過去兩岸二十多年的經濟合作是絕對分不開的。

從兩岸經濟實力和經濟增長的對比情況來看，在二十世紀九十年代中期以前，大陸作為一個人口和土地都遠遠多於臺灣的經濟體，在整體經濟實力上與臺灣的差距並不是很明顯。但在二十世紀九十年代中期以後，特別是進入二十一世紀以後，兩岸經濟實力和經濟增長的差距開始明顯拉大。根據曹小衡教授的比較，2001年臺灣的GDP總量為2917億美元，大陸GDP總量為13165億美元，當時的經濟差距是1：4.5。但到了2008年，儘管經受南方雪災、汶川特大地震、國際金融危機的影響，大陸的GDP增幅仍達9.6%，總量為41998億美元，而臺灣的GDP總量只有4073億美元，二者的差距達1：10。[176]

在GDP增長率方面，由於所處的經濟發展階段不同，從1996年以來，大陸的GDP增長率都遠遠高於臺灣，「十五」的後半期至「十一五」前兩年（2003至2007年）更是出現兩位數的迅猛增長，即使遭受2008年全球金融風暴的影響，仍保持9%的不俗成績。反觀臺灣，由於受自身經濟條件以及臺灣政治運作等影響，其GDP增長率起伏較大，在2001年還出現了負增長，2008年接近零增長。

表3-1　兩岸GDP總量與增速比較

	GDP 總量			GDP 增速		
年份	台灣	中國	對比	台灣	中國	對比
2001	291.70	1316.50	1:4.5	-2.17	8.30	10.47
2002	297.70	1454.00	1:5	4.64	9.09	4.45
2003	305.60	1647.90	1:5	3.50	10.02	6.52
2004	331.00	1936.50	1:6	6.15	10.08	3.93
2005	356.00	2302.60	1:6	4.16	10.43	6.27
2006	365.50	2779.90	1:8	4.89	11.60	6.71
2007	383.30	3460.30	1:9	5.7	11.90	6.20
2008	407.30	4199.80	1:10	2.3	9.60	7.30

資料來源：南開大學教授曹小衡根據EIU CountryData數據庫資料計算所得。

但是，由於兩岸人口總量差距巨大，在人均GDP的具體數額方面，大陸和臺灣還是有著比較大的差距。臺灣為17116美元，遠遠高出大陸的3180美元。但從人均GDP增長幅度來看，大陸的人均GDP一直保持增長的態勢，而且增長幅度比較快，而臺灣的人均GDP在2000年左右出現負增長，此後一直徘徊在15000美元左右。

（二）經濟互賴對兩岸經濟增長的影響

要想瞭解相互依賴對經濟增長的影響，就必須瞭解影響經濟增長的主要因素。對於經濟為什麼會增長，經濟增長會帶來怎樣的影響，如何加速經濟增長，經濟學家們一直運用定性和定量等各種方法進行分析。從美國經濟學家西蒙·庫茲涅茨對「經濟增長」的定義中，我們可以找到部分答案，即「一個國家的經濟增長，可以定義為給居民提供種類日益繁多的經濟產品的能力長期上升，這種不斷增長的能力是建立在先進技術以及所需要的制度和思想意識之相應的調整的基礎上的」[177]。在庫茲涅茨看來，包括商品和勞務在內的經濟產品、技術進

步、制度和思想意識因素都會影響到經濟增長。這一觀點被多數經濟學家所接受,即生產要素(包括自然資源、物資資本和勞動力資本)、技術、制度是影響經濟增長的三大主要因素。

由於我們分析經濟增長的要素主要是指經濟因素,因此需要假定社會制度和意識形態已經符合經濟增長的要求;而且,自然資源本身並不能促進或延緩經濟增長,而是需要投入物資和人力資本進行開發才有意義。既然資本、技術、勞動力是影響經濟增長最重要的三大因素,我們分析兩岸經濟相互依賴對經濟增長的影響就必須從這三個方面著手,由於相互依賴強調的是兩岸之間相互影響、相互制約、相互作用的關係,我們需要分析的是,這種關係會導致中國大陸和臺灣在資本、科技、勞動力等領域發生哪些變化,這些變化又如何影響到兩岸的經濟增長。

第一,經濟互賴可以使兩岸生產要素和資源配置更加合理,透過相互貿易和對外貿易來增加生產的總量,從而拉動兩岸特別是臺灣經濟的增長。

一般來說,一國或地區的貿易依賴度與該國的經濟規模和人均GDP水平直接相關,即一國或地區的整體經濟規模越大,該國或地區的貿易依存度就越低;反之,該國或地區的貿易依賴度就越高。因為一國或地區的經濟規模大,比較容易實現自然資源、原材料、能源等資源的自給,而且該國家或地區內部市場會比較或者足夠大而較少依賴外部市場。根據李嘉圖的比較優勢原理,一國或地區將經濟資源集中生產本國本地區比較有優勢的出口產品,同時從境外進口價格低於本國生產成本的商品,就可以實現資源在國際或地區間的合理配置和有效利用。宏觀經濟學對外貿易乘數理論認為,一個國家或地區的出口增長,代表一種有效需求的增加,它將一輪接一輪地引起與這一出口增量有關的產業發生連鎖反應,從而可以透過需求拉動國民經濟的

成倍增長。世界銀行的《世界發展報告》就發現，對外貿易依賴比較大的國家或地區，比對外貿易依賴比較小的國家或地區經濟發展速度要快。178

　　當前，兩岸經濟的增長對貿易的依賴程度越來越大，雖然大陸對臺灣的貿易依賴度與臺灣對大陸的貿易依賴度並不平衡，但貿易對兩岸經濟的推動作用依然在不斷增強。臺灣海基會副董事長高孔廉就認為，兩岸貿易對臺灣效益有三：一為貿易出超，增加外匯收入；二是貢獻經濟成長；三是有助於臺灣企業營運。對大陸效益亦有二：一是取得低廉原料及機器，二是加工出口，創收外匯。179兩岸之間透過貿易進行資源的優化配置的同時，又分別同世界上其他的國家或地區開展貿易，既可以利用兩岸的市場，又可以同其他國家的市場結合成統一的市場，市場的深度和廣度都得到拓展。在這種情況下，兩岸自身生產的每一種商品都可以擴大生產規模，為兩岸市場和世界市場生產，從而可以產生規模經濟的效益，帶動國民經濟相關部門的發展，提高利潤率和勞動生產力，促進兩岸經濟的共同增長。

　　臺灣是比較典型的海島型經濟，有著外向型、淺碟型的基本特徵。雖然臺灣的經濟發展程度相對比較高，但由於資源缺乏、土地有限、科技基礎薄弱、勞動力不足、市場規模小，在很大程度上制約了臺灣經濟的可持續發展。二十一世紀以來，臺灣經濟發展在內部遇到結構性問題，外部又遭受金融危機的衝擊，經濟增長受到滯阻。與臺灣相比，大陸的自然資源比較豐富、勞動力資源充足、消費市場廣闊，可以為臺灣經濟的發展提供進一步發展的機會。臺灣經濟在內外交困的情況下，依然能夠穩住陣腳，保持一定的增長率，很難說與兩岸經濟關係的發展無關。兩岸經濟相互依賴態勢的形成本身就說明兩岸在生產要素和資源配置方面已經達到了一定的程度，隨著兩岸經濟交流合作的不斷深入，這種要素和資源的配置會朝著更為廣泛、更為深入、更為合理的方向發展，對臺灣經濟增長的拉動效應也會愈加明

顯。

第二，經濟互賴可以使大陸在吸引臺資的同時，引進先進的技術和管理經驗，提高勞動者的素質，從而提高投資效果係數，加速大陸經濟的增長。

改革開放以來，大陸經濟能夠維持三十年左右的高速增長，與積極吸引外資的政策有著密切的關係。外商直接投資是指境外投資者將其擁有的投資要素，其中包括資金、技術、設備等，直接投向被投資地區的項目，直接進行或參與資產和企業的管理。外商直接投資對經濟增長有著非常重要的影響，對中國來說，外商直接投資對經濟增長的影響的一個重要表現就是在對GDP的貢獻上。二十世紀九十年代以後，中國吸引和利用外商投資額連續十幾年位居發展中國家或地區的首位。外資的引入有力地促進了中國經濟的增長。外資不僅為中國帶來了資本來源，增加了經濟發展所需要的資本存量，緩解了經濟發展過程中的資本短缺，為社會主義現代化建設提供了資金支持。

而且，伴隨著資本的引入，一些先進的技術、組織與管理經驗等無形資產也進入中國。有學者認為，對大陸來說，比較高的儲蓄率可以作為經濟增長的保證，一般情況下不存在儲蓄缺口，即使有，缺口也不是太大，但大陸在技術和管理方面存在先天不足，或者說存在技術缺口和管理缺口。[180]外資的引入有效地促進了傳統產業的改造升級和產業結構的合理優化，並對管理者的經營管理理念和人們的經濟觀念產生了「示範效應」和「擴散效應」，最終有利於提高生產效率，使一定量的投資能夠帶來更多的產量，從而對大陸的經濟增長產生「超級促進效應」。

臺資是中國大陸吸引外資的一個重要組成部分，臺商投資大陸為大陸的經濟發展帶來了資金、技術、經驗、人才的支持，並幫助大陸解決了大量人口的就業問題，都是不爭的事實。但是，對於臺商投資

對大陸GDP和經濟增長的貢獻度到底有多少，人們有著不同的見解。臺灣有些政治人物和學者認為，大陸近年的經濟高速增長，主要是得益於臺商的投資。對此，大陸學者唐永紅分析後得出結論，大陸實際利用臺資金額占大陸實際利用外資金額的比例，在1993年達到歷史的最高點11.4%，此後這一比例呈現逐漸縮小的態勢，到2005年僅為3.6%。這表明大陸在利用外資方面並沒有對臺資形成明顯依賴，反而隨著大陸外資來源地的多元化，以及外資在大陸市場競爭的強化，臺資顯示了相對較弱的競爭力，而大陸對臺資的依賴程度也越來越小。[181]而根據另一位大陸學者王哲的研究，改革開放以來外商直接投資對中國經濟增長的貢獻率呈跳躍式發展，1991年其貢獻率為6.65%，到1994年已達到17.89%。之後，儘管由於國內外的政治、經濟環境的影響，外資對中國經濟增長的貢獻率呈下降趨勢，進入二十一世紀以來基本上在10%左右。[182]

如果結合上述兩組數據進行分析，即使在臺資占外資金額最高的1993-1994年，臺資對大陸經濟增長的貢獻率也不超過兩個百分點。但即便如此，臺資對大陸經濟增長的貢獻依然不能忽視，國臺辦主任王毅在2008年的臺商座談會上就評價說，我們在紀念和慶祝大陸改革開放三十週年的時候，也應當記住廣大臺灣經濟界人士為此所付出的一份心血、一份辛勞。你們一路走來、一路打拚，為當地經濟的振興作出了十分重要的貢獻，同時也在改革開放大潮中得到了自身發展和壯大。[183]

綜上所述，經濟相互依賴對經濟增長的影響途徑並不是孤立存在和單向發生作用的，它們之間的關係是緊密聯繫的，所產生的也往往是雙向的連鎖反應。相互依賴條件下兩岸貿易的開展、資本的積累、技術的進步和勞動力水平的提高有利於大陸和臺灣各自經濟的增長，相應的，經濟的增長又為貿易的開展、資本的積累、技術的進步和勞動力水平的提高創造了更為有利的條件。具體地說，臺灣透過兩岸貿

易可以獲得大量的盈餘,而臺商投資在一定程度上滿足了大陸經濟發展所需要的資本積累需求,也將先進的生產技術和管理經驗帶到了大陸,提升了大陸勞動素質和勞動生產力水平,同時也對臺灣的產業升級和技術進步提出了更高的要求,這些都有利於兩岸經濟的整體增長。兩岸經濟整體增長後,可以更大規模的開展兩岸貿易,加大投資的力度,促進技術的交流和人員往來,從而促使兩岸的經濟相互依賴更為緊密。因此,兩岸的經濟增長與相互依賴之間具有相互促進的作用。

三、兩岸經濟互賴的經濟合作效應

貿易和投資是兩岸經濟合作最基本的形式。二十多年的兩岸經貿關係實踐證明,兩岸貿易和投資的進行,與經濟相互依賴態勢的形成是一個相輔相成的動態過程。兩岸貿易投資行為的深化,促使兩岸經濟互賴的形成;而兩岸經濟互賴的形成,又促進兩岸貿易投資行為的繼續深化。產業分工與合作是兩岸經濟關係中的一個重要內容,也是兩岸經濟相互依賴的重要表現方面之一。在經濟全球化和區域經濟一體化的背景下,兩岸經歷了產業垂直分工階段、產業內水平分工階段和產業功能性分工階段,自發形成了垂直分工與水平分工同時重疊、交叉存在的分工格局,這種格局也影響著兩岸經濟互賴的進程。因此,經濟相互依賴對與兩岸的貿易投資關係、兩岸產業分工合作,以及兩岸的政策協調都會產生重要影響。

第一,經濟互賴能確保兩岸投資貿易關係不斷深化,不僅有利於增強臺商對大陸的繼續投資,以及大陸資本進入臺灣的信心和意願,也可以在某種程度上緩解兩岸貿易不平衡和投資不對稱的問題。

兩岸在貿易和投資領域形成的相互依賴,已經使兩岸經濟關係繼續深化的大趨勢不可逆轉。但就投資與貿易關係而言,兩岸之間的相

互依賴還是處於一種非對稱的狀態之中。如果撇開政治因素的考量，臺灣在貿易上對大陸呈現單方面依賴的狀況，臺灣每年從兩岸貿易中獲得的順差多達數百億甚至上千億美元；而在投資上，由於臺灣的限制，目前呈現的是臺灣對大陸的單向投資，即只有臺商在大陸投資，而大陸資本在臺灣的投資微乎其微。互賴理論認為，不對稱相互依賴或者「搭便車」行為的長期存在，不利於合作的開展和深入。由於受到兩岸之間的政治關係的影響，兩岸之間的貿易不平衡現象和投資的單向化，目前還有其存在的時空背景。但隨著兩岸關係和平發展的深入，兩岸經貿關係的發展不可能永遠在政治關係不正常的背景下發展，兩岸經貿關係的健康和持續發展遲早要面對如何緩解貿易不平衡和雙向投資的問題。

　　經過二十多年的發展，臺商在大陸的投資已經達到相當的規模，已經形成一定的布局，這種規模和布局在今後是否有繼續擴展的空間，會在一定程度上影響到大陸和臺灣經濟的發展。根據清華大學管理學院潘文卿、李子奈基於聯接模型的實證分析得出的結論，由於中國大陸與臺灣的經濟聯繫已相當緊密，臺灣削減直接投資在對中國大陸經濟發展造成不利影響的同時，中國大陸經濟的波動會透過對臺貿易等其他因素影響臺灣，從而反過來也對臺灣經濟造成不利影響。[184]兩岸經濟上的相互依賴可以增強臺商繼續投資大陸的信心，推動兩岸經濟的發展。李非教授認為，臺商投資大陸是以比較利益為動力，以產業分工為形勢，以加工製造為內容，逐步向多元化和規模化方向發展。[185]近年來，雖然臺商投資大陸出現回調的現象，增長速度明顯放緩，還出現資金回流臺灣的情況，但這都是兩岸投資關係已經發展到一定階段後必然出現的一種正常現象。在兩岸經濟互賴的態勢難以改變的情況下，只要兩岸之間的比較利益還存在，只要兩岸產業分工還存在梯度結構，只要臺商還能夠找到發展空間，臺商還會繼續在大陸投資。

在兩岸經濟相互依賴的情況下，臺灣難以長時間拒絕和限制大陸資本進入臺灣。陸資入臺一直是兩岸經貿關係發展中的一個癥結問題。臺灣出於政治因素的考慮，一直拒絕大陸資本進入臺灣投資，使兩岸投資關係呈現單向不平衡的狀態。到2008年年底，大陸對臺直接投資只有兩千多萬美元，一些大陸企業不得不以海外分支機構的名義「迂迴」投資。與此不相稱的是，臺灣自1991年開放對大陸地區投資，迄今累計投資金額已經超過800億美元，大陸已成為臺灣最大的貿易夥伴。在2001年兩岸加入WTO之前，臺灣已經就「循序開放陸資來臺」達成共識，即開放陸資來臺投資土地及不動產，配合加入WTO開放陸資來臺從事事業投資，逐步開放陸資來臺從事證券投資。但是由於政治因素的影響，這一進程並未獲得實質性推動。

資本在兩岸間流動的失衡對兩岸發揮比較優勢、最大限度地實現產業結構互補、填補臺灣經濟發展的資金缺口等都造成很大影響。有臺灣媒體認為，單向投資格局「嚴重制約了投資臺灣的企業的全球化運作，影響到海內外投資人對臺灣經濟發展環境與投資環境的評估與信心，從而一方面加速臺灣產業資本的外移步伐，另一方面影響到臺灣產業的創新、調整與升級」。[186]可以說，大陸資本無法入臺是違背兩岸經濟關係規律的，與兩岸經濟互賴的態勢格格不入。值得高興的是，2009年6月，兩會首度就陸資入臺問題達成共識，臺灣方面也開始調整限制大陸資本入臺的相關政策規定，這標誌著只能由臺灣到大陸進行單向投資的非正常局面將被終結，今後兩岸可以進行正常的雙向投資交流，必將推動兩岸在投資領域的相互依賴向縱深發展。

兩岸經濟關係中還長期存在著貿易不平衡的問題，主要表現在臺灣在兩岸貿易中長期保持著巨額順差，大陸從臺灣進口商品的數額遠遠高於臺灣從大陸進口的數額。對於這種貿易不平衡現象的產生，一個重要的原因是臺灣方面實行限制性的大陸經貿政策，使得大陸產品進入臺灣困難重重。在兩岸經濟相互依賴的背景下，這種限制性的政

策可以被視為臺灣針對臺灣某些產業的脆弱性，對大陸產品可能導致臺灣產業受損的敏感性的保護。但這種保護必須是處在一種合理的範圍之內，不然的話，就可能變成一種貿易歧視和不公平待遇，阻礙兩岸貿易關係和大陸對外貿易的健康發展。大陸學者沈丹陽認為，對臺貿易逆差雖然對兩岸間貿易的擴大和保持兩岸經貿合作有一定積極作用，但卻對大陸的對外貿易發展造成了不利的影響，主要表現為兩岸貿易不平衡直接導致大陸與美國等國家和地區的貿易摩擦增多。[187]

當然，我們也不能將兩岸貿易不平衡完全歸咎於臺灣的政策。大陸之所以尚能容忍對臺貿易的巨額逆差，也是看到造成兩岸貿易不平衡的原因很多，我們在尋求改變貿易不平衡現狀的同時，也應該客觀理性地分析，避免過於簡單的解讀和過於武斷的認知。大陸學者王建民就認為，臺灣對大陸巨額貿易順差的一個重要原因，是臺商在大陸投資、從臺灣進口原料與零部件在大量加工、再出口這一經濟循環過程中，這是一種客觀的經濟行為，因此不能簡單地看待兩岸貿易順差與逆差問題，更不能將貿易盈餘與政治因素完全掛鉤臺灣應逐步解除對大陸產品進口的人為限制，讓兩岸貿易在公平、合理的基礎上正常進行，實現互利雙贏的目的。[188]

第二，經濟互賴不僅有利於兩岸整體產業分工合作體系的形成，也有助於兩岸在分工合作中實現各自產業升級與轉型，還可以提升兩岸經濟在全球產業分工合作中的地位。

兩岸經濟互賴是產業分工合作發展到一定階段的產物，兩岸在貿易和投資領域的相互依賴，主要就表現在產業的分工與合作方面。有學者認為，「兩岸產業分工的演變，是由兩岸投資貿易的形態演變而決定的，即在國際產業分工特別是東亞生產網絡重構，以及兩岸各自經濟轉型影響下，臺灣製造業向大陸進行梯次性轉移，促成臺商赴大陸投資持續增長，每次產業轉移均拉動兩岸貿易增長，形成投資推動

的兩岸貿易特徵」。189張傳國教授也認為，兩岸貿易已經存在著顯著的集中性與重合性，呈現出產業內貿易的特徵，反映出兩岸經貿關係已經從垂直分工開始向水平的產業分工模式轉變，兩岸之間的經貿合作層次在快速提升。190由此可見，分析兩岸經濟相互依賴，就不能不分析其與兩岸產業分工合作之間相互影響的關係。

經濟上的相互依賴為兩岸產業分工合作向縱深發展，實現產業的整合創造了良好的條件。兩岸產業分工在過去二十多年中經歷了一個從低級向高級發展的過程。上個世紀90年代以前，其實兩岸並沒有形成真正意義上的產業分工合作，或者說，當時的兩岸經貿關係還處於初始階段，兩岸之間的貿易和投資關係更多的是一種企業之間的自發行為，而沒有刻意地規劃，也沒有形成規模。但隨著上個世紀90年代前後臺灣的產業資本加速外移，大陸成為臺資的主要投資地，兩岸產業分工合作也越來越明顯。經過二十多年的發展，目前兩岸產業已經呈現出垂直分工和水平分工交叉並存的模式。如何在此基礎上實現兩岸產業的整合，建立有兩岸特色的產業分工合作體系，是深化兩岸經濟互賴和促進兩岸經濟關係正常化的重要內容。大陸學者蔡秀玲就提出，只有在兩岸產業分工合作體系逐步建立的基礎上，才能透過雙方充分對話協商及政策協調，推進兩岸經濟整合向自由貿易區、共同市場、關稅同盟、經濟貨幣同盟方向漸進發展，透過確立兩岸各自的生產要素和產業優勢，進一步加快兩岸資本、商品、勞力、訊息以及技術等生產要素流通速度，縮小兩岸經濟差距，使兩岸形成緊密相連、高度依存、共生共榮的經濟整體。191

除此之外，在兩岸經濟相互依賴的態勢下，大陸和臺灣產業的升級和轉型更加容易實現。臺灣的經濟發展起步比大陸要早，目前其產業發展明顯偏向技術密集型產業，一些傳統的產業形態面臨著調整升級的壓力，而大陸的產業結構水平相對較低，還有不少勞動密集型、資源密集型和資本密集型產業的發展空間，二者正好形成互補，而

「臺灣到大陸投資或呈現萎縮型的產業剛好是大陸正在蓬勃發展的產業」[192]。經過二十多年的發展，兩岸當前的產業分工模式還會進一步發生變化，大陸和臺灣各自都面臨著新的產業升級和經濟轉型的壓力。有臺灣學者認為，按照大陸的立場，當然希望兩岸水平分工，但按照臺灣的立場，則期待兩岸垂直分工，將大陸當做原料、資源、勞力的廉價供應基地；兩岸產業如何往垂直分工方向努力，進而促使臺灣產業結構升級，才是維繫臺灣未來經濟發展的關鍵。[193]其實，並非只有垂直分工才能夠促進臺灣的產業升級，隨著大陸經濟的迅速發展，臺灣產業升級和轉型的機會不可能永遠寄託在兩岸在垂直分工的模式下，不能認為兩岸水平分工只會加劇兩岸產業之間的競爭。在水平分工的模式下，臺灣照樣有機會實現產業的升級與轉型，實現兩岸互利雙贏。

　　兩岸經濟上相互依賴還有助於提升兩岸在全球經濟互賴和產業分工中的地位。隨著大陸經濟的快速發展，在世界經濟中份量的增加，加上兩岸經貿關係的持續發展，兩岸產業分工合作早已成為國際分工和全球生產鏈條的重要環節。李非教授就總結出過去十多年來臺灣對外經濟循環的模式，即從過去的「日本提供技術—臺灣加工生產—外銷歐美市場」的舊三角模式轉型為「日本進口—臺灣設計—大陸加工—歐美銷售」的四角模式，目前正在從四角模式向「日本進口—臺灣設計—大陸加工與銷售」的新三角模式轉化。[194]無論是舊三角模式，四角模式還是新三角模式，都說明兩岸經濟相互依賴在全球經濟分工體系中正在不斷發展和深化。臺灣學者童振源也認為，經濟全球化發展的結果，使兩岸之間的經濟分工和經貿依存更加明顯，同時也使得兩岸經濟分工成為全球經濟分工的一部分。臺商到大陸投資，帶動臺灣中間財、資本財對大陸出口，同時也提供大陸經濟發展所需的資金、技術和管理經驗。臺商把從臺灣出口到大陸的中間財和資本財，經過大陸生產基地加工後，再把絕大部分產品出口到以美、日為主的

國際市場。臺灣和大陸之間經濟互賴，成為全球架構的一部分。195

如果著眼於國際經濟發展趨勢和全球產業分工的大背景，兩岸之間繼續深化產業分工與合作，探討兩岸經濟共同發展與亞太地區經濟合作機制相銜接的可行途徑，不僅有利於兩岸經濟發展中產業互補優勢的繼續發展，而且對於擴大兩岸產業合作在全球分工中的影響，提升兩岸經濟在世界經濟中的地位和份量，也具有重要意義。2006年4月，胡錦濤在會見連戰和參加兩岸經貿論壇的臺灣人士時也指出，多年來，兩岸民間交流合作蓬勃發展，基本形成了互補互利的格局，兩岸同胞的利益已更加緊密地聯繫在一起。在經濟全球化和區域經濟一體化趨勢加快發展的形勢下，兩岸有識之士對深化兩岸經貿合作都有著強烈的緊迫感。深化兩岸經貿合作，是關係兩岸發展前途和兩岸同胞利益的大事。196

第三，兩岸經濟互賴的形成與深化，可以迫使臺灣調整和改變對大陸的某些限制性貿易投資政策，有助於兩岸之間經貿政策協調和對話的進行，促進兩岸貿易投資關係的正常化和制度化。

過去相當長的一段時間裡，兩岸經濟合作之所以開展得並不順暢，一個重要的原因在於兩岸當局之間缺乏有效的政策協調與溝通。1987年11月臺灣開放兩岸交流以後，兩岸經貿關係也隨之迅速發展起來，臺灣廠商紛紛到大陸來考察市場和資源情況，使貿易和投資機會相對增加，商務接觸活動日益頻繁。197但這一時期，臺灣依然堅持「不妥協、不談判、不接觸」的「三不」政策，兩岸並沒有就經貿往來進行任何接觸。大陸單方面制定了一系列鼓勵臺商到大陸投資的法規與措施，臺灣方面也對兩岸經貿往來進行了單方面的規範和限制。隨著兩岸形勢的發展，兩岸交流交往衍生的一系列事務性經濟性問題亟須商談。1990年11月，臺灣方面成立「海基會」，作為臺灣授權與大陸聯繫、協商「處理涉臺公權力的兩岸事務的唯一機構」。1991年

12月，為了方便與海基會聯繫和商談，大陸成立了社團法人性質的民間團體海協會。「兩會」的相繼成立，標誌著兩岸之間圍繞著經濟性、事務性問題的接觸商談成為可能。

　　1993年4月，兩會在新加坡舉行了「辜汪會談」。在會談中，海協會積極組織進行兩岸經濟合作，提出現階段應把兩岸經濟交流與合作放在兩岸關係的首要位置上，政治歧異不應當妨礙經濟合作，並提出勞務、能源與資源開發、科技合作和共同籌開民間性經濟交流會議等具體建議。[198]這是1949年以來兩岸高層人士以民間名義，就兩岸經濟合作等議題舉行的最高層次的會談。兩會的商談對推動兩岸經貿合作，解決經濟交流中的具體問題造成了積極的作用。但是，兩岸溝通管道的建立和「辜汪會談」的舉行未能阻止臺灣實施限制兩岸經貿關係發展的政策。為了阻撓兩岸經貿往來，避免臺灣對大陸經濟形成依賴，1996年9月，李登輝提出「戒急用忍」的兩岸經貿政策原則，臺灣針對臺商投資大陸和兩岸貿易制定了更加嚴格的管制政策。2000年陳水扁上臺後，依然是以保守的思維來看待兩岸經貿關係的發展，不論是「積極開放、有效管理」還是「積極管理、有效開放」，都是從限制的角度來對兩岸經貿往來進行管控。在「兩會」協商因為臺灣的「臺獨」分裂活動中止後，兩岸關於經濟合作的正式溝通也告中斷。

　　值得欣慰的是，臺灣的限制性政策措施並沒有阻擋兩岸經貿往來的步伐，兩岸經濟相互依賴反而出現逐漸加深的趨勢。臺灣的很多政策遠遠落後於兩岸經濟相互依賴的現實，這迫使臺灣一方面不斷鼓吹要加強兩岸經貿關係中的風險意識，強化對兩岸經貿的限制，另一方面又不得不迫於工商業和民意的強大壓力，就某些特定領域實行開放性的政策措施，希望與大陸進行協商對話。陳水扁的「積極開放、有效管理」與「積極管理、有效開放」在一定程度上就反映實施灣當局的這種矛盾心態。民進黨當局還多次提出要恢復兩會之間就經濟性和事務性議題的協商。臺灣在2002年加入世界貿易組織以後，一度希望

以兩岸「經貿官員及WTO本身作為溝通橋樑，幫助建立彼此的互信，使雙方最終能在WTO以外的架構下，就更廣泛的議題進行有意義的對話與協商」。199臺灣之所以這麼急於進行兩岸協商，除了政治的考量外，一個重要原因就是在兩岸經濟互賴的大趨勢下，一些具體的問題亟待與大陸進行政策的溝通與協調。但由於當時兩岸在一個中國原則和「九二共識」的問題上存在著根本的分歧，兩會之間的協商對話不可能在沒有任何政治基礎的情況下恢復。

雖然兩會之間的協商因為臺灣的原因無法恢復，但兩岸經濟交流中的具體問題還是需要處理，大陸並沒有因此放棄兩岸之間透過其他方式溝通協調經濟合作事宜的努力。2003年，在大陸發表的《以民為本為民謀利積極務實推進兩岸「三通」》的白皮書中，明確提出可採取簡便易行的由兩岸民間行業組織協商「三通」的辦法。這一協商方式的步驟是：（1）民間協商。兩岸民間行業組織就「三通」問題進行協商，雙方有關業務主管部門人員可以民間名義參與商談。（2）達成共識。長期以來，兩岸民間行業組織已就如何解決「三通」的技術性、業務性問題累積了大量經驗。在此基礎上，經兩岸民間行業組織正式協商，即可達成共識。（3）各自確認。經商談達成的「共識」、「協議」、「紀要」、「備忘錄」或「商務安排」，經由兩岸有關方面各自確認後，即可組織實施。200在民進黨當政時期，兩岸就春節包機、大陸居民赴臺旅遊等問題的協商就是在這一模式下進行的。

2009年6月，兩會之間的制度性協商得以恢復，在隨後的近兩年時間裡，兩會就《海峽兩岸關於大陸居民赴臺灣旅遊協議》、《海峽兩岸空運協議》、《海峽兩岸海運協議》、《海峽兩岸金融合作協議》、《兩岸漁船船員勞務合作》和大陸資本赴臺灣投資等一系列涉及兩岸經貿合作的議題達成協議，兩岸也已經開始就商簽經濟合作框架協議進行商談。自此，兩岸之間關於經濟合作的政策協調與溝通進入正常化和制度化的軌道。由此可見，兩岸經濟上相互依賴的態勢是

促使兩岸進行政策協調與溝通的重要推動力，也是兩會恢復協商後，能夠迅速在一系列經濟議題上達成協議和共識的重要原因。

第二節　經濟互賴與臺灣經濟安全

兩岸經濟關係的發展本來最需要遵循的是經濟和市場規律，但臺灣卻經常將安全問題與兩岸經濟關係掛鉤，認為兩岸經濟相互依賴過深可能會危及臺灣的「軍事安全」、「政治安全」、「經濟安全」與「社會安全」。這種對「安全」的憂慮一直深刻影響著臺灣的兩岸經貿政策思維，直接影響到兩岸經貿關係的健康發展。本節僅從經濟安全的角度對兩岸經濟互賴的效應進行分析，至於其政治與安全效應，將在下一章中進行專門討論。

一、相互依賴與經濟安全的關係

我們在第一章討論相互依賴的概念時，就已經提到相互依賴可能會導致敏感性和脆弱性的產生。這種敏感性和脆弱性可能表現在政治軍事領域，也會表現在經濟領域，導致經濟安全的問題。對於經濟安全到底如何定義，存在著各種不同的看法。一種看法認為經濟安全是國家安全的一部分，是與政治、軍事安全密切聯繫的一個概念。英國科學院院士、倫敦經濟學院國際關係學教授巴里·布贊將經濟安全、社會安全、環境安全等非傳統安全置於同軍事安全、政治安全同等重要的地位。[201]他認為，安全始終是與威脅與脆弱性聯繫在一起的，經濟安全指獲取資源、金融和市場的能力，這一概念只有在限定的條件下，在經濟與軍事力量、權力和社會認同之間具有明顯的聯繫時才有意義。[202]因此，有學者會從避免經濟自主權被侵蝕，維護經濟主權的角度來討論經濟安全，認為經濟安全是指一個國家或地區「在經濟發

展過程中能夠有效消除和化解潛在風險，抗拒外來衝擊，以確保國民經濟持續、快速、健康發展，以確保國家主權不受分割的一種經濟狀態」。203

另一種看法認為經濟安全雖然是國家安全的一部分，但是一個與政治、軍事安全有區別的經濟本身的安全。克羅斯（Krauce）和奈伊（Nye）把經濟安全定義為「經濟福利不受被嚴重剝奪的威脅」，並指出「當一國有意識地選擇經濟低效率以避免外來經濟衝擊的脆弱性時，或當一國為穩定國內經濟而放棄可以從經濟一體化中所獲得的部分收益時，作為目標的經濟安全就顯現出來了」。204這種觀點認為經濟安全並非是政治與軍事安全的附屬品，經濟發展本身就是國家或地區的戰略目標，即經濟安全是一種保障經濟發展戰略諸要素的安全、維護經濟生存和發展所面臨的國內外環境、維持國際競爭力、提升經濟發展所帶來的國際地位的能力。

上述兩種看法並不必然矛盾，它們都強調經濟安全是一種狀態或能力，只是前一種是從政治的角度看待經濟安全，後一種側重經濟安全本身的含義。實際上，經濟與政治、軍事很難截然分開。任何國家或地區的經濟發展都是在一定的政治軍事環境下進行的，經濟發展的一個重要目的就是為了更好地維護國家主權，增強政治影響力和軍事實力。但是，我們也不能將經濟安全問題過度地「政治化」、「軍事化」，經濟安全涉及更多的畢竟還是經濟發展本身的問題，實現經濟安全也並非只能透過政治或軍事的途徑，發展經濟本身就是維護經濟安全的最佳手段。因此，筆者認為，經濟安全是一種狀態和能力的結合，既包括某個國家或地區經濟發展和經濟利益不受外部和內部的威脅而保持穩定、均衡和持續發展的一種經濟狀態，也包括確保經濟主權不受侵犯，經濟發展所依賴的資源供給不受外部勢力控制，國家或地區經濟發展能夠抵禦國際市場動盪和風險衝擊的能力。

對於經濟安全包括哪些方面的具體內容，大陸學者張傳國認為，經濟安全主要涉及以下幾個方面的內容：經濟發展問題（經濟安全是一國或地區的經濟發展不受威脅，能得到持續、快速、健康的保證）、經濟實力問題（經濟安全是經濟實力不受威脅的保障，也是檢驗經濟實力或綜合國力的重要內容之一）、經濟效應問題（經濟安全是防範經濟重大利益損失的戰略部署）、經濟資源問題（資源供給安全，涉及農產品、礦產品、能源和高新技術等領域）。205 經濟安全的內容可以分為內部安全與外部安全兩種，內部安全包括財富分配不均、勞資關係緊張、福利制度混亂、創新能力不足等；外部安全則是在與其他國家或地區發展貿易、投資、金融等關係時，避免對本國本地區的經濟制度、經濟成長、產業、就業等問題產生負面影響。

　　相互依賴之所以與經濟安全又密切聯繫，一個重要的原因在於相互依賴的絕對不對稱性，以及複合相互依賴可能導致的敏感性和脆弱性。按照羅伯特·基歐漢的解釋，相互依賴不見得是互利的，沒有任何事物能夠保證相互依賴關係以互利為特徵。不可能將相互依賴完全侷限於均衡的彼此依賴，最有可能影響行為體應對過程的是非對稱性相互依賴，依賴性比較小的行為體往往將相互依賴作為一種權力來源，在某些問題上討價還價甚至藉之影響其他問題；純粹對稱的另一個極端是純粹依賴，但這種情形非常罕見。206

　　因此，任何國家或地區之間的相互依賴在收益上都不可能是絕對平衡的，在影響上都不可能是絕對對稱的。從收益比較的角度來看，相互依賴中總會存在在相互依賴中收益比較多的一方，也不可避免地會存在利益受損的一方，而利益受損很容易被解讀為其經濟安全受到了威脅。從政治影響的角度看，由於任何國家或地區發展經濟關係的動機並非完全是出於經濟的考慮，加上它們之間的實力不平衡，有的國家或地區的實力比較強，在相互依賴中處於主導的地位，有的國家或地區的實力比較小，為了避免相互依賴所帶來的脆弱性，就會從比

較敏感和警惕的角度來看待相互依賴，謹防自己的經濟安全受到影響。雖然一個國家或地區要以相互依賴的經濟關係為工具要挾影響另一個國家或地區的時候，同樣也要受到損害，但由於雙方實力的差距，它們受損害的程度並不一樣，因此受害比較小的一方往往容易選擇經濟制裁作為軍事手段的替代工具，要挾對方在政治或其他方面做出讓步。

當然，相互依賴的兩個行為體之間收益的不平衡和影響的不對稱並不必然導致對一方經濟安全的損害，也不必然導致經濟制裁手段的運用。以上都是從相對受益的角度來看待經濟互賴的問題，實際上，現實中很多時候我們都是從絕對受益的角度來看待這個問題。「互惠互利」的合作並不是兩個行為體之間的收益絕對一樣，而是雙方都能夠從合作中獲得好處，而不去計較誰的好處更多，誰的好處比較少。臺灣學者張亞中也認為，「平等的協商、不對稱的妥協」是國家或地區間關係的常態現象，兩岸只要在平等、相互尊重的基礎上進行協商，其結果是否一定完全對稱，也全不是依一方的堅持而定，更重要的還是在於彼此之間的善意。如果協商的結果確有不對稱的表象，也不應草率地認為這一定就是「喪權辱國」，而要看自己在整個結果中的利弊得失才能論定。[207]

在相互依賴的情況下，兩個行為主體之間的政策往往是一種相互影響、相互制約的互動關係，一個國家或地區的政策選擇往往會影響到其他國家或地區的政策走向，從而影響到雙方的政策獲益結果。新現實主義假定，在無政府狀態的國際社會中，國家或地區主要關注的是相對獲益而非絕對獲益，即本國或本地區自身的獲益一定要超過他人的獲益。新自由制度主義則認為，各個國家或地區關心的是他們本身的絕對獲益，而不關心和算計其他國家或地區獲益和損失的多少。這兩種理論對不同國家或地區在獲益問題上偏好不同的假設，使得它們對國際衝突與合作的前景有著不同的預期。[208]一般來說，對外政策

决策者關注相對獲益越多，合作就越困難，矛盾就難以協調，衝突就越容易產生。反之，如果決策者更在意絕對獲益，就更容易形成妥協和合作，並為最終解決爭端創造條件。因此，如果互賴的雙方都是從絕對受益的角度，而非太過專注於相對收益來看待和處理相互依賴中的不平衡和不對稱問題，敏感性和脆弱性的問題都有得到解決的可能性。

二、互賴背景下臺灣對經濟安全的憂慮

在兩岸經濟相互依賴的情形下，大陸和臺灣都有對經濟安全的憂慮，張傳國在《中國大陸利用臺資政策評價與調控》一書中，就專門分析了大陸吸引臺資可能會給國家經濟安全所造成的影響，並提出維護國家經濟安全的利用臺資政策選擇。[209]但與大陸相比，臺灣無論從經濟實力還是在兩岸經濟關係中的地位來看，都處於相對弱勢，其對經濟安全的憂慮也更為深刻。臺灣學者童振源認為臺灣內部對兩岸經濟整合的政治與安全爭論可分為六類：「國防」安全、經濟制裁、經濟誘惑、經濟戰爭、「國家」認同轉變與經濟互賴和平。[210]這裡面有經濟安全層面的問題，也有政治與軍事層面的問題，本節將只討論經濟方面的問題。另一位臺灣學者朱延智將臺灣的經濟安全歸納為：臺灣經濟對大陸市場的依存度大幅上升、產業空洞化、失業率上升、失去談判籌碼等方面。[211]綜合來看，臺灣、臺灣某些政治勢力、臺灣學者和社會輿論對臺灣經濟安全的擔憂主要表現在以下幾個方面：

第一，擔心臺灣對大陸市場的過度依賴會使得臺灣喪失經濟自主性，削弱臺灣經濟的抗風險能力，導致臺灣經濟邊緣化，難以永續發展。

臺灣對經濟安全的一個主要憂慮是兩岸經濟的相互依賴在某種程度上已經演變為臺灣經濟對大陸的單方面依賴。這主要表現為，隨著

臺灣的生產製造部分大規模遷往生產成本較低的大陸，臺灣經濟對大陸市場的依賴程度不斷加深。近年來，臺商赴大陸投資累計金額占臺灣對外投資總額的比重已經超過七成，臺灣對大陸出口的總比重也在三成左右。2006年臺灣召開的經濟永續發展會議的共同結論中，就提到，臺灣經濟對大陸的依賴關係有繼續擴大的趨勢，引發經濟「中國化」的憂慮，也影響臺灣經濟的自主發展，故「政府」必須積極負起管控風險的責任，有效降低兩岸經貿開放可能衍生的整體風險。[212]臺灣方面擔心，當兩岸之間的分工發展成為產業內分工，臺灣的經濟出現「大陸化」的情況，而過度「大陸化」對導致臺灣經濟在全球經濟發展格局中被「邊緣化」，將會使臺灣失去經濟發展的自主性，被大陸所控制，變成大陸經濟的附庸。朱延智就舉例說，如果大陸資金進入臺灣，一旦意圖滋擾臺灣金融體系以及房地產市場，將嚴重影響臺灣金融以及房地產市場的安定，縱使行政部門事後發現中資企業在臺灣從事滋擾金融穩定事實而撤銷其在臺投資，但傷害已經造成。因此，臺灣在兩岸經貿往來中的目標，應該放在全球化，而非大陸化，大陸政策只能當做全球化的一環來考量，而非當做全部，否則難逃邊陲化的命運。[213]

還有一種觀點認為，由於臺灣經濟對大陸的單方面依賴已經形成，使得臺灣經濟與大陸經濟唇齒相依，提升了大陸的競爭力，而削弱了臺灣的競爭力；而且，一旦大陸調整經濟發展戰略，或者大陸經濟發展出現問題，臺灣經濟將難免被波及，出現「大陸一感冒、臺灣就會打噴嚏」的情況，臺灣經濟自身抗風險的能力會大大削弱。有人認為兩岸經濟的競爭性已經超過互補性，臺灣幫助大陸提升競爭力的同時，自己卻面臨著來自大陸的競爭。一方面，臺商向大陸投資導致大陸自主生產能力得到加強，過去臺商要從臺灣進口的原材料和中間產品，現在大陸自己的廠商已經能夠生產，或者不少原來向臺商提供的上游產業都轉移到大陸，不再需要從臺灣進口；另一方面，臺商投

資大陸使大陸的出口能力增強，已經擠占了部分原本屬於臺灣的國際市場。臺灣新世紀文化基金會董事長陳隆志就認為，大陸對臺灣形成了一股強大的磁吸效應。大陸以低廉的工資，吞噬臺灣勞力密集型產業所占有的國際市場，而臺灣生產成本相對較高的劣勢，則促使資金和產業外移，使臺灣產業因應環境變化並加以調試的空間萎縮。他主張說，儘管臺灣在經濟上的全球布局，不可忽略大陸市場，但也應重視對大陸的依賴程度，因為全球化、國際化的經貿發展思維，絕不是侷限於大陸一地，在進行海外投資時，應具有分散風險的意識，將大陸的市場和資源視為僅是臺灣產業全球布局中的一環，才能夠保持經濟上的自主性，使臺灣經濟得以永續發展。214因此，在民進黨當政時期，他們就提出釐定「深耕臺灣、布局全球」的經濟戰略，引導企業依循「投資臺灣」優先及全球市場連接的大方面，將兩岸經貿納入全球布局的一環，借此壯大企業在臺灣的根基，追求經濟的永續發展。215

第二，擔心臺灣對大陸經濟的過度依賴，導致臺灣的產業「空洞化」，一些管理和技術被轉移到大陸，對臺灣的就業和競爭力造成衝擊。

臺灣方面對經濟安全的另一個憂慮在於，隨著大陸經濟的崛起，兩岸經濟規模日益懸殊，臺灣過度依賴大陸市場，無異於「與虎謀皮」，將進一步加深資金、技術、人才向大陸單向傾斜的問題，還會讓臺灣的產業空洞化、結構性失業，以及貧富差距和收入分配情況更為惡化，從根本上損害臺灣的經濟競爭力。2005年6月，陳水扁在接受臺灣一家電視臺採訪時，替「積極開放、有效管理」的政策進行辯護時表示，「中國的威脅，我們不能當成不存在，因為他不是一般的『國家』，他不是美國、日本、東南亞或歐洲國家，它是對我們有威脅的，所以不管如何，我們的風險管理一定要考慮，不是只有所謂的互利互惠」，「在有效管理之下，才有可能開放或適度調整兩岸的經

貿政策。我一直覺得很多核心產業如高科技等愈來愈嚴重向中國傾斜」,「沒有政府點頭,沒有經過政府同意、出面或授權都不算數,這是最大的原則,對臺灣才有利,我們的產業競爭力才能得以確保,『國家安全』才能維護」。[216]

對於臺灣是否出現了產業空洞化的問題,學界存在著一定的分歧。臺灣學者傅豐誠觀察到,在2000年以前,臺灣內部爭論的重點還是否有產業空洞化的情況,但在2000年之後,由於臺灣經濟動能不足,失業率日增,爭執的焦點轉向產業空洞化的原因,到底是源自兩岸經貿因互動過熱,還是因互動不足。[217]有人認為,過去二十幾年的兩岸經貿關係發展,已經使臺灣面臨失去資金、技術,並培養潛在競爭對手的局面;資金、技術和投資重點的轉移會阻礙臺灣本身產業和技術的升級換代,從而造成臺灣產業空洞化的危勢。日本早稻田大學亞太研究院教授林華生經過研究也認為,臺灣確實存在一定程度的產業空洞化。[218]隨著兩岸經濟相互依賴向縱深發展,臺灣愈發擔心,如果兩岸經貿關係真的實現正常化和制度化,在兩岸「三通」的大背景下,兩岸之間貿易壁壘迅速消減,臺灣對大陸的進口會增加,而大陸低成本的產品一旦進入臺灣,臺灣的產業將會面臨更為殘酷的競爭,臺灣的一些傳統產業如農產品、食品、製造業等勞動密集型產業,將會面臨重大衝擊。屆時,可能會出現產業加速外溢、資金外流、失業及土地閒置等問題。隨著臺灣的一些大企業和上游廠商到大陸投資,上下游相關產業也會隨著移往大陸,從而導致臺灣喪失產業群聚效應的完整性。[219]

除了擔心產業空洞化的問題外,還有人擔心臺灣的技術優勢可能會因為兩岸經濟相互依賴過於密切而喪失。臺灣對往大陸的技術輸出一直有著嚴格的限制,臺灣認為技術是臺灣的核心競爭力之一,如果不嚴格管控,可能會導致技術流失到大陸,削弱臺灣的競爭力,比如在開放八吋、十二吋晶圓到大陸投資的問題上,臺灣都經過了很長時

間的猶豫。有臺灣學者就指出，近年來，臺商赴大陸投資已經逐漸由傳統產業轉變為電機電子產業，而目前電子產業是臺灣的主要產業，一旦外銷市場被大陸所取代，一些新的生產與管理技術被大陸所取得，臺灣經濟必將遭受極大打擊，失業問題也更趨嚴重。[220]而對於臺灣的結構性失業是如何造成的，很多人簡單地認為，原因主要是臺灣的廠商紛紛關廠歇業，前往大陸投資設廠所造成。照此邏輯推論，如果兩岸的經貿關係繼續發展，更多的臺灣廠商前往大陸投資，臺灣的失業情況會愈加嚴重，社會問題也會隨之增加。蔡英文在擔任「陸委會」主委時就聲言，直航對臺灣經濟的負面影響亦不可忽視，包括大陸物品進口增加及大陸臺商產品回銷，可能衝擊臺灣產業，包括農漁業及競爭力較低的傳統產業及內銷產業；臺灣人民將擴大赴大陸觀光旅遊、從事商務活動、消費乃至購買房地產，可能造成內需減少及擴大資金、產業技術及高科技人才流向大陸；可能造成結構性失業增加及通貨緊縮問題等。[221]

第三，認為兩岸經濟互賴的加深會促使大陸運用經濟制裁的手段，使臺灣在兩岸關係中失去經濟籌碼，最終不得不做出政治上的讓步。

臺灣很多人對經濟安全的憂慮更多的還是表現在政治方面，認為如果說經濟層面的影響可能是短期的、看得見的，那麼政治層面的影響可能是深遠的、潛在的。這主要表現在兩個方面：一方面，臺灣向來將經濟作為對抗大陸和抗拒統一的籌碼。這種「籌碼論」有三種論調：第一種論調是兩岸經濟上的差距是不能與大陸實現統一的重要理由之一。在1980年代以前，大陸經濟尚處於比較落後的時期，臺灣經濟發展同期卻取得了亮麗的成就。臺灣便將「經濟牌」作為抗拒統一的籌碼，認為臺灣作為先進的經濟體，一旦與大陸統一，將會被大陸拖累。但隨著大陸經濟的高速發展，臺灣的經濟實力和經濟規模上的優勢迅速喪失，現在再提到這一論調的人已經是越來越少了。

第二種論調是兩岸經貿關係的發展將會壯大大陸的軍事實力，形同支持大陸提升對臺武力威脅的能力，因此必須阻止臺商對大陸投資和兩岸經貿往來，只有這樣才能夠阻止大陸軍力的發展，確保臺灣的安全。這種論調其實是臺灣方面盲目自大和錯估形勢的一種謬論。

第三種論調是將經濟關係作為影響大陸對臺政策的籌碼。根據臺灣學者周添城的描述，臺灣的策略是，企圖以管制交流的幅度和速度來迫使大陸改變對臺政策，拿經貿的交流作為改變政治對立的籌碼。[222]

這三種論調其實都是要與大陸進行某種意義上的「經濟戰爭」達到政治目的的做法。但是，由於兩岸經濟實力的對比在過去二十多年已經發生了巨大變化，兩岸經濟上的相互依賴和整合已經成為必然趨勢，臺灣的經濟籌碼流失已經成為既定事實，臺灣還想將經濟作為籌碼的政策作為很難造成效果。童振源就提到說，兩岸的經濟整合會導致臺灣在兩岸的「經濟戰爭」中處於不利的地位，因為限制兩岸經濟交流並無法有效達成臺灣對大陸實行經濟戰爭的目的，反而造成對臺灣自己的更大傷害。[223]

另一方面，臺灣有人擔心大陸會運用經濟制裁，來影響臺灣的政治發展，進而影響兩岸關係的進程。雖然大陸一貫主張不以政治分歧干擾兩岸經濟合作，但臺灣和學者普遍認為，大陸在發展兩岸經貿關係時，有著政治上的動機和考量。因為在兩岸經濟上已經出現不對稱相互依賴的情況下，如何運用經濟手段的主導權在大陸一方，如果大陸認為經濟制裁可以達到政治效果，不排除大陸在特定時期會使用經濟制裁來迫使臺灣在政治上就範。臺灣學者郭建中認為，對大陸而言，經濟是一個手段，想要達到的不全然是經濟的目的，還包括政治的目的，是為政治服務的目的。[224]2004年5月24日，國務院臺辦發言人張銘清表示，推動兩岸的經貿及各方面的交流是我們一貫的立場，

不會有臺商投資受影響,但要說明的是,對於在大陸賺錢又回到臺灣支持「臺獨」的人,我們是不歡迎的。225這一表態與2004年6月社科院臺灣所學者王建民發表的「如果臺灣不能正確認識目前臺灣海峽的緊張現實,繼續大搞『臺獨』活動,甚至升高『臺獨』動作,大陸對臺實施經濟制裁不是沒有可能」226的言論,被臺灣有些人解讀為大陸威脅使用經濟制裁手段「對付綠色臺商」的「例證」。

在上述思維主導下,臺灣方面經常會思考兩岸經濟相互依賴可能導致怎樣的政治後果,如何影響到臺灣在兩岸談判中的籌碼和信心,最終可能導致臺灣不得不與大陸走向統一等等。臺灣學者邵宗海就認為,大陸相信兩岸經貿持續交流將擴大臺灣對大陸的依存度,一旦臺灣對大陸依存度過高,在兩岸未來整合的過程中,臺灣將沒有太大的能力反彈,有助於日後北京透過談判達成兼併臺灣的政治目的。227另一位臺灣學者李憲榮則指出,大陸在吸引臺商投資上,主動要求擴大往來,並不惜忍受巨大貿易逆差和外匯流失,目的在加強兩岸的密切關係,逐漸達成其「以商逼政」、「以民逼官」、「以通促統」的最終目標。228在2006年臺灣出版的「國防報告書」中,也明確提到大陸進行經濟制裁的可能性,「倘若未來兩岸關係惡化,中共有可能禁止我產品輸往大陸或是凍結民生物資輸往臺灣,借此對我施加經濟制裁,用以癱瘓臺灣經濟、瓦解我方士氣」。229

三、臺灣憂慮經濟安全的實質

作為在兩岸經濟相互依賴中相對弱勢的一方,臺灣對經濟安全有著這樣或那樣的疑慮其實並不奇怪,大陸的確也需要去瞭解臺灣民眾的疑慮,化解他們的擔心。但是,對於兩岸經濟互賴是否真的會導致上述危及臺灣經濟安全的後果,還是有必要從客觀、理性、實事求是的角度進行分析。臺灣方面的上述疑慮,有的是兩岸相互依賴中確實

衍生出的問題，有的是由於對情況瞭解的不全面不深入而產生的誤解，有的卻是某些政治勢力或政治人物別有用心的煽動和扭曲。如李憲榮在分析了大陸對臺灣經濟安全威脅後，得出的一個結論是，「減少『國人』對中國（大陸）的錯誤或過度期待，以減少中國（大陸）熱的繼續發燒，因為減少對中國的投資熱潮和臺灣對中國（大陸）經濟的依賴度」，最終要「加強臺灣『國家』意識的教育和培養」。230 說到底，其根本目的還是為煽動臺灣民眾的「臺獨」分裂立場找理由、找藉口，而不是真正替臺灣的經濟發展著想。不可否認，大陸和臺灣在發展經濟關係時不可能沒有任何的政治考量，但將大陸的政治考量和臺灣的政治疑慮無限擴大，甚至有些聳人聽聞，其實並無必要。從某種程度上說，對經濟安全的過度憂慮恰恰是臺灣方面缺乏自信的表現，臺灣的經濟安全不可能在「閉關自守」和「消極抗拒」的政策中得到解決。

　　對於臺灣方面在發展經貿關係方面的一些安全顧慮，大陸並非沒有考慮到。在國務院臺辦2003年12月17日發表的《以民為本、為民謀利、積極務實推進兩岸「三通」》的白皮書中，就對此問題進行了專門的說明。關於「『三通』將衝擊臺灣經濟安全」的疑慮，中國大陸強調，在兩岸經濟交流與合作中，臺灣經濟從大陸經濟迅速發展中獲得了增長的動力，產業結構調整獲得了有利條件，企業獲得新的發展空間，促進了臺灣經濟的發展。在經濟全球化和區域經濟合作的大潮中，如果實現「三通」，兩岸經濟各展所長，密切合作，將更有利於兩岸防範經濟金融風險，實現共同繁榮。兩岸「三通」有利於臺灣企業合理調配和使用生產要素及資源。透過分工合作，可以發揮臺灣經濟的優勢，增強發展潛力和提高競爭力，有效避免產業「空洞化」。近幾年臺灣失業率上升主要是企業投資意願下降和結構性原因所致，臺商投資大陸對擴大臺灣就業、產業升級和經濟穩定發揮了重要作用。231

對於兩岸經濟互賴是否會導致臺灣喪失經濟自主權，削弱臺灣經濟的抗風險能力，導致臺灣經濟邊緣化，筆者認為，在兩岸經濟相互依賴的時代，所謂經濟的自主權都是相對的，臺灣針對兩岸經貿到底是實施開放性政策還是限制性政策，這本身就是經濟政策自主權的體現。當然，在兩岸經貿關係已經十分密切的情況下，無論是臺灣還是大陸政府，在實施兩岸經貿政策時，都不可能為所欲為，不考慮到己方的政策可能給對方帶來的影響。但這並不意味著自主權的喪失，而是政策對形勢的一種客觀反應。而且，兩岸經濟相互依賴不能簡單地歸結為臺灣經濟的「大陸化」或大陸經濟的「臺灣化」。臺灣希望從全球化的角度去思考去布局臺灣經濟發展，希望在「大陸化」與「全球化」之間找到一個平衡點。這種思路也並沒有錯，但關鍵是，不能為了實現「全球布局」而刻意忽視或壓制臺商在大陸投資已經形成相當規模，兩岸貿易關係發展已經相當深入的基本現實。兩岸應該共同思考在經濟全球化的背景下，如何實現共同發展，探尋兩岸經濟共同發展與世界經濟發展和亞太經濟合作機制相銜接的問題。

　　實際上，臺灣從經濟安全的角度考慮兩岸經濟互賴的問題，反映更多的是某些人對待兩岸關係發展的戒備和保守心態，而不是從是否符合經濟發展規律，符合兩岸同胞共同利益的角度去考慮問題。如果從分工的角度來看，垂直分工一般表現為互補性，水平分工一般表現為競爭性。在垂直分工和互補性合作發展到一定階段後，國家或地區間的要素稟賦差別逐漸縮小，產品結構和產業結構差異減少，要素價格和產品價格也逐漸趨向一致，市場結果也出現趨同和重疊，互補性合作就開始向競爭性合作轉變。兩岸經濟關係中競爭性的一面增強，並不必然威脅到臺灣的經濟安全。大陸進口替代能力的增強是大陸經濟發展的必然結果。比如說，大陸出口產品中有一部分是臺資企業生產的產品，臺商也能從大陸貿易擴展中獲得利益。而且，從兩岸與相關國家的貿易量和市場占有率來說，雙方也不存在激烈競爭。如根據

臺灣方面的統計，2006年臺灣輸往日本的產品市場占有率只有3.52%，而大陸的產品在日本市場占有率為20.51%；2006年臺灣輸往美國的產品市場占有率為2.06%，而大陸的產品在美國的市場占有率為15.51%。[232]

對臺灣而言，最佳的選擇不是指責大陸，而是增強自己的競爭能力，況且很多問題是由於臺灣當侷限制性經貿政策造成的。臺灣工業總會副祕書長蔡宏明就提出良性分工模式。他認為，在兩岸分工方面，對於中國大陸投資是兩岸資源稟賦差異與市場誘因等因素所促成之兩岸產業分工模式，應透過產業政策引導，使之形成「良性的分工模式」，以持續臺灣產業發展之動力。至於分工模式是否是「良性的」，這決定於臺灣產業擁有多少技術、品牌、知識產權與差異化優勢，若有當中幾項優勢，則可形成「良性的分工模式」，其對臺灣產業發展之動力才可能持續，才能在兩岸與全球產業競爭中，持續掌握競爭優勢。[233]由此可見，大陸和臺灣在產業上的競爭性合作並不可怕，兩岸經貿關係的競爭性或利益分歧不可能透過阻滯交流來得到解決，只要臺灣以開放和合作的姿態看待兩岸經濟合作，臺灣的產業空洞化就不是問題。

對於臺灣的產業「空洞化」及其導致的失業問題，在很多人看來，其實是一個假議題，體現了臺灣某些人對經濟發展的迷茫，對產業升級轉型的一種抗拒。臺灣「中華經濟研究院」2006年11月28日出示的一份報告認為，臺商在大陸投資並未造成臺灣產業空洞化。該院王健研究員引用數據說明，以電子及電器產業為例，按比例計算，臺商在臺灣投資100元新臺幣，在大陸投資為15.26元；其他如服務業為10.25元，運輸工具業為20.23元，化學品製造業則是25.12元。相比而言，並沒有形成臺灣產業空洞化現象。[234]大陸學者鮑曉華經過實證分析後也得出結論認為，產業外移不等於產業空洞化，只要有新興產業投資的增加及時替代傳統產業來充分彌補外移資本留下的空洞，只要

產業的技術結構在提升,臺灣產業外移就不會造成產業空洞化。[235]2002年3月,時任國臺辦副主任的王在希也表示說,在臺灣有個說法,稱因為臺商大量投資大陸,造成了臺灣產業空洞化,失業率上升。這種說法是錯誤的。他指出,臺商對外投資,根本原因在於臺灣內投資環境的惡化。在當前情況下,臺商即使不到大陸尋求發展,也會前往東南亞等地,是形勢所逼。而臺商大舉投資大陸,是因為大陸發展潛力巨大,商機處處,是他們對市場和商機作出選擇的結果。這是兩個問題。[236]

至於兩岸是否會用經濟制裁的手段來達到政治上的目的,我們不能僅僅看到臺灣對大陸經濟依賴的一面,也要看到大陸同樣需要發展兩岸經貿關係,同樣會思考經濟制裁可能會帶來的經濟、政治與社會後果。兩岸經濟相互依賴即使不對稱,但也遠未發展到臺灣對大陸單方面的依附的程度。相互依賴是一種「一榮俱榮、一損俱損」的雙向互動的經濟關係,無論是從維護兩岸關係和平發展的大局,或是爭取臺灣民心的角度,大陸都無意透過經濟制裁的方式來損害臺灣的所謂經濟安全。在兩岸經濟業已形成相互依賴的情況下,任何一方都不太可能中斷這種經濟聯繫。大陸學者王建民在2004年6月發表的關於「對臺制裁」的文章中也指出,大陸對臺實施經濟制裁只是一種理論的假設與分析。海峽兩岸人民不希望這種情況的出現,不希望兩岸因政治的對立而傷害兩岸經濟的合作與兩岸經貿關係的發展。[237]

臺灣學者童振源對大陸是否可能運用經濟制裁的問題進行深入研究後認為,如果北京對臺灣進行經濟制裁,雖然臺灣會面臨貿易及其生產上的損失,但是大陸則必須付出四個方面的代價:一、兩岸經貿中斷直接造成的損失;二、因臺灣對大陸出口大部分是中間財與資本財,大陸某些生產體系將因而中斷;三、兩岸關係惡化,將影響臺商與外商在大陸的投資與經營,進而嚴重衝擊中國的經濟發展;四、因為臺商在大陸生產之後,絕大部分產品外銷,同時亞太主要國家都是

兩岸的主要貿易夥伴，所以北京必然承受龐大的國際政治與經濟的壓力，尤其是美國與日本介入的壓力。238因此，他得出的結論是，從經濟制裁的啟用和後果來看，大陸不具有針對臺灣的經濟槓桿，臺灣在兩岸經濟關係中幾乎不存在脆弱性，出於對制裁的意願、制裁的代價、制裁的效果等多方面的考慮，大陸將不會對臺灣實施經濟制裁。239雖然童教授的分析中存在著一些主觀的判斷，但也並非完全沒有道理，至少可以說明，大陸對臺經濟制裁只是一種純假設性分析，在實際運作上不容易對臺灣的經濟安全具有實質性的影響。

由此可見，臺灣的經濟安全是否會因兩岸的經濟相互依賴而受損，在很大程度上是一個認知的問題。李登輝和陳水扁當政時期，更多的是從消極和負面的角度去看待兩岸經貿關係的發展，視兩岸經濟互賴的加深如洪水猛獸，實施各種限制性的政策，但最終並未能阻止兩岸經濟互賴的深化。馬英九上臺後，對經濟依賴是否會導致經濟安全問題，採取了更為自信和開放的態度，並沒有一味從消極的角度理解相互依賴。馬英九的一個重要思維是，大陸既有威脅，又是機會，要將威脅最小化，機會最大化。2009年1月，他在接受採訪回答電視記者有關臺灣是否過度依賴大陸的提問時，明確表示，我們依賴他們，他們也依賴我們。貿易一向是相互依存，倒不必過度憂慮。2405月20日，馬英九在回答網友的提問時，對有網友表示憂心臺灣經濟太過依賴大陸，他表示說，這是結構性問題，臺灣可以多分散出口市場，讓兩岸貿易與投資儘可能達到雙贏互惠，使得我們不吃虧。若要想完全不依賴大陸，根本做不到，講這種話是不負責任的，最好是多開拓外銷市場。241

2010年2月，當ECFA問題在臺灣炒得沸沸揚揚之際，馬英九在報告「兩岸經濟協議」的記者會上，特別提到說，有人會擔心「兩岸經濟協議」簽了之後，我們跟大陸的貿易量就會增加，大陸已經是我們最大的出口市場，如果再增加貿易量，我們對大陸的依賴會不會大

增?如此一來,如果大陸對我們有什麼政治意圖,會不會讓我們受不了?這點我要跟各位報告,看看日本、韓國。日本在2000年時銷往大陸的貨物約占6%左右,到了2009年已上升至18%,成長3倍,韓國也一樣增加了2倍多,因為大陸開始變成世界的工廠、世界的市場,自然與世界各國的貿易量都會增加很多,所以這是一個正常的現象。242海基會董事長江丙坤在談到兩岸經濟相互依賴的問題時,也表示說,依賴大陸並不是壞事,因為這代表大陸需要臺灣,大陸的經濟發展有相當部分是靠臺商的努力。兩岸經貿關係發展的關鍵不在依賴太深,而是要擔心有一天大陸不讓臺灣依賴,該如何因應。因為這表示大陸經濟已經有根本性的改變,臺商將面臨生存問題,這時應該思考與中國大陸建構綜合性經濟合作協議的可能,同時提升臺商的技術能力、創新能力,就不用擔心過度依賴大陸的危險。243這些都說明,馬英九當局對兩岸經濟相互依賴的性質非常清楚,不僅將此視為促進臺灣和兩岸經濟發展的機會,也瞭解大陸不會利用兩岸經濟互賴來迫使臺灣接受不合理的政治條件。

第三節　經濟互賴與區域經濟合作

兩岸經濟相互依賴所產生的經濟效應不僅僅只是侷限於海峽兩岸之間,而是會延展至與兩岸有關的各個區域。就兩岸之間而言,相互依賴可以從雙邊的角度進行分析,但在經濟全球化和區域經濟一體化的大背景下,兩岸經濟無論是作為個體還是一體,都是全球和區域經濟不可分割的一個組成部分。兩岸經濟互賴的形成與深化,必然會對所在區域,如東亞地區、亞太地區甚至世界經濟發展產生重要影響。即便是就兩岸而言,由於大陸的幅員遼闊,每個省市、不同地區的經濟發展差異很大,與臺灣經濟聯繫密切程度也不一樣。兩岸經濟互賴有時候並不是表現為兩岸整體經濟的互賴,而是大陸的某幾個區域與

臺灣的經濟互賴關係，因此經濟互賴的效應還可以從臺灣經濟與大陸內部某幾個區域的角度來進行具體分析，如可以分析兩岸經濟互賴對長三角地區、珠三角地區、環渤海地區、海峽西岸經濟區等臺商集中地區所產生的影響。本節筆者將重點探討兩岸經濟相互依賴與亞太區域經濟合作的關係，以及對大陸幾個臺商投資集中地區的發展所產生的經濟效應。

一、經濟互賴與區域經濟合作的關係

在第一章中我們討論相互依賴的概念時，就已經提到從多邊角度理解相互依賴的概念是，多個國家、地區或行為體構成的一對多、多對多、單個對整體、多個對整體等網狀錯綜複雜的相互影響關係。它既是存在於國家或地區之間的雙邊聯繫，也存在於某個國家或地區對區域經濟、世界經濟的多邊聯繫之中。而且，在全球化和區域經濟一體化已經成為大趨勢的情況下，任何國家或地區都無法自外於這個大潮流。因此，我們理解經濟相互依賴，除了要討論雙邊經濟關係外，還必須從多邊的視角，要將其放在全球化和區域經濟合作的大背景下來解讀。

經濟全球化雖然已經成為一個潮流和趨勢，但當前世界還並未真正實現全球化，各個國家或地區之間的合作依然是以區域化為主。這一方面是因為，各個國家或地區間的經濟相互依賴發展到一定的程度，就會產生更緊密的利益聯結和強烈的合作需求。特別是隨著一些可能會對經濟發展和國際和平產生影響的全球性問題的產生，如環境保護、生態失衡、能源短缺、人口爆炸、恐怖主義、跨國犯罪等，這些涉及全球福利的問題幾乎涉及每個國家的利益，單靠某個國家或某幾個國家已經難以應付和解決，必須靠各國之間的通力合作。但另一方面，在相互依賴的經濟關係中，如何處理民族國家的自我利益與共

同利益之間的關係,也是一個重大挑戰。在世界經濟融合的過程中,民族國家依然是國際社會的主體,「無論經濟的全球化發展到什麼程度都不能改變一個事實,即在經濟不斷融合的世界裡,國家仍然是世界經濟範圍內的利益主體單位,民族利益仍是決定國家政策去向的主導因素」244。一些國家或地區對全球化的需求,與另一些國家或地區對全球化的疑慮和抗拒,形成了某種矛盾。為了調和全球福利與國家利益之間的矛盾,避免全球化過快發展對某些國家或地區的利益造成傷害,又要保證各國各地區之間在相互依賴的基礎上繼續開展合作,經濟區域化便成為「對付經濟民族主義以及貿易保護主義威脅唯一現實的選擇」245。

對於什麼是「區域」,海內外從不同的角度進行了定義。美國學者約瑟夫·奈認為,一個國際區域就是由一種地緣關係和一定程度的相互依存性聯結到一起的有限數量的國家或地區。卡爾·多伊奇則將一個區域界定為在廣泛的不同層面有明顯的相互依存的一組國家或地區。246 B·M·魯斯特在《國際區域和國際體系:政治生態學研究》一書中,對區域的概念進行了系統的分析,他不僅區分了地理上臨近、社會文化相近的區域,還分析了政治上、經濟上相互依賴的區域。247從這些定義中,我們可以看出,區域是一個與相互依賴密切相關的概念,相互依賴在某種程度上是區域概念形成的基礎。

經濟區域化同樣必須建立在相互依賴的基礎之上。按照相互依賴的理論,互惠與合作不僅能夠在雙邊領域實現,也能夠在多邊情形下實現。對於是雙邊合作比較容易實現還是多邊合作比較容易實現,學者們的看法並不一致。美國學者肯尼斯·奧伊認為,行為者越多,合作就越困難。248海倫·米爾納也同意說,兩個行為者是合作的最佳數目,即雙邊合作最為可行。因為合作者必須形成認知的一致,特別是共同的利益和價值取向,以及解決問題的一致認識,而且,兩個行為者在合作中對絕對收益、相對收益的權衡比較容易。249另一些學者則認

為，在各個國家和地區追求相對收益的情況下，行為者數目的增加會增大合作的可能性。其實，行為者數目的多寡與合作的難易程度之間並沒有必然的聯繫。在雙邊情況下，合作的形式和內容看上去會比較簡單，但這並不意味著合作就會容易。在多邊的情境下，各個國家或地區之間的利益交織在一起，基於不同的利益考慮往往會選擇不同的合縱連橫方式，它們之間的博弈往往會加劇，但這也不意味著它們之間的合作更加困難。在各個國家或地區經濟互賴的情況下，不論它們主觀上是否願意，不論各方獲益是否不平衡，進行合作是唯一的選擇。

在多邊的情境下，合作存在著更多的選擇。一個國家或地區可以選擇與另一個或幾個國家或地區進行雙方合作，也可以共同組成聯盟或自由貿易區與其他國家或區域合作，還可以在某一領域與某一國家或地區合作，但在另外的領域選擇與其他的國家或地區合作。多邊情境下的合作對相互依賴的影響體現在兩個方面，一方面，某個國家或地區對區域經濟合作的依賴，在一定程度上可以減少其對某一個國家或地區的依賴程度，分散單方面經濟依賴可能帶來的經濟或政治風險；另一方面，在多邊情況下，各個國家或地區之間的實力差距、市場環境、政策風險等都不一樣，在自由開放的經濟條件下，一旦區域內某一個國家經濟出現問題，很容易波及其他國家或地區，使多邊相互依賴情況下面臨的經濟風險加大。但無論如何，相互依賴會在多邊合作過程中不斷發展，會從兩個國家或地區之間的相互依賴發展成為某一區域國家或地區之間的相互依賴，然後拓展為全球各區域之間的相互依賴，並為全球化的發展奠定更為堅實的基礎。

二、兩岸經濟互賴與亞太區域經濟合作

自上個世紀90年代以來，區域經濟合作並邁向一體化已在世界各

大洲蔚然成風，亞太地區也不例外。隨著亞太地區國家或地區間共同利益的不斷增加和相互依賴關係的不斷深化，為瞭解決相互之間的經濟合作問題，應對其他區域經濟一體化的挑戰，亞太國家之間建立起了不少超越政治制度和意識形態的合作夥伴關係，也建立了不少區域或次區域的多邊經濟合作機制。可以說，亞太區域經濟合作推進速度之快，合作領域之深、內容之廣泛、形式之多樣、機制之靈活，都是前所未有的。除了一些國家或地區之間進行雙邊經濟對話，簽訂自由貿易協定之外，特別是在經濟領域的多邊合作方面，亞太地區近年來取得了不少突破性的進展。如東盟十加一、東盟十加三、東盟地區論壇、上海合作組織、東亞峰會、亞歐會議等都為促進本區域經濟發展發揮了重要的作用。此外，各種類似東盟自由貿易區、東北亞自由貿易區、亞洲自由貿易區、亞太自由貿易區、亞洲聯盟、東亞共同體等提議也層出不窮，一些提議已經在商議落實之中，在不久的未來即將成為現實。

　　大陸和臺灣是亞太地區兩個重要的經濟體，它們之間已經在形成相互依賴關係的同時，也與其他國家或地區形成了相互依賴的關係。大陸和臺灣共同發展與其他國家或地區的經貿關係，一起參與國際經濟活動，是兩岸經濟相互依賴在更大範圍內的體現。大陸經濟在改革開放以後，市場化和國際化程度空前提高，已經越來越與世界經濟體系接軌。臺灣經濟本來就具有外向型的特徵，受到國際經濟環境的影響比較大。兩岸經貿關係正是在中國大陸需要應對經濟全球化的趨勢，臺灣需要應對國際經濟環境挑戰的背景下發展起來的。對中國大陸來說，發展兩岸經貿關係的考慮從來沒有僅僅侷限於兩岸之間，而是將其放在國際經濟發展趨勢和全球產業分工的大背景下來考量，使兩岸經貿關係的發展有利於大陸的改革開放，有利於兩岸人民的福祉，有利於區域經濟發展和世界經濟的繁榮。李非教授就指出，大陸發展兩岸經貿關係，不能單純地固守區域經濟合作與國際分工原理的

思維定勢，而是要把發展的基點放在自身力量的不斷積累上，致力於全方位地與國際經濟接軌，在不同層面加強與國際經濟的整合關係，尤其是透過各種有效渠道，積極主動地參與亞太地區的區域經濟合作，最大限度地分享國際分工的好處。250可以說，兩岸經濟相互依賴增強了大陸的經濟實力和國際經濟競爭力，在一定程度上使得大陸在區域經濟合作中的地位和作用更為凸顯。

臺灣也一直希望從全球化和區域經濟一體化的角度來看待兩岸經貿關係的發展，但卻在二者之間關係的處理上，遇到了理想與現實之間的矛盾。在民進黨當政時期，2001年8月臺灣召開經濟發展會議，決定以「臺灣優先、全球布局、互惠雙贏、風險管理」作為推動兩岸經貿發展之原則，其中就提到要「掌握臺灣在全球經貿體系的關鍵地位，將兩岸經貿納為全球發展策略之一環，以『全球布局、策略性開放』政策，持續推動自由化、國際化，提升臺灣競爭優勢」。251但兩岸經貿關係的實際情況是，臺灣對外投資的大部分都集中在大陸，臺灣要進行全球布局，實現所謂的國際化，首先就必須接受兩岸經濟互賴程度已經很深的現實，順勢而為。但是，民進黨當局卻逆勢操作，在政治上過於強調「本土化」，對兩岸經貿關係的發展施以種種限制，並繼續推動所謂的「南向政策」，企圖用政治的力量來迫使臺商轉移投資方向，不僅使臺商遭受不必要的損失，還使臺灣經濟錯失了不少融入亞太區域經濟合作的良機。臺灣學者李英明提出，臺灣應該積極發展與大陸的經貿關係，一方面，臺灣必須以中國大陸作為載體，去面向全球經濟體系；另一方面，臺灣也必須以全球或區域經濟發展作為載體，與中國大陸互賴共榮。252

兩岸經濟相互依賴的最大區域效應在於，兩岸不僅能夠分別與亞太地區其他國家或地區開展經濟合作，各自獲取經濟利益，還能夠透過兩岸經濟的共同發展和整合，在區域經濟一體化的進程中共同實現利益的最大化。大陸一貫強調兩岸攜手合作，共同適應世界經濟發展

潮流，迎接世界經濟挑戰的必要性。臺灣有學者認為，兩岸經貿熱絡，其實等於間接證明了臺灣跟全球化或者東亞生產網絡並沒有脫節。253臺灣與大陸發展經貿關係的歷程，也是臺灣參與全球化和亞太區域經濟合作的重要一環。2006年4月，胡錦濤在會見連戰和參加兩岸經貿論壇的臺灣人士時指出，多年來，兩岸民間交流合作蓬勃發展，基本形成了互補互利的格局，兩岸同胞的利益已更加緊密地聯繫在一起。在經濟全球化和區域經濟一體化趨勢加快發展的形勢下，兩岸有識之士對深化兩岸經貿合作都有著強烈的緊迫感。深化兩岸經貿合作，是關係兩岸發展前途和兩岸同胞利益的大事。254

當然，臺灣參與亞太區域經濟合作目前尚有一些問題未能解決，比如臺灣希望與亞太地區某些國家簽署自由貿易協定的問題，臺灣希望在東亞各國建立自由貿易區進程中不被邊緣化的問題，都在客觀上對臺灣參與亞太區域合作帶來了一些困難。對於臺灣無法參與某些亞太區域經濟合作機制的原因與可能的後果，臺灣學者從政治、經濟、心理、「外交」、統一等層面進行了分析。臺灣戰略研究學者莫大華認為，在東亞區域整合浪潮中，臺灣受制於政治因素，多未被列入可能的合作對象，甚至是諮詢的對象，因此臺灣在東亞區域被邊緣化的可能性激增並逐漸成為事實。由於東亞區域整合是不僅涉及經濟層面也涉及政治與安全層面的整合，對臺灣在政治、「外交」、心理等非經濟層面的影響可能更直接，甚至更為強烈。如果臺灣長期被隔絕於國際與區域體系之外，在非經濟面造成政治、「外交」、心理的邊緣化，恐怕對臺灣有非常不利的惡性循環效果。255臺灣中興大學蔡東杰教授也認為，在2010年中國與東盟自由貿易協定生效前，如果臺灣尚未加入任何形式的東亞自由貿易區或雙邊自由貿易協定系統，屆時將不僅成為東亞地區唯一被排擠在區域自由貿易區之外的地區，未來經濟發展邊緣化的危機亦可能難以避免。而大陸則可能藉這波自由貿易區推動進程，在東亞透過整合發展完成和平崛起戰略意圖，並利用臺

灣的被邊緣化，達成統一的目標。256

　　實際上，大陸早就提出解決臺灣參與亞太區域經濟合作的原則和建議。考慮到臺灣經濟發展的需要和臺灣同胞的實際利益，中國大陸政府對臺灣同外國發展民間性質的經貿關係不持異議，但強調必須在一個中國原則的前提下進行。對於臺灣在國際經濟活動中製造「兩個中國」、「一中一臺」的言行，對於某些國家開展對華對臺經濟合作中違反一個中國政策的言行，對於臺灣企圖將兩岸經濟合作當做是「國家間合作」的任何言行，大陸都會堅決予以反對。在此原則下，臺灣作為中國的一個地區加入了亞洲開發銀行、亞太經合組織、世界貿易組織等允許以地區名義參加的國際經濟組織和為數眾多的非政府經濟組織。中國大陸認為，在兼顧原則性和靈活性的情況下，臺灣在國際經濟活動中的權益已經得到保障，已經能夠在相當程度上滿足臺灣經濟和社會發展的需求。胡錦濤總書記在紀念《告臺灣同胞書》發表三十週年的講話中，再次明確提出要「探討兩岸經濟共同發展同亞太區域經濟合作機制相銜接的可行途徑」。隨著兩岸關係形勢的改善，隨著兩岸關係和平發展進程的推進，在不造成「兩個中國、一中一臺」的情況下，兩岸透過適當的方式共同參與亞太區域經濟合作必能實現。

三、兩岸經濟互賴與臺商投資集中地區的發展

　　兩岸經濟互賴除了會影響到亞太區域經濟合作以外，也會對大陸內部不同區域的經濟發展與合作產生影響。上個世紀八十年代以來，區域經濟合作與發展成為大陸經濟發展的主旋律，先後形成了多個經濟區域，不同區域的經濟發展程度不同，對外開放水平不同，投資環境不同，在吸引臺資與對臺貿易方面，自然也存在著很大的差異。根據大陸學者段小梅2006年的研究，臺商投資大陸的地區分布，早期受

到中央開放政策及地緣因素的影響，主要集中在對外開放時間較早，開放程度較高，而且對外運輸較為便利的福建、廣東兩省沿海城市。隨著大陸區域經濟發展和開發中心的轉移，臺商對福建沿海地區的投資趨緩，對珠江三角洲地區的投資仍在持續增加，對長江三角洲地區的投資則出現大幅增長的勢頭，並開始醞釀部署環渤海地區的突破。257這四個地區都位於大陸東部沿海，二十多年來吸引臺商投資的比重占臺商投資大陸總額的將近九成以上（見表3-2）。從這幾個臺商投資比較集中地區之間的比較來看，長三角地區是大陸吸引臺商投資最多的地區，珠三角地區次之，然後是海峽西岸經濟區258。隨著濱海新區的開發，環渤海地區已經成為臺商投資的新熱點地區。可以說，這四個區域是兩岸經濟相互依賴表現得最為集中、最為明顯、最為典型的地區，透過對這四個區域與臺灣經濟關係的分析，在很大程度上可以得出兩岸經濟相互依賴對大陸區域經濟發展所產生的效應。

表3-2　1991-2008年臺商對大陸投資分省區統計

省區	件數	金額	占總金額比重
江蘇省	5776	25133.86	33.26
廣東省	12025	18140.92	24.01
上海市	5147	11228.57	14.86
福建省	5281	5599.75	7.41

續表

省區	件數	金額	占總金額比重
浙江省	1934	5119.21	6.77
天津市	874	1394.23	1.85
北京市	1122	1316.95	1.74
山東省	918	1379.32	1.83
重慶市	183	667.28	0.88
湖北省	517	865.34	1.15
其他省區	3404	4715.05	6.24
合計	37181	75560.46	100.00

資料來源：臺灣「經濟部投資審議委員會」，轉自臺灣「行政院主計處」編《兩岸經濟統計月報》，2009年總第202期。

　　臺商對上述四個區的集中投資使臺灣與這些區域的經濟相互依賴程度不斷加深，在促進了這些地方經濟的發展的同時，臺商自身的事業也獲得了很大的發展，對臺灣經濟的發展也有一定的促進作用。大陸學者張玉冰在研究了江蘇與臺灣經濟關係之後得出結論，蘇臺經貿關係的主要特徵是，兩地間貿易規模持續擴大，發展保持快速增勢，貿易結構長期失衡，商品結構歷經調整；臺商在江蘇投資規模不斷擴大，產業集聚效應逐步顯現，產業鏈加速形成，投資區域呈現逐步北擴之勢。總體來看，蘇臺經濟相互依賴度正日益加深。[259]這種相互依賴不僅存在於江蘇與臺灣之間，而且也多多少少存在於整個長三角地區與臺灣之間、珠三角地區與臺灣之間、海峽西岸經濟區與臺灣之間。環渤海地區由於整體吸引臺資的比例有限，與上述三個地區相比，對臺資的依賴程度並不高，但隨著臺商投資的增加，兩地的經濟互賴一定會在不斷發展之中。

臺商對上述地區的投資有力地帶動了這些地方經濟的發展，雖然臺商對大陸投資在大陸吸引外資中的比重並不高，但對這些臺商集中的區域來說，臺商投資的比重占它們吸引外資的比重相對就高得多。以臺商在長三角地區的投資為例，長三角臺資占大陸臺資的比重從2000年的39.54%提高到2007年的76.14%，長三角自臺灣進口額占大陸自臺灣進口總額的比重從1998年的13.45%提高到2007年的47.45%，出口貿易額占大陸出口臺灣總額的比重從1998年的20.35%提高到2007年的51.48%。上海東亞研究所的章念馳和鐘焰就認為，在長三角區域經濟一體化進程中，我們絕對不應遺忘如何讓臺資在這區域中發揮作用，就像珠三角經濟一體化進程中絕對不會忘記香港一樣。臺資不僅為我們改革開放帶來了資金，也帶來了技術，同時帶來了先進管理經驗，是長三角經濟一體化中不可忽略的重要因素。[260]1990年代中期以來，長三角地區的製造業面臨著產業結構調整的壓力，而臺資企業利用比較優勢和兩岸產業的互補性，適應了長三角製造業結構調整的需要，取得了成功。錢方明教授就認為，目前長三角正處在轉型升級的關鍵時期，需要臺商的資金、技術、營銷網絡和管理經驗。長三角本地企業需要深化與臺商的分工合作，吸引臺商投資產業鏈的薄弱環節，與臺資企業聯手參與國際競爭，提升產業競爭力。而臺商在對長三角投資的同時，帶動了不少臺灣人才進入長三角，促進了長三角人力資本存量的提高。臺商在長三角的大量直接投資與貿易，也推動了臺灣產業轉型升級，提升了臺灣產業競爭力。[261]

以廣東省為主的珠三角地區曾經是臺商投資最為集中的地區，一度利用臺資的規模連續多年成倍增長，擁有臺資企業一萬兩千多家，實際利用臺資占內地引進臺資的三分之一以上。但近年來，臺商在珠三角的投資比重日趨下降，臺商對珠三角地區的投資環境評價也開始降低。根據臺灣電機電子工業同業會2008年對大陸投資環境與風險調查報告中，對珠三角重鎮深圳、東莞的評分極低，而天津濱海新區名

列第三。之所以會出現這樣的情況,與珠三角地區的投資成本提高、投資軟環境惡化、投資風險上升,以及臺商自身的產業升級轉型和市場方向調整有關。而臺商青睞濱海新區則與黨中央國務院作出的加快天津濱海新區開發開放的重大戰略決策,讓臺商們認為環渤海地區極有可能成為中國經濟新的增長極有關。這種趨勢說明,臺灣與大陸某一區域的經濟聯繫和經濟互賴關係,並不是一成不變的,而是會隨著形勢和政策的變化不斷發生變化的。相對於地方經濟而言,臺商投資轉移的機動性更強,如果臺商投資發生轉移,過於依賴臺資的地方經濟發展勢必受到影響,這也是相互依賴的一個消極效應所在。

與長三角、珠三角、環渤海三個區域都不同的是,海峽西岸經濟區是一個與臺灣地理距離最近、人文淵源最深的地區,也是臺商在大陸投資最早的地區。海峽西岸經濟區雖然當前在吸引臺商投資與開展對臺貿易上不如長三角和珠三角,但也已形成相當的規模,是最有可能與臺灣形成包括經濟相互依賴在內的社會、文化複合相互依賴的地區。海峽西岸經濟區與臺灣經濟相互依賴的效應絕不僅僅體現在經濟領域,更體現在人員往來、社會文化交流,甚至是政治和安全領域。國務院實施的《支持福建省加快建設海峽西岸經濟區的若干意見》的總體要求中,明確提出「從維護中華民族核心利益、促進中國統一的大局出發,牢牢把握兩岸關係和平發展的主題,著力推進兩岸交流合作,促進兩岸互利共贏」。《若干意見》還提出透過「建設兩岸經貿合作的緊密區域。建設兩岸文化交流的重要基地、建設兩岸直接往來的綜合樞紐」來「發揮獨特的對臺優勢,努力構築兩岸交流合作的前沿平臺」。[262]這說明,大力促進海峽西岸經濟區與臺灣之間的經濟往來,深化閩臺之間的經濟相互依賴程度,不僅是福建省的地方經濟發展的需要,更是加強兩岸社會文化交流合作,促進兩岸關係和平發展和實現國家統一大業的需要。

目前海峽西岸經濟區和臺灣經濟相互依賴的程度還不深,其潛在

的效應還沒有充分發揮出來。國務院實施《若干意見》，不僅為福建加快經濟發展提供了新的契機，也為福建在新形勢下進一步凸顯對臺特色、發揮對臺優勢創造了條件。李非教授認為，福建加強對臺經貿可以增強區域經濟實力，因為臺資是福建僅次於港資的第二大境外資本，構成福建經濟持續快速發展的一個重要因素。263鄧利娟教授進一步指出，福建具有特殊地理區位及歷史淵源，其對兩岸區域經濟整合的重要作用不可替代，全面強化福建對臺經濟工作，加速閩臺經濟融合，將促進兩岸區域經濟整合取得突破性進展。264唐永紅則提出海西區先行先試戰略可與兩岸ECFA連接，達到區域合作與整體合作並行不悖的目的。他認為，由於海西區本身在經濟腹地、內外通道、基礎設施、產業配套等方面相對於珠三角、長三角等地區已經不具競爭優勢，結果海西區在對臺招商引資與發展對臺經貿關係方面的成效必然不彰，進而海西區自身發展也必將難如人意。如果充分利用海西區與臺灣具有的地緣政治、地緣經濟、地緣文化關係與優勢，做好先行先試的工作，則可以為海峽西岸經濟區進一步發揮對臺優勢與作用提供更大的空間和機遇。265

對於與海峽西岸經濟區的經濟合作，臺灣方面還存在著一定的顧慮。2009年8月，臺灣「陸委會」副主委傅棟成強調，海西經濟區會不會產生效果，仍待觀察。「陸委會」並沒有規劃幫助海西經濟區的政策，但如果臺商要前往投資，「政府」也不會阻擋，臺商投資會按照經濟上的定律，而不是要把臺商限縮到一個地方。他還表示，ECFA和海西區是兩件事，臺灣沒有將ECFA設限在海西區，「我們沒有這個政策，這樣是自我限縮」。266臺灣方面的疑慮主要是對福建建設海峽西岸經濟區的經濟和政治意圖多有揣測。在臺「陸委會」2010年1月28日召開的「諮詢委員」會議上，有人認為海西計劃既有拉動福建的意圖，也有對臺經貿戰略的考慮，但主要還是以基礎投資來吸引臺灣技術產業投資。有人認為大陸擬將ECFA於海西區試行，是將與臺灣互動

區域化,也是針對臺灣中南部民眾進行統戰,擬吸引臺灣中南部企業赴海西區投資或工作。267除了疑慮,也有人提實施灣要思考如何利用海西,促進兩岸良性互動與發展。臺灣淡江大學教授潘錫堂就認為,臺灣方面不必對海西區有所顧慮,也沒有退卻的條件。若能主動積極參與大陸的市場競合,藉以先求穩定臺灣經濟發展,再求產業多元化與優質化的提升,讓大陸處於需求的市場環境,臺灣才更能把握乘勢而起的契機。268

其實,臺灣方面對海西的顧慮恰恰從另一個側面反映出,海西建設的確有可能給兩岸經濟關係和兩岸整體關係帶來影響。只要福建扎紮實實地將自己的事情辦好,夯實經濟實力、擴大市場規模、改善投資環境、方便人員往來,就一定能夠透過加強兩岸交流合作來推動閩臺經濟合作邁上一個新臺階。只有這樣,才可能消除臺灣的疑慮,使其主動融入到海西建設中來,共同為推動兩岸關係和平發展做出貢獻。

小結

本章從兩岸經濟合作、經濟安全、區域經濟合作三個層面討論兩岸經濟互賴的經濟效應。

從促進經濟增長的角度來說,經濟互賴可以使兩岸生產要素和資源配置更加合理,透過相互貿易和對外貿易來增加生產的總量,從而拉動兩岸特別是臺灣經濟的增長。經濟互賴可以使大陸在吸引臺資的同時,引進先進的技術和管理經驗,提高勞動者的素質,從而提高投資效果係數,加速大陸經濟的增長。

從促進兩岸貿易投資關係發展和產業分工合作的角度來看,經濟互賴能確保兩岸投資貿易關係不斷深化,不僅有利於臺商增強對大陸繼續投資,以及大陸資本進入臺灣的信心和意願,也可以在某種程度上緩解兩岸貿易不平衡和投資不對稱的問題。經濟互賴不僅有利於兩

岸整體產業分工合作體系的形成，也有助於兩岸在分工合作中實現各自產業升級與轉型，也可以提升兩岸經濟在全球產業分工合作中的地位。兩岸經濟互賴的形成與深化，可以迫使臺灣調整和改變對大陸的某些限制性貿易投資政策，有助於兩岸之間經貿政策協調和對話的進行，促進兩岸貿易投資關係的正常化和制度化。

臺灣對經濟互賴帶來經濟安全的憂慮表現在：擔心臺灣對大陸市場的過度依賴會使得臺灣喪失經濟自主性，削弱臺灣經濟的抗風險能力，導致臺灣經濟邊緣化，難以永續發展；擔心臺灣對大陸經濟的過度依賴，導致臺灣的產業「空洞化」，一些管理和技術被轉移到大陸，對臺灣的就業和競爭力造成衝擊；認為兩岸經濟互賴的加深會促使大陸運用經濟制裁的手段，使臺灣在兩岸關係中失去經濟籌碼，最終不得不做出政治上的讓步。

臺灣方面的上述疑慮，有的是兩岸相互依賴中確實衍生出的問題，有的是由於對情況瞭解的不全面不深入而產生的誤解，有的卻是某些政治勢力或政治人物別有用心的煽動和扭曲。臺灣從經濟安全的角度考慮兩岸經濟互賴的問題，反映的更多的是某些人對待兩岸關係發展的戒備和保守心態，而不是從是否符合經濟發展規律，符合兩岸同胞共同利益的角度去考慮問題。

在經濟全球化和區域經濟一體化的大背景下，兩岸經濟無論是作為個體還是一體，都是全球和區域經濟不可分割的一個組成部分。兩岸經濟互賴的形成與深化，必然會對所在區域，如東亞地區、亞太地區甚至世界經濟發展產生重要影響。兩岸經濟相互依賴的最大區域效應在於，兩岸不僅能夠分別與亞太地區其他國家或地區開展經濟合作，各自獲取經濟利益，還能夠透過兩岸經濟的共同發展和整合，在區域經濟一體化的進程中共同實現利益的最大化。隨著兩岸關係形勢的改善，隨著兩岸關係和平發展進程的推進，在不造成「兩個中國、

一中一臺」的情況下，兩岸透過適當的方式共同參與亞太區域經濟合作必能實現。

臺商對長三角、珠三角、海峽西岸經濟區、環渤海等四個地區的集中投資使臺灣與這些區域的經濟相互依賴程度不斷加深，在促進了這些地方經濟的發展的同時，臺商自身的事業也獲得了很大的發展，對臺灣經濟的發展也造成了一定的促進作用。海峽西岸經濟區是一個與臺灣地理距離最近、人文淵源最深的地區，是最有可能與臺灣形成包括經濟相互依賴在內的社會、文化複合相互依賴的地區。深化閩臺之間的經濟相互依賴程度，不僅是福建省地方經濟發展的需要，更是加強兩岸社會文化交流合作，促進兩岸關係和平發展和實現國家統一大業的需要。

第四章　兩岸經濟互賴的政治效應

　　長期以來，兩岸關係發展中一直存在著「政冷經熱」的「政經背離」現象。兩岸在經濟相互依賴不斷加深的同時，一些歷史遺留的結構性政治難題遲遲無法得到破解，兩岸關係在李登輝和陳水扁當政時期甚至還數度走到危險的邊緣。馬英九上臺後，兩岸關係雖然迎來了和平發展的新局面，但一年多來兩岸關係所取得的多數進展還是集中於經濟合作和民間交往領域，兩岸在政治領域取得的進展還比較有限，臺灣對兩岸政治對話的疑慮依然存在。臺灣學者吳金城就指出了兩岸經濟相互依賴中存在著一些結構性的特徵，包括：一是兩岸經濟與政治的糾葛背景，使其發展環境充滿不確定性，導致兩岸交易成本過高的結果。二是兩岸相互依賴伴隨著外部性問題的存在，消極的外部性易導致兩岸間的衝突，並透過積累效應形成不定期炸彈，造成了兩岸經濟關係的脆弱與不穩定性。三是兩岸的經濟相互依賴的不對稱性，同時存在衝突與合作的可能性。[269]還有臺灣學者認為，「兩岸整合的本身，不但是經濟歷程，同時也是軍事、政治法律、社會與文化的歷程，在面對兩岸關係時，必須站在人民的立場上來嚴肅的面對，而不是單純以經濟歸經濟、政治歸政治的符號來掩飾特殊的政治企圖」[270]。這些都說明，兩岸經濟相互依賴除了可能導致經濟上的合作或不合作的效應外，也可能會帶來政治、安全及其他領域的效應。

　　馬克思主義政治經濟學認為，經濟基礎決定上層建築。商業自由主義的觀點也認為，國家或地區之間的貿易往來會減少政治上的衝突，帶來和平與合作。因此，兩岸經濟相互依賴所產生的效應不可能僅僅侷限於經濟領域，必定會外溢到政治、安全、社會等諸多領域。中共中央政治局常委、大陸政協主席賈慶林2007年4月28日在第三屆兩

岸經貿文化論壇上表示，兩岸經貿關係、文化關係愈益密切，兩岸同胞相互理解、共同利益不斷增加，為兩岸關係注入了穩定的因素和發展的動力。271在兩岸關係新的形勢下，兩岸之間除了要繼續推動經濟關係的正常化和機制化之外，遲早要務實面對和探討如何增進政治互信，破解歷史遺留的政治難題，發展國家尚未統一的特殊情況下的政治關係的問題；還要探討建立軍事安全互信機制，協商正式結束兩岸敵對狀態，達成和平協議等問題。此外，兩岸還需要加強民間社會之間的溝通與瞭解，強化各階層各領域的交流交往，增強臺灣民眾對中華民族和中華文化的認同，為兩岸關係和平發展提供堅實的民意基礎和文化動力。兩岸經濟相互依賴到底會對維護臺海和平安全、結束兩岸政治對立和促進臺灣民眾的中國認同等問題產生怎樣的影響，本章將就此進行深入探討。

第一節　經濟互賴與臺海和平安全

　　臺海地區的和平與安全是兩岸同胞最為關注的重要問題之一，也是國際社會觀察和關注臺灣問題的重要方面。臺海地區的和平安全與兩岸關係形勢的發展變化有著密切的聯繫。在軍事對峙時期，兩岸處於隔絕狀態，大陸將武力解放臺灣作為解決臺灣問題的基本方針，臺灣也將「反攻大陸」作為軍事戰略目標，兩岸之間並不存在經濟、安全和政治意義上的相互依賴，也無從談起其對臺海地區和平安全的影響。只有在大陸實行「和平統一」的對臺方針政策，兩岸民眾開始接觸交流，兩岸經濟往來出現之後，討論兩岸經濟交流與相互依賴對臺海地區和平安全的影響才有意義。特別是隨著兩岸經濟往來日趨密切，兩岸經濟領域的相互依賴不斷加深，而臺海地區安全形勢卻並沒有從根本上得到緩解，在李登輝和陳水扁時期，還數度處於危險的邊緣，這些都使人們越來越關注經濟互賴對臺海和平安全的影響問題。

一、經濟互賴與和平安全的關係

對和平、安全與衝突的研究在相互依賴理論中占有很大的比重。傳統的現實主義理論認為，權力和利益是國家或地區關係中最核心的因素，使用武力和以武力相威脅是行使權力和實現利益的最佳手段，而軍事安全是國家或地區關係中的首要問題。自由主義的相互依賴理論對傳統現實主義的理論提出了挑戰，它一方面承認，衝突的存在是國家或地區間關係的常態，經濟相互依賴本身並不能消弭和解決衝突。羅伯特·基歐漢就指出，我們並不認為，當相互依賴普遍存在時，國際衝突就消失得無影無蹤。相反，國際衝突會以新的形式出現，甚至會呈現上升態勢。[272]另一方面，它又強調在經濟全球化和相互依賴的時代，軍事和武力在解決衝突中的作用和功效已經發生很大的變化，除了衝突之外，國家或地區之間有更多合作的可能。多數研究相互依賴的西方學者都認為，「國家或地區間經濟上的相互依賴有助於減低戰爭發生的可能性，進而促進和平的達成」。[273]這種看似矛盾的邏輯導致不少學者對相互依賴的政治與安全後果產生了不同的看法。有大陸學者總結出以下四種主要觀點：即「（1）經濟上的相互依賴能減少國家間衝突；（2）經濟相互依賴會導致更頻繁的衝突；（3）經濟相互依賴可能減少衝突，也可能增加衝突，關鍵是取決於不同的情境和條件；（4）經濟相互依賴和衝突之間沒有相關性」。[274]

認為相互依賴會減少衝突和促進和平的觀點認為，相互依賴對傳統軍事手段的運用會產生以下影響：首先，相互依賴使得一些國家或地區之間「所感知的安全邊緣有所擴展，它們對遭受攻擊的恐懼減少了，對相互攻擊的恐懼實際上已不復存在」，「某些國家之間已經禁止直接使用武力」[275]。其次，經濟全球化和相互依賴使得國家或地區的諸多政策目標從強調國家利益、國家安全、軍事戰略等「高級政治」，逐漸向以經濟發展、環境保護、糧食安全、走私偷渡等為主的

「低級政治」過渡,而實現這些「低級政治」目標最有效的手段並不見得要使用武力。第三,在國家或地區間存在複合相互依賴的情況下,「軍事相互依賴所提供的權力,高於非軍事領域的權力,但所運用權力的等級越高,其付出的代價也會越高。居於劣勢的一方,往往可以經由升高議題的方式來改善所處的地位」。276因此,有時候軍事威懾首先造成的反而是消極作用,很多時候動用軍事力量代價高昂,而且成效難以預料。

對於相互依賴可能導致和平的途徑,美國學者斯科特·卡斯特納提出「利益制約、訊息傳遞和偏好轉型」等三種途徑277。大陸學者邝艷湘則總結出「機會成本說」、「信號傳遞說」、「國內聯盟說」、「外溢效應說」等四種機制。278筆者認為,上述幾種途徑或機制,其實在某種程度上都是一種功能主義的考量。功能主義的代表人物戴維·米特蘭尼在《有效運轉的和平體制》中提出,有三種途徑可避免戰爭、實現和平:一是成立「國家聯合」;二是建立地區性的聯邦體系;三是經由功能合作途徑來建立和平。米特蘭尼更傾向於第三種,即從某些具有較強技術性與非爭議性、政治性較弱的特定領域出發,將經濟、教育、農業等低政治領域的功能性合作來作為突破點,來逐步建立和平機制。279

雖然相互依賴理論強調軍事力量在解決衝突中的功能弱化,但並不完全否定軍事手段在某些時候的合理性,也不認為非軍事手段就能夠解決相互依賴條件下的一切衝突。相互依賴強調的是軍事力量不再總是起主要作用,而是起著次要作用;它並不否認軍事力量始終是國家權力的核心部分,只是認為它作為政策工具的作用在下降。羅伯特·基歐漢明確指出,在本地區內或在某些問題上,軍事力量在政府間關係中也許起著重要作用;軍事力量可能與經濟糾紛的解決無關,但在與敵對集團的政治和軍事關係上,軍事力量卻起著非常重要的作用。280由此可見,強調相互依賴並非是要否定軍事力量在維護和實現

國家利益中的作用，而是認為應該存在著比軍事力量實現政治目標和國家利益更有效的手段和途徑。即各個國家或地區在決定是否使用任何政策手段之前，要分析該政策手段在相互依賴關係中所產生的敏感性和脆弱性的影響。只有當試圖使用某一種手段所付出的代價是可以被接受的時，該手段才能夠付諸實施。

因此，有學者認為，相互依賴不會自動導致和平，軍事手段效用的降低也不是無條件的，相互依賴導致和平在一定的前提和條件下才會實現。目前的主要觀點包括：經濟發達的國家或地區之間的經濟互賴才會導致和平，民主國家或地區之間的經濟互賴才會導致和平，國際組織成員之間的經濟相互依賴才會導致和平。而不發達國家或地區之間、發達與不發達國家或地區之間、非民主國家或地區之間、民主與非民主國家或地區之間、國際組織成員與非成員之間的相互依賴，很可能會導致更多的衝突。

認為經濟互賴反而會加劇衝突的觀點認為，在各個國家或地區間相互依賴不斷加深的情況下，政治已經成為它們之間討價還價的過程，這一政治過程把經濟相互依賴所隱含的權力資源轉化為現實的權力。但是，不同國家或地區之間的實力是不一樣的，很多時候它們之間的相互依賴是非對稱的，它們在運用武力或面對軍事威脅時所呈現的敏感性和脆弱性也是不一樣的。在複合相互依賴關係中占有利地位的國家或地區，「能輕而易舉地透過非軍事手段對結果進行有效控制，強迫他人按自己的願望做他所不願做的事情」[281]。根據美國學者羅伯特·吉爾平的理論，經濟相互依存和相互獲益的許諾，並未消除一些國家或地區以犧牲別的國家或地區、或犧牲全球經濟的整體利益來增進自己利益的企圖，也並未消除他們之間的競爭與不信任，隨著相互依存的增加，他們可能更擔心自己的安全與相互依存的相關代價。[282]

對於在相互依賴中占據不利地位的一方來說，經濟互賴的不斷加深可能會讓他們更加失去安全感，加深他們的焦慮感。如果這種情緒沒有得到適當的紓解和釋放，很可能會導致他們採取保守性和對抗性的政策，甚至可能採取激進的手段，如強化軍備等來維護自身安全。美國學者肯尼思·沃爾茲就認為：「緊密的相互依賴意味著交往的密切，從而增加了發生偶然衝突的機會。最殘酷的內戰以及最血腥的國際戰爭都發生在制度相似而且緊密聯繫的人們之間。除非潛在的參戰各方具有某種聯繫，否則戰爭根本不可能發生。如果相互依賴的各國之間的聯繫無法得到規範，必然會發生衝突，偶爾也將訴諸暴力。如果相互依賴的發展速度超過了中央控制的發展，相互依賴便會加速戰爭的來臨。」[283]

綜上所述，經濟互賴既可能減少衝突、促進和平，也有可能導致衝突和戰爭，不僅取決於相互依賴的性質是否是非對稱的，還在於相互依賴的各方「對於經濟互賴的利益評估和價值認知」[284]。也就是說，如果相互依賴的雙方對經貿關係的發展前景有所期待，都認為可以從相互依賴中得到更多的利益，認知到一旦破壞這種局面將付出更大代價時，相互依賴是可以造成促進和平的作用的。但如果不對稱相互依賴加深的是雙方的疑慮，增強脆弱性和敏感性，一方產生強烈的不安全感，就難以降低衝突和戰爭的可能性。

借鑑上述理論來討論海峽兩岸經濟相互依賴所產生的和平安全效應，就必須從深入分析影響臺海地區和平穩定的主要因素入手。當前大陸、臺灣和美國為主的國際勢力對什麼是影響臺海地區和平穩定的主要因素有不同的看法。大陸認為「臺獨」分裂勢力的分裂活動，以及美國等極少數國家透過售臺武器干涉臺灣問題，是導致臺海地區緊張局勢的根源。臺灣認為大陸不放棄「武力犯臺」的思維，以及現實的「武力威脅」是對臺海地區和平安全的最大威脅。美國採取的是平衡和模糊立場，認為臺海兩岸「任何一方單方面試圖改變現狀」都是

破壞臺海和平的做法。它一方面表示不支持「臺獨」,一方面又鼓吹大陸的「武力威脅」,不斷對臺出售武器。以下筆者將從大陸的和平意願和臺灣的安全考慮的角度,具體分析兩岸經濟互賴對臺海和平安全的影響。由於美國在本質上是影響臺灣問題的外部因素,美國的考量也將融入其中進行分析。

二、經濟互賴與大陸的和平意願

由於兩岸在綜合實力,特別是軍事實力上的差距,很多人認為在臺海地區是否會發生衝突或戰爭的問題上,大陸具有絕對的主導權。因此,大陸用和平方式解決臺灣問題的決心和使用非和平方式處理臺灣問題的能力,是決定臺海地區和平穩定的關鍵因素。要想分析相互依賴對臺海和平穩定的影響,就必須先分析相互依賴對大陸的和平意願和軍事能力的影響。在大陸是否會使用非和平方式的問題上,一般有兩種論調:一種是從現實主義推演出來的觀點,即「雖然兩岸經貿存在高度互賴,但由於大陸擔心臺灣在關鍵時刻會切斷或終止這種關係,導致資金和重要的財貨、資源流入大陸受阻,為了避免互賴所延伸出來的脆弱性,反而可能發動戰爭,或以其他形式的威嚇或併吞行動來抓住臺灣」[285]。另一種論調是美國學者經常鼓吹的,即雖然大陸不斷表達和平解決臺灣問題的決心,但卻不斷提升軍事威懾的能力。決心和動機是可以改變的,而能力是確定的,因此不能因為大陸強調和平統一而低估大陸對臺武力威脅或使用武力的可能性。以下筆者將針對這兩種論調進行評述和剖析。

爭取以和平的方式解決臺灣問題,實現國家的完全統一,從1979年以來一直是中國大陸對臺政策和對臺工作的基本方針。應該承認,和平統一大政方針的確立與兩岸經濟相互依賴並無直接的聯繫,因為上個世紀70年代末80年代初,兩岸之間的交流交往尚未實現,兩岸經

濟上的密切聯繫尚未建立,就更無從談起經濟上的相互依賴。但是,隨著80年代末兩岸經貿聯繫的逐漸建立,兩岸經濟關係在此後二十多年的長足發展,兩岸經濟相互依賴對大陸更加堅定「和平統一」的方針產生了重要影響。大陸領導人多次在不同場合不斷重申,「我們將堅定不移地致力於和平統一,以最大的誠意、盡最大的努力爭取和平統一的前景」,「沒有人比我們更希望用和平的方式解決臺灣問題」。2005年3月,胡錦濤總書記就發展兩岸關係提出的四點意見中,其中有一點就是「堅持和平統一的努力決不放棄」,因為「和平解決臺灣問題、實現中國和平統一,符合兩岸同胞的根本利益,符合中華民族的根本利益,也符合當今世界和平與發展的潮流。這是我們始終堅持為實現和平統一而不懈努力的根本原因」,因此,「只要和平統一還有一線希望,我們就會進行百倍的努力。」[286]

兩岸經濟關係已經成為兩岸關係的主要方面,成為兩岸發展各種關係時一個不得不考量的基礎因素。維護兩岸的和平穩定涉及的不僅僅是軍事安全領域的問題,而是一項涉及政治、經濟、社會、文化等諸多方面的系統工程。以新功能主義的解讀,兩岸經濟領域的相互依賴也必定會外溢到社會、文化、政治和軍事等諸多領域。兩岸經濟關係並非只是單純的經濟事務,兩岸當局的經貿政策的制定涉及政治問題,兩岸民眾間的經貿往來涉及社會問題,兩岸經貿關係中某些糾紛的處理可能涉及法律問題。同樣,兩岸經濟相互依賴的效應也會延伸到軍事安全領域,或多或少會影響到臺海和平穩定。

兩岸經濟上的相互依賴不僅為兩岸維持和平穩定的形勢創造了條件,而且更加堅定了大陸盡一切可能用和平方式解決臺灣問題的信心和決心。正是因為二十多年來兩岸經濟上交流交往的不斷深入,兩岸的利益聯結越來越密切,兩岸民眾的情感越來越融合,使得兩岸當局和民眾越來越體認到維護臺海和平穩定的重要性。臺灣學者李英明就認為,雖然兩岸在政治上經常因「對等、主權」等問題陷入爭議、充

滿張力,甚至出現各種危機,但基本上,「和平的局面被維持住了,探究其原因,與兩岸經貿互賴格局有所關聯,應該是不容否認的」。其中一個很重要的原因就是,大陸「對兩岸經貿互動抱持著正面的期待」,而這種「對兩岸經貿互動的持續期待,總是相對的會把兩岸導向和平的方向傾斜和發展」。287前美國貿易代表佐利克就曾表示,雖然兩岸對經濟相互依賴不能保證和平,但畢竟能給雙方提供機會,有助於消除歧見,獲得穩定與和平。288美國知名中國問題專家蘭普頓也認為,強化經濟聯繫與互動是目前改善兩岸關係最可行的力量,因為兩岸交流已經大大緩和了兩岸之間的衝突。289

經濟學中的「機會——成本」理論在某種程度上可以有效地解釋兩岸經濟相互依賴與臺海和平安全之間的關係。中國大陸或臺灣可以看做是兩個理性統一的行為體,兩岸經濟相互依賴可以使資源在兩岸之間得到更有效的配置,促進雙方共同的經濟增長和各自的經濟繁榮,並使之參與國際經濟交往的整體財富都得以提高;而戰爭和衝突會無疑會中斷兩岸之間的經濟往來,導致經濟方面的損失,從而增加了戰爭和衝突的機會成本,也提高了衝突的門檻。如前一章所分析的那樣,兩岸經貿關係是一種互利的關係,大陸在兩岸經貿交流中也是獲益的一方,臺海地區出現不和平、不穩定的局面,同樣會損及到大陸的利益,而這種利益不僅僅只是經濟利益,還包括政治、社會、對外戰略等各種利益。按照此邏輯推理下去,作為理性的大陸領導人,在思考到底使用和平還是非和平手段時,必定會在戰爭的機會收益和經濟後果之間進行更多的權衡。而且,從兩岸經濟互賴的程度看,大陸對臺灣經濟依賴的程度相對較小,兩岸經濟實力差距也在不斷拉大,因此,並不存在大陸會因為擔心經濟上的脆弱性而貿然發動戰爭的可能性。

對大陸來說,在兩岸經濟關係相互依賴的情況下,盡一切可能爭取以和平的方式解決臺灣問題,是一種有效降低戰爭和衝突風險,獲

取最佳收益的理性選擇。大陸並不希望因為「輕易使用」非和平的方式，對海峽兩岸經過二十多年發展起來的密切經貿聯繫造成毀滅性打擊，也不希望因為臺海地區的軍事衝突而破壞大陸改革開放和經濟發展的進程。2003年12月，軍事科學院彭光謙少將提出大陸如果進行反「臺獨」戰爭可能付出的六條代價，包括：一是2008年的奧運會、2010年的世博會可能受到影響。二是國外投資可能減少。三是我們與某些國家的關係可能倒退。四是東南沿海地區可能受到戰火的影響，可能有人員和財產的損失。五是國家經濟發展可能受到影響。可能停頓幾年，也可能倒退幾年。六是中國人民解放軍可能要作出必要的犧牲。290雖然彭光謙將軍認為，為了維護國家統一可以不惜代價，上述這些代價都是可以承受的，是以暫時的、局部的犧牲換來國家的完全統一和民族的振興，是值得的。但實際上，人們經常講的「不惜代價」更多的是一種決心的表達，而不是一種理性的決策思維，任何領導人在作出戰爭決策時都不可能不對戰爭可能導致的風險與收益進行深思熟慮的權衡。

從另一個角度來看，正是兩岸經濟相互依賴的不斷加深，才使得大陸對以和平的方式解決臺灣問題更具信心，更能夠「站在全民族發展的高度，以更遠大的目光、更豐富的智慧、更堅毅的勇氣、更務實的思路，認真思考和務實解決兩岸關係發展的重大問題」291。兩岸經濟上的密切聯繫，大陸自身經濟的高速發展，讓大陸越來越相信，透過和平的方式解決臺灣問題可能獲得的收益，應該遠遠好於透過戰爭方式所能夠達到的效果，目前透過和平的方式解決臺灣問題的可能性並沒有完全喪失。但是，大陸盡一切可能爭取和平統一的前景，並不意味著大陸完全放棄在不得已的情況下使用非和平方式解決臺灣問題的選擇。兩岸經濟互賴不會削弱大陸遏制「臺獨」分裂活動的決心和能力。單純依靠經濟互賴也不能夠從根本上消除威脅臺海安全的兩大根源，即「臺獨」勢力的分裂企圖和外國勢力的干涉企圖。胡錦濤總

書記在紀念《告臺灣同胞書》三十週年座談會上的講話中表示，「『臺獨』分裂勢力及其分裂活動違背兩岸同胞共同利益，是對兩岸關係和平發展的最大威脅」，並重申「反對『臺獨』分裂活動決不妥協」。292

任何國家或地區在作出戰爭與和平的權衡時，都不僅僅只會考慮到經濟利益，還會考慮到政治與安全利益。有大陸學者指出，「對所有國家來說，保證自己的政治和安全利益都是獲取經濟利益的必要的先決條件。當然，獲取經濟利益可以增加國家的經濟實力，進而增強國家的安全保障和政治聲望，但當國家的政治和安全利益受到威脅時，一國置經濟上的實惠於不顧，選擇戰爭就成為十分可能的事情」。293臺灣問題畢竟是涉及中國主權和領土完整的核心問題，如果「臺獨」勢力和外國干涉勢力鋌而走險，挑戰和侵犯中國的核心利益，即便在兩岸經濟相互依賴的情況下，大陸在萬不得已的時候，也無法完全排除使用和平以外的方式來維護國家的主權和領土完整。從這個意義上說，經濟上的相互依賴並不能完全使大陸放棄用非和平方式解決臺灣問題的可能性。臺灣學者楊仕樂在研究相互依賴與大陸的武力使用後指出，在兩岸關係中，與大陸使用武力最直接最相關的就是臺灣的統「獨」政策，不過這方面的證據是混合的。大陸在1995至1996年發動的導彈演習即是針對其所認知的李登輝的「臺獨」傾向，是直接反駁互賴限制武力使用的有力證據。294

雖然經濟互賴對維護臺海和平與安全有一定的積極作用，但我們也應該看到，經濟互賴在解決臺海和平安全問題上還是有一定侷限性的，其在軍事安全領域的外溢效應是有限度的。臺灣內的「臺獨」分裂勢力不會僅僅因為兩岸經濟相互依賴就完全放棄「臺獨」分裂活動，美國等外國勢力也不會僅僅因為兩岸經濟互賴而放棄對臺灣問題的干預，兩岸之間的政治和安全對話也不會僅僅因為兩岸經濟互賴就一定能夠取得突破。兩岸經濟互賴更多的是為維護臺海和平安全創造

有利的環境和條件,並不能代替兩岸之間進行軍事安全領域的接觸、交流和協商,要解決涉及臺海和平與安全的諸多問題,從根本上說還是要在政治和軍事領域自身進行。我們不能盲目得出「只要兩岸實現經濟相互依賴,臺海和平安全就一定有保障」的結論。胡錦濤總書記已經提出「為有利於穩定臺海局勢,減輕軍事安全顧慮,兩岸可以適時就軍事問題進行接觸交流,探討建立軍事安全互信機制問題」,並再次呼籲,「在一個中國原則的基礎上,協商正式結束兩岸敵對狀態,達成和平協議,構建兩岸關係和平發展框架」。295這其實就是要求兩岸充分利用兩岸經濟相互依賴所帶來的良好氛圍和難得機遇,透過在政治和軍事安全領域的協商與對話,從根本上尋求解決臺海和平安全問題的途徑。

三、經濟互賴與臺灣的安全考量

對於兩岸經濟相互依賴到底能否給臺海地區帶來和平與安全,臺灣方面有著更為複雜的考慮,不同學者、不同的黨派和政治人物對此問題的看法存在著明顯的分歧。有人認為兩岸經濟互賴可以為臺海和平穩定營造良好的環境,有利於臺灣的安全;有人則認為兩岸經濟互賴可能會使臺灣的安全環境更為艱困。這種複雜和分歧的看法背後有著深層次的原因:一方面,臺灣方面在兩岸綜合實力和軍事實力的對比中居於劣勢,很多臺灣人在思考臺海和平與安全的問題時,更多的是從維護臺灣自身安全的角度去考量,缺乏足夠的自信,帶有某種自利性和防範性的特點;另一方面,由於臺灣內部各種政治勢力,特別是藍綠兩大陣營之間在兩岸政策上基本共識的缺乏,使得以國民黨和民進黨為首的藍綠勢力會以意識形態為考量,從各自的政治立場出發,缺乏對此問題客觀理性的分析和思考,致使藍綠兩大陣營在此問題上的看法呈現出較大的差異。

民進黨和泛綠陣營比較傾向於從消極的角度看待兩岸經濟互賴可能導致的安全後果。他們的主要觀點如下：其一，認為兩岸經濟上的相互依賴將使臺灣所面臨的「國家安全」風險加大，「過度對中國（大陸）經濟依賴的結果必危及『國家安全』」[296]，臺灣將喪失反制大陸進行武力威懾或「武力威脅」的決心和能力。這種觀點認為大陸是將發展兩岸經貿關係作為「以經促政」的工具，兩岸經濟上的相互依賴和臺灣對大陸不對稱依賴的加深，遲早會導致臺灣面臨政治和安全上的後果。其二，認為兩岸經濟互賴並不能消除大陸「武力犯臺」的意圖，反而可能更有誘因刺激大陸對臺灣使用武力。這種觀點認為兩岸經濟互賴與大陸對臺灣的「現實武力威脅」之間並沒有必然和直接的聯繫。在民進黨當政時期，雖然兩岸經濟上的相互依賴不斷加深，但大陸對臺灣的「軍事威脅」並沒有削弱，大陸反而透過制定《反分裂國家法》，在東南沿海進行針對臺灣的軍事部署，威脅到臺灣的安全。因此，兩岸經濟互賴無助於臺灣安全環境的改善。

民進黨並非沒有意識到兩岸經貿關係在維護臺海和平穩定中扮演著非常重要和關鍵的角色，但卻更多的從維護臺灣的所謂「國家安全」的角度對大陸對臺政策中所釋放的善意表示懷疑，有時候甚至進行惡意解讀和扭曲。如在民進黨1999年通過的「臺灣前途決議文」中，一方面提出要「尋求深切相互瞭解與經貿互惠合作，建立和平架構，一起達成雙方長期的穩定與和平」[297]。但與此同時，陳水扁在2000年的《跨世紀中國政策白皮書》中，又提出兩岸經貿關係必須兼顧「國家安全」與經濟利益，認為「經濟安全發展戰略除了要保護『領土完整及主權獨立』外，還包括透過經濟繁榮與成長，使『國家』發展的方向與所需條件不受威脅。有形的基本物資條件、無形的『國家認同』和『國家體制』，均在安全考慮之內」。[298]2001年，時任「陸委會」主委蔡英文就表示，兩岸若能夠逐步建立正常化的經貿關係，加強經貿合作，增進良性互動，則可以體現兩岸經濟的互惠雙

贏，進而塑造和平與穩定的兩岸關係。299曾在民進黨時期擔任「陸委會」副主委的童振源也認為，兩岸經貿交流應該有助於加速大陸成為一個開放、繁榮、負責的國際社會成員，因此兩岸經貿交流有助於兩岸問題和平解決。300雖然已經意識到經貿關係對維護臺海和平穩定的重要性，但陳水扁八年執政期間的兩岸經貿政策思維還是呈現出主觀和客觀上的矛盾性：客觀上認識到兩岸經貿關係蓬勃發展、勢不可擋，有利於臺海地區的和平、安全與穩定，主觀上臺灣又擔心會損害到臺灣的所謂「國家安全」。

　　只是在民進黨和泛綠陣營的思維中，一直還有一種揮之不去的邏輯，他們認為大陸的所謂「現實武力威脅」和長期堅持「不放棄用非和平方式解決臺灣問題」的政策選擇，是造成臺海地區局勢緊張的根源。在此認知下，民進黨想當然地認為，大陸在促進兩岸經貿關係發展方面的任何政策舉措，都只是為了實現兩岸最終統一、為非和平方式解決臺灣問題而運用的「統戰」手法。因此，他們得出的結論是，兩岸經濟互賴的程度越深，臺灣就越不安全，臺海地區的和平穩定就越難以得到保障。綠營學者李憲榮就認為，經濟和臺商已經成為大陸挾持臺灣的另一利器，一旦雙方發生戰爭，大陸可以以臺商作為人質，脅迫臺灣投降或接受他的條件。在這種對大陸有利的情況下，臺商可能是導致大陸對臺用武的一個誘因。301臺灣還有人認為臺商對大陸投資、兩岸經貿關係的發展促進了大陸經濟的發展與繁榮，而這樣做的結果卻可能是使大陸更有能力對臺灣進行「武力威脅」。2004年7月，時任臺灣「陸委會」主委的吳釗燮在一次演講中表示，兩岸軍事問題是臺灣要面對及克服的很大難題，大陸經濟發展非常迅速，它的經濟發展讓它更有能力發展軍事力量，而大陸的軍事力量對臺灣有很強的針對性；如果兩岸軍力失衡，中國大陸或許有誘因使用武力，因為他認為使用武力，臺灣將很快被占領。302

　　與民進黨相比，國民黨和泛藍陣營比較多地從積極的角度看待兩

岸經濟互賴所產生的臺海和平與安全效應，但也並沒有放棄從維護臺灣安全的角度思考兩岸經貿關係的發展問題。馬英九當局一方面依然堅持認為大陸對臺灣構成「武力威脅」，要求大陸撤除所謂「瞄準臺灣的飛彈」；另一方面又將兩岸經貿關係的發展當做臺灣獲取安全和實現經濟發展的機會。馬英九試圖在威脅與機會之間找到一個平衡點，將危險降到最低，將機會最大化。馬英九在2008年11月的記者招待會中就表示，「我一方面要追求兩岸的和平，一方面也要維持堅強的『國防』、維持兩岸和平，我們採取各種方式，包括促進雙方的往來、貿易、投資、旅遊、金融，讓雙方能夠在許多其他的方面建立良好的關係，降低衝突的風險」。303這說明，馬英九當局認識到，發展包括兩岸經貿關係在內的各種關係，能夠為臺海地區實現和平穩定創造良好的條件。

　　國民黨和馬英九當局對兩岸經濟互賴與臺海安全的思維邏輯比較接近自由主義和新功能主義的觀點。馬英九多次表示，臺灣要避免戰爭，就要改進兩岸關係，要透過各種步驟讓臺灣海峽可能發生衝突的機會，減到最低的限度。按照新自由主義的理論，在當前兩岸關係得到改善的背景下，兩岸經貿關係的相互依賴，加上大陸已經提出兩岸就發展政治關係、建立軍事互信機制、結束敵對狀態和簽訂和平協議進行探討，可以使臺海地區的緊張氛圍更加緩解，使得雙方主觀上的安全感得以增加，臺灣民眾對臺海地區可能發生衝突的恐懼感就會減少，這反過來又可以促進兩岸經貿關係的進一步發展和經濟互賴的進一步加深。而兩岸在經濟領域關係的深化，可以逐漸向兩岸人員往來、文化交流、社會合作等領域溢出，使得兩岸發生衝突與戰爭的可能性進一步降低。2009年11月，馬英九在接見臺灣工業協進會代表時就表示，如果兩岸簽署ECFA，臺灣被邊緣化的機會將減少，企業經營將會採取與現在不同模式，因為有更多空間、機會外銷大陸，兩岸和平機會就更大，「生意做這麼大怎麼會打仗？」。304

對於馬英九當局的上述認知，民進黨從自身邏輯和政治鬥爭的角度不斷提出挑戰和質疑。馬英九上臺後，不斷推進兩岸兩會之間的協商，大力促進兩岸經貿關係的發展，與大陸商簽ECFA，的確已經為臺海地區的長期和平穩定奠定了良好的基礎，得到了臺灣多數民眾的認同和肯定。但是，民進黨的某些看法和他們的某些邏輯，在臺灣內也並非完全沒有市場。部分臺灣民眾中長期存在的某些疑慮和偏見難以在短期內完全消除，民進黨的宣傳和煽動使他們對兩岸經濟互賴可能導致的安全疑慮加深。因此，無論是對馬英九當局還是對大陸政府而言，都需要認真看待經濟互賴可能會加劇臺灣內部分民眾「安全疑慮」的問題，若不及時疏導也可能會對臺海和平安全產生負面影響。

第二節　經濟互賴與兩岸政治對立

除了臺海安全形勢與臺灣同胞的安全疑慮以外，如何結束兩岸的政治對立也是關係到兩岸關係和平發展的核心問題之一。胡錦濤總書記2008年12月31日在紀念《告臺灣同胞書》發表三十週年座談會上明確指出，兩岸復歸統一，不是主權和領土再造，而是結束政治對立。[305]胡錦濤總書記的這一論述精闢地點出了臺灣問題的根本性質，指出了促進兩岸關係和平發展的根本任務。具體地說，在影響兩岸關係發展的諸多因素中，臺灣的政治地位問題、臺灣的國際活動問題等都是帶有結構性特徵的歷史遺留問題，會影響到兩岸政治互信的建立和國家完全統一前兩岸政治關係的發展。而這些問題又與兩岸在「主權」問題上的不同看法，在「中華民國」或臺灣的「國際地位」問題上的分歧有密切聯繫。在經濟全球化和區域經濟一體化的大趨勢和大背景之下，傳統的國家主權觀念不斷遭到挑戰，需要我們用更新的思維去看待世界的發展變化。同樣的，兩岸經濟相互依賴的加深也不可避免地會對兩岸在「主權」問題上的觀念、兩岸政治關係的發展，以

及兩岸為結束政治對立所進行的各種努力產生影響。

一、經濟互賴的政治涵義

對經濟相互依賴政治效應的研究，必然首先會涉及經濟與政治的關係。對此問題很多學派都進行了詮釋，其中馬克思主義關於經濟基礎與上層建築的論述是其中最為經典的分析之一。馬克思主義的歷史唯物主義認為，經濟基礎決定上層建築，政治是經濟的集中表現。這主要表現為：第一，經濟基礎決定上層建築的產生。上層建築包括政治上層建築和思想上層建築，無論哪一部分都是適應經濟基礎的需要而產生的。第二，經濟基礎的狀況決定上層建築的性質，有何種性質的經濟基礎，就有什麼性質的上層建築。第三，經濟基礎的變化發展決定上層建築的變化發展。經濟基礎發展的客觀要求決定上層建築不斷地進行相應地調整和改革。隨著經濟基礎的變更，全部龐大的上層建築也或快或慢地發生變革。上層建築的發展變化要適合經濟基礎的性質、水平和要求。306

在看到經濟基礎決定上層建築的同時，也應該看到上層建築對經濟基礎的重要影響。大陸學者柳建平在研究國際經濟關係政治化問題時指出，國際經濟關係與國際政治是兩個相互影響的事物，國際經濟關係作為實現國際政治目標的手段，實質上是國際經濟關係在國際政治影響下如何進一步為國際政治服務。307這一觀點可以借鑑到對政治與經濟關係的認識上。馬克思主義也認為，上層建築對經濟基礎有著巨大的反作用。主要表現為：第一，上層建築有助於自身經濟基礎的建立並保護其發展，排斥其他類型的經濟基礎，包括對舊經濟基礎殘餘勢力的清掃和對新經濟基礎萌芽的鎮壓。第二，從服務方式上看，上層建築透過對社會物質生活和精神生活的控制，來為經濟基礎服務。第三，上層建築為先進的經濟基礎服務時，就會對社會發展和生

產力的發展起促進作用;如果是為落後反動的經濟基礎服務,就會對社會發展和生產力的發展起阻礙作用。308美國學者約翰‧斯帕尼爾在分析國際經濟關係的政治影響時,就提到這種反作用。他一方面觀察到,在世界經濟相互依存的情況下,各國為了實現本國的利益,不得不越來越多地融入國際經濟關係之中,國際社會也越來越處於相互依存的狀態;但另一方面,權力政治所帶來的弊端為相互依存的發展設置了種種障礙,而相互依存的發展最終要克服這些障礙。309

對於經濟基礎與上層建築在運行過程中的矛盾,馬克思主義也給出瞭解釋。經濟基礎與上層建築的相互作用構成了它們之間的矛盾運動,在這一對矛盾中,經濟基礎相對於上層建築來說是易變的,而上層建築相對於經濟基礎來說是比較穩定的。在一定經濟基礎上形成的上層建築要經歷一段逐步完善的過程,一經形成又具有相對穩定性,由此就形成了經濟基礎與上層建築的矛盾運動。上層建築是適應一定的經濟基礎而建立起來的,是為經濟基礎服務的。新建立的上層建築基本上是適應經濟基礎的鞏固和發展的要求的,雖也有矛盾,但是次要的。即使在這種情況下,仍應及時調整上層建築中不適應經濟基礎需要的部分,建立新的上層建築,只有這樣才能發揮上層建築的積極作用。而新的經濟基礎和上層建築一旦建立起來,它們之間就達到了新的基礎上的基本適合,開始了經濟基礎與上層建築的新的矛盾運動。310

經濟基礎與上層建築的矛盾並不是一成不變的,辯證唯物主義還認為,同一矛盾體的雙方在一定條件下可以相互轉化。經濟與政治作為社會活動的兩個方面,在一定條件下也存在著相互轉化的可能性。劉德厚教授認為,經濟在社會生活中具有多種功能,政治功能是其中的一項重要功能。經濟的政治功能是經濟功能結構在社會政治生活中的一種表現,主要表現為經濟對社會政治生活的「決定功能」、「滲透功能」、「調節功能」、「規範功能」,以及運用經濟手段達到政

治目的的「政治功能」。311 柳建平則進一步認為，「在經濟與政治相互影響的條件下，經濟可以作為實現政治目標的手段」，而且「經濟可以成為一種新的政治形態，直接發揮對社會成員利益全局關係進行協調與控制作用」。312

馬克思主義關於經濟基礎與上層建築的論述，和矛盾雙方可以相互轉化的觀點，對理解相互依賴的政治效應有著很強的解釋力。經濟相互依賴在某種程度上就是一種經濟基礎，在相互依賴形成和發展的過程當中，需要有相應的政治上層建築與之相適應。而且，隨著相互依賴程度的變化，政治上層建築也應該隨之調整，以適合經濟基礎的發展性質與要求。如前所述，經濟相互依賴在發展的過程中不可避免地會產生一些問題，如敏感性、脆弱性和不對稱性。政治上層建築如何認識和處理這些問題，對於相互依賴的發展有著重要影響。如果處理得當，可以促進相互依賴的良性發展，如果處理不當，則可能會阻礙相互依賴的進一步深入。如果上層建築與經濟基礎能夠協調發展，兩岸經濟相互依賴的政治功能也就能夠得到很好的發揮。筆者在本節將借鑑上述理論，對兩岸如何在互賴的經濟基礎上，如何探討發展國家完全統一前的政治關係進行論述。

馬克思主義經濟基礎與上層建築的原理對發展兩岸關係的宏觀政策思維有很強的解釋力，但具體到結束兩岸政治對立的問題時，我們還必須關注到兩岸關係中的另一個核心問題，即兩岸針對「主權」問題的分歧。即在兩岸經濟相互依賴的背景下，兩岸的「主權」爭議實質是什麼，到底會朝著怎樣的方向發展？有不少學者提出兩岸可以擱置「主權」爭議，可以超越「主權」爭議，甚至有人提出在經濟全球化的背景下，各個國家或地區間經濟相互依賴不斷加深，國家「主權」觀點會不斷淡化，並最終會消弭，兩岸的「主權」爭議也可以從長計議。

主權的概念是隨著近代民族國家的出現而出現的，是人類社會發展到一定階段的產物。自從1648年《威斯特伐利亞和約》簽訂，現代意義上的國家逐漸形成以後，主權就成為國家對內行使最高權力、對外代表國家人格的基本原則，它一直是現代國際關係的基礎。英國學者伊恩·布朗利認為主權的具體內容應該包括：（1）對其領土和永久居住人口的基本的排他性管轄權；（2）在此排他性管轄權區域內其他國家的不干涉義務；（3）依據習慣法和經承擔義務者同意的條約而產生的對義務的依賴。313也就是說，主權同時擁有對內屬性和對外屬性，即國家具有的獨立自主地處理自己對內和對外事務的權力；在國內事務上表現為最高權，在國際上表現為獨立權。美國學者威廉·奧爾森認為，主權傳統意義上的主權國家體系「把人們分成一個個作繭自縛的政治實體」，每個主權國家都按照自身的意願來單獨行事，「這一直是主權國家體系的一個根本性的難題」。314現代主權理論認為，完整的國家主權包括了政治主權、經濟主權和文化主權等幾個方面，政治主權是國家主權最重要的體現，是國家賴以存在、成為獨立主權國家的基礎，也是國家享有經濟主權、文化主權的前提。

主權概念的內涵不是一成不變的，而是隨著時代的發展不斷地發生著變化。二戰之後的一段時間，主權的概念得以強化，被認為是國家的基本屬性，是不可分割、不可轉讓的絕對權利。但是，自從經濟全球化的浪潮開始席捲世界之後，人們在思考和維護主權問題時開始出現一些觀念上的變化，傳統意義上的主權制度出現急劇嬗變，絕對意義上的主權概念不斷遭到質疑，主權的相對性不斷凸顯。其中最明顯的表現就是隨著各個國家或地區間相互依賴的加深，各國家或地區在制定某些政策、做出某些決定時，已經不能僅僅只是從自身的角度考慮，而是既需要體現獨立自主的一面，同時又要顧及與其他國家或地區的相互協調與合作，這就不可能不對傳統的主權觀念產生一定的衝擊。1992年，時任聯合國祕書長的安利就表示，絕對的、排他的主

權時代已經過去,它的理論從來就與實際情況不符合。後任聯合國祕書長安南也提出,國家主權就其最基本的意義而言,正在重新定位。在經濟全球化深入發展和國家或地區間經濟相互依賴加深的背景下,不少人提出要根據新的形勢變化更新傳統的主權觀念,主要有「主權過時論」、「主權弱化論」、「主權有限論」、「主權消亡論」、「人權高於主權論」、「主權分割論」、「主權讓渡論」等。

但是,對於經濟的相互依賴是否會導致主權觀念的淡化或者主權功能的弱化,也有學者提出了不同的看法。有學者認為,經濟全球化並未從根本上改變民族國家的主權。民族國家及國家主權在國內和國際政治生活中仍然處於核心地位並起著核心作用,國家及其主權的基本功能並未消失。儘管經濟全球化從不同的角度、在不同的領域對民族國家的主權產生了一定的衝擊和影響,甚至侵蝕了部分經濟主權,但是民族國家主權最核心的部分——國家獨立自主地處理其內外事務的權利仍然沒有發生根本改變。315也有學者觀察到,實際上國家主權受到限制、弱化以及實現程度的降低,並沒有從根本上危及國家主權的基本原則,國家主權受限制、被讓渡的同時,各主權國家同時又得到了新的主權、利益和發展機遇,總體上不可能會有主權無端喪失的情況。316上述學者的看法在大陸學者中有一定的代表性,特別是中國作為發展中國家,對「主權限制」、「主權消亡」等論調有著更高的警惕性。而且,這種在國際社會中對「主權」的認知和解釋,在思考和解決兩岸問題時是否適用,也需要進行具體和深入分析。

二、經濟互賴與兩岸政治關係

馬克思主義關於經濟基礎與上層建築的論述,對理解兩岸經濟互賴的政治效應有著很重要的意義。一般的觀察認為,兩岸政治與經濟關係呈現一種「政冷經熱」的現象,兩岸經濟關係經過過去二十多年

的發展,已經形成了越來越緊密的相互依賴關係,而且這種相互依賴還在不斷地深化之中。但與此同時,兩岸的政治僵局似乎遲遲無法取得突破。在李登輝和陳水扁時期,分別提出「戒急用忍」和「積極開放、有效管理」、「積極管理、有效開放」的兩岸經貿政策,不斷利用政治的手段對兩岸經貿關係的發展進行干預,而兩岸政治關係在李登輝和陳水扁當政時期也數度出現緊張和危險的局面,一些癥結性的政治問題並沒有因為兩岸經濟關係的熱絡而有所突破。即使在馬英九上臺後,兩岸經貿關係的發展迎來新的契機,馬英九當局也實行了更為開放的兩岸經貿政策,但兩岸政治關係的發展依然遲滯。雖然大陸和臺灣都表示要「先經濟後政治、先易後難、循序漸進」,但臺灣方面似乎對兩岸展開政治對話依然心存芥蒂。如果照此觀察,似乎兩岸經濟關係與政治關係的發展有一種「政經背離現象」,似乎兩岸經濟相互依賴的經濟基礎並沒有產生決定政治上層建築的效應。

筆者認為,兩岸關係中看似矛盾的這種「政經背離現象」其實並沒有從根本上違背馬克思主義關於經濟基礎決定上層建築與矛盾雙方相互轉化的原理。人們在觀察兩岸關係發展時,更多的是從短期的、具體的、策略的角度去思考,而沒有站在更高的高度、從長遠的角度、以更大的格局、用戰略的眼光來看待兩岸關係發展中的政治與經濟現象。胡錦濤總書記在紀念《告臺灣同胞書》發表三十週年的講話中指出,「我們應該登高望遠、審時度勢,本著對歷史、對人民負責的態度,站在全民族發展的高度,以更遠大的目光、更豐富的智慧、更堅毅的勇氣、更務實的思路,認真思考和務實解決兩岸關係發展的重大問題」。[317]二十多年兩岸經濟關係的發展,已經使得兩岸之間形成了相互依賴、互惠共存的經濟基礎,這種經濟基礎決定了必須有相應的上層建築來適應。無論是大陸還是臺灣領導人,在思考兩岸政治關係的發展時,都必須考慮到這種關係,必須適應兩岸經濟已經形成相互依賴態勢的這種經濟基礎,並在此基礎上探討發展國家完全統一

前的政治關係,構建兩岸關係和平發展的框架。

從長遠的角度來看,兩岸經濟互賴有利於創造兩岸政治對話、結束政治對立、實現國家完全統一的條件。如前所述,經濟與政治關係可以相互轉化、經濟可以實現政治功能,但這種轉化和功能的實現都需要一定的時空為背景。臺灣問題的最終解決是一個長期、複雜和艱巨的過程,在這個過程中,各種矛盾、分歧、對立的出現都是正常的現象,解決這些矛盾也不是一朝一夕的事情,而應該著眼大局、著眼長遠,為兩岸經濟與政治關係的轉化、經濟關係政治功能的實現創造條件。大陸學者李非教授就認為,「兩岸政經關係的現有表現只是一種暫時性的表象,是政經互動在特定時期的一種階段性表現,這種表象並不能也不會最終否定政治與經濟相互促進的規律」,「在兩岸政經關係中,還存在一個經濟的量和政治的質的關係,經濟交流的量達到一定程度就會衝破臺灣設定的政治限制,需要並形成一種新的政治關係,而當局的確認只是一種形式與程序」。[318]大陸學者李家泉也認為,「經濟是基礎,政治是上層建築;千利益,萬利益,經濟利益是最主要的利益;千關係,萬關係,經濟關係是最基礎的關係;從短期看,政治可以決定經濟,但從長遠看,一定是經濟決定政治」。[319]也就是說,兩岸經濟關係對政治的影響效應並非不存在,而是還未完全呈現,或者還沒有很好地被人們所認知。實際上,兩岸經濟關係發展的歷史也表明,兩岸經濟的相互依賴對兩岸整體形勢和政治關係的影響是顯而易見的。

兩岸過去二十多年經濟關係的發展,對於兩岸形勢的穩定,造成了不容忽視的重要作用。正是因為兩岸經濟聯繫越來越密切,兩岸經濟相互依賴不斷加深,才使得臺灣各種限制性的兩岸經貿政策難以推行,才使得臺灣內的「臺獨」分裂勢力在進行「臺獨」分裂活動時有所顧忌,才使得中國大陸更有信心實行各項惠及臺灣同胞的政策措施。兩岸關係在過去二十多年數次走到危險的邊緣,最終都能夠「有

驚無險」地全身而退,除了政治上的考慮與運作之外,兩岸經濟上的密切聯繫自然也是重要影響因素之一。無論是大陸政府還是臺灣,在進行政治決策時,都不可能不考慮到兩岸經濟關係已然十分密切的現實。李登輝在當政時期,就已經意識到經濟的作用和威力。1999年8月7日,李登輝在拋出「兩國論」後表示,「兩岸現有緊張情勢解決關鍵不在軍事角力上,最終歸諸於經濟力量」,若臺灣能夠「持續發展且穩定經濟,必可獲得最後勝利」。320只是李登輝當時的主要想法只看到了問題的一個方面,其目的是要透過限制兩岸經濟關係的發展來阻遏大陸的經濟發展,削弱大陸對臺動武的能力;他並沒有看到兩岸關係發展的另一個大趨勢是,臺灣的經濟發展離不開兩岸經濟合作,兩岸經濟關係可以突破某些政治上的限制而持續發展。這也是李登輝的「戒急用忍」的政策最後招致失敗的重要原因。

即便在民進黨當政時期,兩岸經濟關係的發展也對臺灣的政策產生了重要衝擊和影響。臺灣學者丁永康觀察到,在民進黨當政時期,作為上層建築的政治與意識形態,是採行漸進式的「去(de-ling離開)中國化」政策;但是作為下層建築的經濟則也是被迫採行另一種「去(go to去向)中國化」的政策。321雖然民進黨的整體執政思維是要阻礙兩岸經濟關係的發展,保持臺灣經濟與大陸的「安全距離」,但在上臺後,面對兩岸經貿交流的態勢,也不得不對李登輝時期的「戒急用忍」政策進行調整,在某些具體領域也不得不採取一些開放措施;面對兩岸民眾要求「三通」的巨大壓力,也不得不開放「小三通」,並與大陸相關行業協會展開「春節包機」的協商。這充分說明,兩岸經濟關係的發展已經形成一種不可阻擋之勢,積極發展兩岸經貿關係成為臺灣民眾的主流民意,任何黨派任何人在臺灣當政都必須正視這一態勢,任何企圖透過政治上的操弄逆轉這一態勢的螳臂擋車的政策措施,都注定是要失敗的。

兩岸經濟互賴也讓臺灣內的「臺獨」分裂勢力的「臺獨」挑釁活

動難以得逞，在某種程度上維護了兩岸關係的大格局。陳水扁當政時期，雖然變本加厲地進行所謂「公投制憲」、「和平公投」、「入聯公投」等「臺獨」分裂活動，但最終還是難逃失敗的結局，這與兩岸經濟相互依賴的密切聯繫不無關係。經濟互賴會讓臺灣的工商界、產業界的切身利益與大陸聯繫起來，他們不希望因為臺灣的「臺獨」挑釁影響到兩岸經貿關係和自身企業的發展，會透過一定的方式向臺灣施加壓力，迫使民進黨當局在進行「臺獨」挑釁時有所收斂。同時，經濟互賴將兩岸經濟發展的命運緊密地聯繫在一起，臺灣任何限制性政策、挑釁性行為最終會傷害到臺灣自身經濟的發展。如果兩岸因為臺灣的「臺獨」挑釁而兵戎相見，對臺灣經濟來說也會造成毀滅性的打擊。

更為重要的是，二十多年兩岸經濟發展，相互依賴態勢的形成，已經讓兩岸多數民眾的切身利益緊密地聯繫在一起，形成了一股難以阻擋的反「臺獨」和希望兩岸關係和平發展的主流民意。臺灣絕大多數民眾都不希望因為臺灣方面的「臺獨」挑釁而導致兩岸發生衝突，已成為制約「臺獨」勢力進行「臺獨」活動的重要力量。1991年，當「臺獨」勢力在臺灣活動開始日漸猖獗之時，據臺灣《聯合報》報導，「一家民意調查公司所做的民意測驗結果顯示，如果臺灣明天宣布獨立，有47%的受訪者會感到很害怕，只有5.3%很高興」。[322]而根據臺灣政治大學選舉研究中心從1994年到2007年的民調結果，希望「盡快獨立」的民眾最高時只有8.5%，最低時只有2.8%；態度「偏向獨立」的民眾最高時也只有15.4%，最低時只有6.5%。[323]因此，兩岸經濟的互賴在某種程度上可以制約「臺獨」分裂勢力進行「臺獨」冒險的決心和能力，也可以讓臺灣民眾更切身地體會到發展兩岸經濟關係給他們帶來的和平與福祉，還讓大陸在反「臺獨」反分裂過程中更有信心，更堅定維護兩岸關係和平發展的決心。

對於民進黨和「臺獨」勢力利用政治阻礙兩岸經貿關係發展的行

為,同樣可以從經濟基礎與上層建築的關係方面來認識。民進黨前主席許信良2007年在廈門大學臺灣研究院演講時,就從經濟基礎與上層建築的關係來分析民進黨的兩岸政策及兩岸關係的發展。他認為,民進黨關於「臺獨」的意識形態即是一種脫離了經濟基礎的臺灣民族主義,是五十年前的封閉的民族國家架構下的意識形態。今天依然堅持,不符合臺灣人民的利益。兩岸關係問題,其實應從更廣大的領域、更高遠的視野來看,那樣才能看得更全面、更清晰,這對於臺灣未來發展走向尤其具有現實意義。在這一問題上,臺灣應摒棄過時、落伍的意識形態,以及那些與臺灣人民利益相悖的做法,在全球化發展的大趨勢下,重視大陸未來對於臺灣的重要作用,積極融入這種趨勢、潮流。324也就是說,民進黨和「臺獨」勢力當前所堅持的政治主張,是一種落後的上層建築,它已經不能適應兩岸經濟互賴背景下兩岸關係發展的需要。他們要求對經貿政策進行限制本身就說明他們「擔心經濟交流會觸動他們政治立場的調整」325。面對兩岸已經形成經濟相互依賴的經濟基礎和民進黨依然不放棄「臺獨」主張之間的矛盾,雖然他們還心有不甘,不斷對政治立場進行「量」上的微調,但他們遲早不得不面臨著「質」的調整和變革,否則就可能會面臨著被淘汰的命運。

　　馬英九上臺以後,在兩岸政治關係改善的大環境下,兩岸經貿交流的潛能開始得到充分的發揮,獲得了前所未有的發展契機。中國社科院臺灣研究所朱磊認為,兩岸一貫互有經濟需求,為什麼往年總是「政冷經熱」,就是因為政治關係不好;兩岸經貿關係實質性突破的最重要原因就在於,兩岸政治互信的初步建立和逐步加深。3262008年5月以來,隨著臺灣內政治形勢發生積極變化,兩岸關係發展也面臨著新的歷史機遇。馬英九當局逐步施行了某些開放性的兩岸經貿政策,以適應兩岸經濟發展的需要;兩岸兩會在「九二共識」的政治基礎上,在短時期內就恢復了中斷十年的協商,並本著「建立互信、擱置

爭議、求同存異、共創雙贏」的精神，就兩岸經濟關係發展中的諸多問題達成了協議。這些都是兩岸經濟與政治關係良性互動的產物，是兩岸當局調整政治上層建築以適應兩岸經濟互賴的經濟基礎的重要舉措。如果說兩岸沒有「九二共識」的共同政治基礎，兩會協商也不會開展；同時，如果說沒有過去二十幾年的兩岸經濟關係作為基礎，沒有兩岸同胞需要解決經貿交流過程中累積和遺留的各種問題的強烈需求，馬英九當局也不會在短時間內就調整某些限制性的經貿政策，兩岸政治關係的改善也不會顯得如此迫切和迅速。

在看到兩岸經濟互賴對政治關係可能產生影響的同時，我們也不能無限誇大經濟關係的政治效應，更不能就此得出「只要發展兩岸經濟關係，兩岸政治問題就一定能夠得到解決，兩岸就一定能夠實現完全統一」的結論。兩岸經濟互賴的政治效應並不是無條件顯現的，而是在一定條件下才有實現的可能。兩岸在經濟交流中會產生兩種政治和經濟利益，一種是自我利益，一種是共同利益。在兩岸進行經濟交往的過程中，這兩種利益並不是完全一致的，有時候利益性質上的差異和利益結構的不平衡，會使兩岸在交流中產生各種矛盾，而這些矛盾的解決不能完全靠經濟手段，有時候還要綜合運用政治、軍事和外交手段。因此，兩岸經濟互賴在產生積極的政治效應的同時，有時候經濟問題也會延伸成為政治矛盾，不利於兩岸政治關係的發展。臺灣學者高朗就曾認為，在兩岸之間政治問題尚未解決及臺灣內部政治精英意見未整合之前，不能期望透過兩岸經貿往來迅速進行政治整合。[327]由此可見，兩岸的最終完全統一是一項系統工程，需要政治、經濟、社會、文化、軍事、外交等各領域的合力配合，才有可能實現。兩岸經濟互賴是其中非常關鍵的一個因素，可以為其他領域功能的實現提供重要的經濟基礎，但它不應該也不可能是唯一的決定因素。

就目前而言，兩岸經濟交流的深化不能取代兩岸的政治對話，兩

岸經濟上的相互依賴可以使兩岸在政治上「鬥而不破」，但不能從根本上阻止兩岸就一些政治問題繼續保持「鬥爭」的態勢。兩岸尚未結束敵對狀態，兩岸之間還存在一些歷史遺留的結構性難題尚未解決，在今後兩岸關係和平發展的過程中還會遇到各種新的問題。而且，由於臺灣實行的是「政黨政治」，也實現過「政黨輪替」，臺灣政局的發展存在著某些變數，這些都可能使兩岸政治關係的發展不會是一帆風順。即使馬英九上臺後，兩岸在臺灣的政治地位、臺灣的國際活動問題、建立軍事互信機制、簽署和平協議等問題上還是有一定存在著一些分歧。兩岸當前所進行的協商還只是停留在經濟領域，並沒有自然外溢或延伸到政治領域，馬英九當局還是奉行「先經後政」的「政經分離」政策，對兩岸政治對話持保留態度。兩岸政治問題的解決最終還是要透過兩岸的政治對話，「先經後政」並非是只談經濟不談政治，兩岸目前所進行的經濟領域的協商在很大程度上只是為政治對話「創造條件、預作準備」，而無法取代政治對話本身。

三、經濟互賴與兩岸「主權」分歧

在影響兩岸政治關係的諸多因素中，臺灣的政治地位問題是其中最核心的因素之一，也是臺灣內部不同黨派和政治勢力大陸政策的一個根本分歧點所在。臺灣很多人一直擔心兩岸經濟的相互依賴會導致臺灣在主權上會被「矮化」，臺灣的「主權」會在與大陸的不對稱相互依賴中被「掏空」。有學者從「全球化」對傳統「主權」觀念產生衝擊那裡得到靈感，希望借此思考在兩岸經濟互賴的背景下，如何為兩岸間的「主權」爭議解套。臺灣不少人提出兩岸應「淡化」、「擱置」或「超越」他們的「主權」爭議，認為「主權」爭議並不影響到兩岸經濟合作的開展，兩岸都不應該過分強調「主權」，而透過經濟、社會等領域的功能性合作，逐漸過渡到政治的「整合」或「統

合」。那麼，兩岸之間和臺灣內部不同黨派之間對臺灣「主權」問題爭議的實質到底是什麼，兩岸經濟相互依賴對我們思考解決「主權」爭議是否有幫助，筆者以下將嘗試進行深入探討。

針對圍繞臺灣問題的「主權」爭議，各方存在著四種不同的看法或主張。第一種是大陸所堅持的，認為雖然兩岸尚未統一，但主權和領土完整併未分裂。胡錦濤總書記在紀念《告臺灣同胞書》發表三十週年座談會上的講話中指出，「維護國家主權和領土完整是國家核心利益。世界上只有一個中國，中國主權和領土完整不容分割。1949年以來，大陸和臺灣儘管尚未統一，但不是中國領土和主權的分裂，而是上個世紀40年代中後期中國內戰遺留並延續的政治對立，這沒有改變大陸和臺灣同屬一個中國的事實。兩岸復歸統一，不是主權和領土再造，而是結束政治對立」。[328]第二種看法主要是以中國國民黨為代表的勢力和人士所主張的，一方面認為依照「中華民國憲法」，兩岸在主權和領土意義上是一個國家，另一方面又堅持「中華民國是一個主權獨立的國家」，而「中華民國」現在在臺灣。馬英九2008年9月在接受墨西哥太陽報採訪時就表示，「我們基本上認為雙方的關係應該不是兩個中國，而是在海峽兩岸的雙方處於一種特別的關係。因為我們的憲法無法容許在我們的領土上還有另外一個國家；同樣地，他們的憲法也不允許在他們憲法所定的領土上還有另外一個國家，所以我們雙方是一種特別的關係，但不是國與國的關係，這點非常重要」。[329]但同時他又表示，「中華民國」在大陸的時間只有三十八年，在臺灣的歲月卻將超過一甲子。在這將近六十年間，「中華民國」與臺灣的命運已經緊緊地結合在一起。[330]上述兩種看法既有一定的交集，也存在著很大的差異。雙方都認為法理上中國的主權和領土是一體的，但對於「中華民國」或臺灣的政治定位，看法存在著重大分歧。

關於臺灣「主權」問題的第三種看法主要是以民進黨為代表的政

治勢力和人士所主張的，主要是強調「臺灣是一個主權獨立的國家」，不是中國的一部分，它與中華人民共和國是互不隸屬的兩個「國家」。1999年，民進黨通過「臺灣前途決議文」，其中就明確提到「臺灣是一主權獨立國家，其主權領域僅及於臺澎金馬與其附屬島嶼，以及符合國際法規定之領海與鄰接水域。臺灣，固然依目前憲法稱為『中華民國』，但與中華人民共和國互不隸屬」。2002年8月，陳水扁拋出「一邊一國」論，聲稱「臺灣跟對岸中國一邊一國」，而且「主權對等」，將兩岸關係定位為「兩國關係」。2005年2月，陳水扁明確提出「『中華民國』是一個主權獨立的國家；『中華民國』的主權屬於2300萬臺灣人民；臺灣前途任何的改變，只有2300萬臺灣人民才有權利做最後的改變」。

第四種看法主要也是「臺獨」分裂勢力和以美國、日本為首的外國勢力所主張，即「臺灣地位未定論」。曾經擔任臺灣副領導人的呂秀蓮就主張過「臺灣地位未定論」，她聲稱攸關臺灣地位最關鍵的是1951年的「舊金山和約」，日本無條件放棄臺澎後，並未提到臺灣歸屬誰，這是各國經過激辯後故意不提的，「才會有臺灣法律地位未定的問題」。[33]2009年5月，日本交流協會臺北事務所長齋藤正樹在一次在演講中依據《舊金山和約》和「中日和約」，強調日本是「放棄」臺灣主權，因此臺灣「國際地位」未定，並聲稱此一觀點「代表日本政府」。美國在臺協會理事主席薄瑞光2009年11月訪問臺灣時則露骨地表示，美方在中國大陸不論私下或公開談話，包括美中聯合聲明，與美國長期以來對臺政策一致，美國對臺灣的「主權」所採取的立場從未有絲毫改變。美國對臺灣地位的立場已載於美中1972年與1979年公報。公報中美國表示，美方「認知」（acknowledge）中國的立場是只有一個中國，臺灣是中國的一部分。那是美方最後一次對臺灣地位的陳述。他說，30年來，美方已清楚說明，「認知」並不表示「承認」（recognize）、「接受」（accept）或其他除「認知」

（acknowledge）外的意思。過去37年，有一些力量迫使美國對臺灣「主權」採取更明確的立場，或令美國用一些政治術語定義臺灣，美方從未同意。他還表示，胡錦濤主席和奧巴馬總統發表的《中美聯合聲明》中，關於美國尊重中國主權和領土完整的論述不包括臺灣。[332]

要想分析兩岸經濟互賴是否有助於解決上述「主權」看法上的分歧，首先必須對這些不同看法或主張的性質進行剖析。在上述四種對臺灣「主權」的看法和主張中，有些存在著原則性和根本性的分歧，有些分歧雖然重大但並沒有涉及維護「一個中國」框架的原則性問題。胡錦濤總書記表示，「兩岸在事關維護一個中國框架這一原則問題上形成共同認知和一致立場，就有了構築政治互信的基石，什麼事情都好商量。」[333]大陸和國民黨雖然在「一個中國」的政治涵義上存在著分歧，但雙方畢竟能夠接受「九二共識」，這就使得雙方有了共同的政治基礎。大陸提出在兩岸事務性協商過程中可以暫時不涉及「一個中國」的政治意涵問題。馬英九當局則認為兩岸的分歧「是屬於主權層面的爭議，目前無法解決，但是我們雖然不能夠解決這個問題，卻可以做一個暫時的處理，這就是我們在1992年與中國大陸所達成的一個共識，稱為『九二共識』，雙方對於『一個中國』的原則都可以接受，但對於『一個中國』的含意，大家有不同的看法。因為對主權的問題到底能不能解決？如何解決？何時解決？目前可以說都沒有答案。但是我們不應該把時間精力花在這樣的問題上，而應該把重點擺在其它更迫切、更需要雙方解決的項目」。[334]

筆者認為，馬英九關於兩岸分歧「屬於主權層面的爭議」的認知並不準確。從法理上看，雙方在「一個中國」政治涵義問題上的分歧並非「主權」層面的分歧，中國的主權並沒有分割，而更多涉及的是「政權」層面，是兩個對抗性政權符號如何相互認知的問題。劉國深教授就提出兩岸「領土主權一體、政權差序並存」的看法，認為儘管兩岸目前各自分別以中華人民共和國和「中華民國」為「國號」，但

中國的主權和領土完整併沒有從法律的意義上一分為二，大陸和臺灣同為中國不可分割的組成部分的政治現實並未改變；中華人民共和國和「中華民國」在兩岸之間是兩個對抗性政權的政治符號，它們所涵括的領土主權和人民範圍完全重疊，並不構成兩個國家。335

如果說大陸和臺灣在「領土主權意義上的兩岸一中是現狀，不需要我們去追求，只是需要我們去維護」336的問題上有基本的認知，那麼就不存在透過發展兩岸經濟關係和經濟互賴來解決「主權」爭議的問題，更不能說兩岸經濟互賴合作中存在所謂「經濟主權讓渡」的問題。兩岸之間的問題的確有可能透過包括經濟領域在內的全方位交流來逐漸得到解決。臺灣學者李英明也表示，兩岸都已經進入訊息化和全球化的時代，並且已經聯結成一個網絡，從此以觀，從傳統絕對主義的主權觀向互賴主權的轉折，也是兩岸無法迴避的問題，如果這種轉折完成，兩岸才有可能進一步整合，而以此為基礎，兩岸間的「一中」爭議或許才有可能被解消。337照此邏輯，兩岸經濟相互依賴的最重要功能就是如何維護國家的主權和領土完整，如何解決與兩岸同胞生活密切相關的經濟社會文化問題，如何充分發揮功能性外溢或擴散效應，創造有利於兩岸結束政治對立的機會與條件。

那麼，如果兩岸在「主權」問題上存在著根本性的分歧，經濟互賴是否有助於分歧的解決呢？無論是鼓吹「臺灣獨立」還是「臺灣地位未定論」的「臺獨」勢力或外國勢力，都既希望臺灣能夠成為一個「主權獨立的國家」，又能夠享受到兩岸經濟合作所帶來的實際利益。因此，臺灣有人提出應該從全球化和區域化的角度來考量來進行兩岸的經濟合作，兩岸應該「淡化主權觀念」，大陸應該放棄「一個中國原則」，唯有這樣，兩岸經濟互賴才不會引起政治上的揣測和疑慮。其實，大陸在進行兩岸經濟合作時向來秉持不以政治分歧干擾經濟合作的立場，但這並不意味著大陸會因為經濟合作而犧牲主權、領土等核心利益，大陸不可能因為兩岸經濟互賴就會在維護國家主權和

領土完整問題上有任何的妥協。實際上，大陸並沒有在推動兩岸經濟合作時過分強調「主權」的問題，反而是臺灣某些人經常將「主權」掛在嘴邊，以捍衛臺灣「主權」的鬥士自居，不斷批評主張與大陸進行密切經濟合作的政黨和人士是出賣臺灣「主權」。陳水扁2010年2月在看守所還接受專訪指責馬英九的「擱置主權」爭議是「矮化主權、犧牲主權」。美國也曾經放出風聲，要求臺灣在與大陸的商談中不要造成中華人民共和國對臺灣擁有「主權」的印象。

因此，以經濟互賴為藉口，要求大陸淡化「主權」觀念的提法，在很大程度上是要為確立臺灣「主權獨立」創造條件，他們這樣做恰恰是要透過淡化中國的主權而強化臺灣的「主權」，是大陸所不能同意的。臺灣從來都不是一個「主權獨立的國家」，因此也根本不存在在兩岸經濟相互依賴的背景下，有任何「主權」被「矮化」、被「掏空」的問題。民進黨對臺灣是「主權獨立國家」的主張，在某種程度上只是民進黨自說自話的政治喃語，並不反應兩岸關係的現實。由此可見，如果兩岸在事關「一個中國」框架的問題上存在根本的分歧，經濟合作與經濟互賴都難以解決兩岸在此問題上的「主權」爭議。

第三節　經濟互賴與兩岸民眾認同

兩岸經濟互賴除了會對維護臺海地區和平安全、解決兩岸政治對立等方面產生影響外，還會影響到兩岸同胞的感情融合，以及對國家或民族的認同。胡錦濤總書記在紀念《告臺灣同胞書》發表三十週年座談會上的講話中指出，兩岸應「透過交流合作增進感情融合、增加共同利益」，「兩岸各界及其代表性人士要擴大交流，加強善意溝通，增進相互瞭解」，「兩岸同胞是血脈相連的命運共同體。包括大陸和臺灣在內的中國是兩岸同胞的共同家園，兩岸同胞有責任把她維護好、建設好」。[338]兩岸經濟相互依賴是兩岸「命運共同體」與「共

同家園」的一個重要組成部分，從某種程度上說是最為基礎的部分之一。只有兩岸在經濟上形成了相互依賴，朝向制度化和一體化方向發展，才有可能為兩岸在社會上、文化上、政治上朝向整合的方向發展打下堅實的基礎。而臺灣民眾是否意識到兩岸是「命運共同體」，是否接受中國是兩岸同胞的「共同家園」，在很大程度上與臺灣民眾對中華民族、中華文化和一個中國的認同有關。筆者之所以提「兩岸民眾認同」，而非只是提「臺灣民眾認同」，主要是認為，不僅臺灣民眾需要加強對中華民族、中華文化和「一個中國」的認同，大陸很多民眾也需要強化對兩岸關係和平發展進程中的中華民族、中華文化的認同及對臺灣社會的理解和尊重。

一、經濟互賴與認同的關係

要想研究經濟互賴與認同的關係，首先必須釐清「認同」的概念。「認同」在現代漢語中有兩種涵義：一是認為跟自己有一致、共同之處而具有親近感或可歸屬的願望；二是贊同、承認、認可之意。臺灣的楊蓮福總結出，在歐美社會科學傳統中，「認同」是指將自己視為某一「群體」（group）的一分子，這些有關認同的社會現象，都是以某一具有某類特徵或特性的群體為對象，將自己視為該群體的一分子，並且認為自己和所屬的群體有共同的特性和利益，甚至共同的「命運」。[339]臺灣學者江宜樺認為，「認同」應該包含三種含義，第一種是「同一、等同」，第二種是「確認、歸屬」，第三種是「贊同、同意」。[340]因此，認同既包括對自身身分的定位，也包括對周圍群體身分的認知，是在兩種身分一致基礎上的一種歸屬感。認同現象在社會生活中很常見，比如社會認同、文化認同、族群認同、民族認同、國家認同、政治認同等。在一般情況下，人民是認同最重要的主體，國家、政府或政黨、團體有時候也是認同的主體。

人們的認同一旦形成，在一定時期內會保持穩定性，但也並非一成不變，而是會根據內外環境的改變而不斷發生變化。臺灣學者葛永光認為，認同的形成就是經過不斷的自我省思「我是誰？」以及「他是誰？」，引申到團體就成了「我們是誰？」及「他們是誰？」的問題。[341]很多因素會對認同的變化產生影響，經濟、教育、社會、文化、政策、輿論等都會影響到人們認同觀念的形成和改變。一旦人們認知到自己身分發生改變，認知到自己所處的環境已經發生改變，就會尋找與新的身分和新的環境相匹配的歸屬，新的認同就會逐漸形成。當然，這種新認同的建立並非是對過去觀念的徹底摒棄，有些觀念的改變並不是一朝一夕的事情，而是一種固有觀念逐漸減弱，新的觀念逐漸形成的過程。

　　既然很多因素都會影響到人們認同的改變，經濟相互依賴自然也會對認同產生影響。建構主義的代表性人物、美國著名學者亞歷山大·溫特就指出，「相互依存、共同命運、同質性」是集體身分形成的主動或有效原因，自我約束是被動或許可原因。在一個情境中四個變量可能都會存在，其存在程度越高，集體身分形成的可能性就越大。他認為，相互依賴可以使各方在互動的社會學習過程中更加強烈地感受到彼此相互依賴的關係，強化彼此間的聯繫感和認同感，從而影響集體認同的形成。共同命運和同質化「可以透過減少衝突和增加自我與他人彼此視為同一群體成員的能力來得到促進」，而自我克制的途徑，將使「集體認同更容易實現」。因此，建構主義認為，客觀相互依存是形成集體認同的基礎，而只有主觀上的相互依存才能建構集體認同，問題是把客觀相互依賴轉化為主觀相互依存，把給定的效用結果轉化為有效的效用結果。[342]

　　依據建構主義的理論，經濟上的相互依賴是形成集體身分的一個必要條件，經濟上的往來與交流，相互依賴態勢的形成，可以促使相互依賴的各方原來的身分都在減弱，各方都在學習用他者的眼光來看

待自己，可能會導致自我身分的再定義和集體認同的出現。而「集體認同的建構能夠在各成員之間產生認同感，使個體的自我利益與共同體其他成員的利益認同為一，從而相互包容」343，又有助於相互依賴的加深。但與此同時，溫特也認為相互依賴不能構成集體身分認同的充分條件，他認為相互依賴是一個客觀條件，集體身分是一個主觀條件，不能保證相互依賴必然導致集體身分認同。因為隨著相互依賴程度的提高，行為體之間的關係可能更為脆弱，因此也就更有客觀的理由感到自身的不安全。只有在克服了這種心理之後，相互依賴才可能將集體認同導向積極的方向發展。344

建構主義關於經濟互賴與認同的理論對兩岸關係也有一定的解釋力。臺灣學者陳陸輝和耿曙研究後發現，受政治認同影響所及，對部分臺灣民眾而言，兩岸經貿實質上是「與對手貿易」，無怪乎環繞兩岸經貿的辯論，為何經常牽扯「國家認同」議題。這也可幫助說明，兩岸間密切的經貿互賴，為何始終未能外溢為政治整合。345在兩岸關係中，我們討論得比較多的是大陸民眾和臺灣民眾對中國的國家認同、對中華民族的民族認同和對中華文化的文化認同等。國家認同、民族認同、文化認同這幾個概念之間既有聯繫，又有區別。國家認同中包含著民族認同、制度認同或文化認同的因素，民族認同中也包含著國家認同和文化認同的因素，文化認同中也包含著民族認同的因素，它們之間有時候難以截然分開。由於歷史的原因，兩岸分隔數十載，民眾在民族、國家和文化的認同上產生了某種程度的差異，導致兩岸民眾在交流交往的過程中存在著一些誤解，不利於兩岸關係的和平發展。兩岸經濟上的相互依賴在多大程度上能夠促使臺灣民眾的「國家認同」、民族認同和文化認同朝著有利於兩岸關係和平發展的方向變化，能夠促使大陸對臺灣民眾的觀念有更多的瞭解、尊重和包容，能在多大程度上有利於兩岸「命運共同體」和「共同家園」的建構，以下將進行深入討論。

二、經濟互賴與臺灣民眾的「國家認同」

在國家認同、民族認同、文化認同等諸多概念中,臺灣民眾的「國家認同」是近年來被討論得最多的概念之一。但對於什麼是「國家認同」,不同的學者有不同的看法。因為對於不同的民眾而言,「國家認同」可能有「族群國家」、「文化國家」、「政治國家」的不同認知。346因此,我們在討論臺灣民眾的國家認同時,首先要分清他們所指涉的是哪種意義上的「國家」。比如對「中國」一詞,有的臺灣民眾理解為政治意義上的「中華人民共和國」和「中華民國」,有的民眾理解的是民族和文化意義上的中國,不同的理解往往潛藏著不同的政治立場和認同觀念。臺灣學者江宜樺將臺灣民眾的「國家認同」分為「族群認同」、「文化認同」和「制度認同」三個主要層面來討論。347劉文斌則引用自由制度主義的觀點,認為「文化認同和族群認同不足以提供國家強有力的凝聚力」,而「制度認同」是「國家認同中最重要的因素」;而「在臺灣最足以呈現對制度認同的基礎,就是對現行『中華民國憲法』的認同問題」。348筆者認為,臺灣民眾的「國家認同」中,民族認同、文化認同、制度認同是對兩岸關係影響最大的因素,也是本節所要討論經濟互賴對「國家認同」影響的重點所在。

首先必須明確的是,臺灣民眾的「國家認同」觀念在過去幾十年時間裡並不是一成不變的,而是在不斷發展變化的,這也是我們討論經濟互賴有無可能影響臺灣民眾「國家認同」變化的重要前提。臺灣學者施正鋒認為,從近年臺灣對於「國家認同」的辯論來看,正顯示臺灣人的「國家認同」並不穩固,甚至可以說臺灣並沒有一個各方接受的「國家認同」。349實際上,隨著臺灣內「政治民主化」和政黨政治的發展,一些政治勢力為了達到一己一黨之私,不斷挑動省籍族群因素,刺激臺灣民眾敏感的「統獨」神經,混淆「臺獨」意識與臺灣

意識的概念，推動各種「去中國化」、「公投制憲」的「臺獨」分裂活動，使得臺灣民眾的「國家認同」出現了混亂和扭曲。劉文斌觀察到，相對於逐漸統合的兩岸經濟範疇，「國家認同」的轉變因素就自然成為臺灣當政者左右兩岸政策制定的重要參考依據。這種情況的發展，就是經濟因素逐漸統合，但「國家認同」的政治因素卻造成兩岸關係的緊張。350

　　臺灣學者在分析「國家認同」時，往往會刻意忽視其中所包含的「民族認同」的內涵。所謂「民族認同」，簡單地講，就是臺灣民眾是否認同兩岸同屬中華民族，兩岸同文同種，自己是炎黃子孫。民族認同雖然不能完全等同於國家認同，但卻是可能對國家認同產生重要影響的因素。張亞中教授認為，臺灣人民有著兩種不同的複雜認同感，一方面覺得兩岸應該有著共同的民族認同，但另一方面又覺得彼此在四十年並沒有相同的歷史回憶與經驗。因此，民族認同成為最具可變性的一項認同。351但事實上，2009年7月，臺灣《遠見》雜誌民調顯示，80.2%民眾自認是中華民族的一分子：泛藍立場民眾有94.5%、中立民眾有77.7%，皆與一年前的調查結果相近；而泛綠立場民眾自認是中華民族一份子的比率，則從一年前的51.5%增加至本次調查的66.3%，認為不是的比率則從30.3%下降至20.9%。再則，本次調查中，20至44歲民眾自認是中華民族一份子的比率也相對較高，皆在八成六至九成二之間。352

　　上述民調結果和筆者多年與臺灣民眾接觸的經驗都表明，絕大多數臺灣民眾對中華民族的認同，立場並沒有太多動搖，即使在民進黨執政八年，不斷宣揚臺灣主體意識，炮製「臺灣民族」概念的情況下，依然有八成左右的臺灣民眾認為自己是中華民族的一分子。當然不能因此得出結論認為這一結果是兩岸經濟互賴所致，但至少可以肯定的是，兩岸經濟的相互依賴在很大程度上有助於繼續維繫臺灣民眾對中華民族的認同感，而且隨著大陸經濟的發展和中華民族在世界上

地位的提升，臺灣民眾的民族自豪感和認同感還可能會進一步提升。不少人都提出兩岸應「攜手賺世界的錢」，各種「中華經濟區」、「華人共同市場」、「大中華共同市場」、「亞洲華人共同市場」、「經濟大中國」的構想也不斷提出，都反映出經濟互賴對民族認同的確有維繫和促進效應。

　　文化認同與民族認同、國家認同也有著密切的聯繫。根據建構主義的「文化——規範——認同」範式可以得知，文化因素對一個國家、地區或民族內部成員的行為可以產生規範效應，而普通和被廣泛接受的社會規範又有助於建構對國家或民族的認同。美國學者安東尼·史密斯認為，文化認同是國家認同的起始和結果，更是民族主義的核心。353中華文化是兩岸同胞共同的寶貴財富，是維繫兩岸同胞民族感情的重要紐帶。中華文化在臺灣根深葉茂，臺灣文化豐富了中華文化內涵。有大陸學者就認為，臺灣同胞對中華文化的認同，實質上能夠反映出對「海峽兩岸同屬中華民族」的政治認同。354事實上，臺灣絕大多數民眾並不否認兩岸文化的血脈聯繫，也承認中華文化是臺灣文化的核心要素。但是，由於李登輝和陳水扁當局十幾年來在文化領域的分裂活動，也有部分臺灣民眾對臺灣文化與中華文化的關係產生了模糊認識，出現了某些諸如「臺灣文化與中國文化已經呈現完全不同面貌」，「中華文化是臺灣文化的一部分」等不正確的看法。

　　臺灣民眾的文化認同依然是影響兩岸關係和平發展的重要方面。前中國國民黨主席吳伯雄表示，兩岸關係除了經濟聯繫之外，血緣和文化更是推動兩岸關係和平發展的強大動力。355其實，經濟與文化也並不是完全分離的，兩岸經濟交流之所以能如此密切，經濟互賴程度能夠不斷加深，與兩岸同胞同屬中華民族，有著共同的文化背景不無關係。很多臺商之所以優先選擇到大陸投資，之所以在大陸投資比在世界上其他地區投資更容易取得成功，除了大陸的政策優惠和臺商們自身的努力之外，一個很重要的原因就是他們是在一個相對熟悉的文

化氛圍、共同的語言環境和相似的生活方式下經商,容易產生某種歸屬感和認同感。臺灣大學經濟學教授陳添枝在分析為什麼臺商投資向大陸傾斜時,認為第一原因就是語言和文化上的接近,因為文獻顯示「心理距離」是對外投資地點的重要決定因素,廠商在投資時除了考量各種投資的環境條件外,對「地主國」的親和感影響投資也極為大。356另一位臺灣學者蔡學儀也表示,兩岸皆源於中華文化,擁有共同的歷史及傳統,甚至語言和生活習慣都非常類似,這對兩岸的經濟整合形成相當有利的基礎。357兩岸經濟交流和互賴深化的過程其實也是一種文化交流整合的過程,兩岸經濟活動所帶動的不僅僅是資金流、貨物流,帶還動了人員的頻繁往來和觀念的碰撞,有助於臺灣民眾對大陸的瞭解和對中華文化的進一步認同。

在影響臺灣民眾「國家認同」的諸多因素中,與大陸在制度認同上的差異恐怕是最主要的癥結所在。兩岸經過幾十年的分離,分別發展出了不同的政治、經濟和社會制度,這種制度上的差異的客觀存在,加上幾十年來臺灣和某些政治勢力的刻意扭曲和操弄,很容易讓臺灣民眾由於對大陸制度的不瞭解而產生某種恐懼和敵視,進而影響到他們的「國家認同」觀念。很多臺灣民眾對中華人民共和國的「制度認同」與對中國的「國家或民族認同」混為一談,認為中華人民共和國就等同於中國,認同中國就等於認同中華人民共和國,因此產生對「中國認同」的牴觸和抗拒,不接受「一個中國」原則,甚至不承認自己是中國人。其實,他們混淆了對中國的國家認同和對中華人民共和國的制度認同的概念。而產生這種現象的一個重要原因是「從1994年起,臺灣已將『制度認同』作為一種防禦性手段,而認為這是兩岸根本的差異與無法建立集體認同的關鍵所在」,具體表現在「臺灣以『民主化』作為區隔與中共的不同,更以『民主認同』作為兩岸邁向統一的必要條件」。358在兩岸經濟交流合作中,臺灣也經常以大陸的政治與經濟制度「不民主、不開放」為藉口,對臺商和臺灣民眾

進行恐嚇，提醒他們防範所謂政局變動或「政策多變」所帶來的各種風險。

兩岸經濟上的相互依賴對臺灣民眾「制度認同」的影響是潛移默化的。兩岸經過幾十年的對抗和敵對，要讓臺灣民眾認同大陸的政治和社會制度在短期內還比較困難。但從兩岸經濟交流的歷史中我們可以看出，幾十萬的臺商在大陸正常經營，上百萬的臺灣同胞選擇在大陸長住生活，本身已經證明制度差異本不應該成為兩岸走到一起的障礙。臺灣學者林信華認為，在目前的兩岸關係中，雖然擁有近100萬的臺商在大陸，但兩岸之間並不存在任何的共同制度，這在人類社會中的確是一種非常特殊的互動狀態。359中國大陸正是出於對兩岸制度差異的認知，以及對臺灣保持原有制度的尊重，鄧小平在上個世紀八十年代就提出「和平統一、一國兩制」的基本方針，希望能夠為解決因制度不同而導致的兩岸之間的誤解和爭議。但由於臺灣民眾對大陸制度的不信任，加上臺灣和輿論的抹黑和扭曲，使得臺灣很多民眾在根本不瞭解到底什麼是「一國兩制」的情況下，就盲目表達不認同和反對的意見。

在兩岸經濟相互依賴的背景下，經濟上的密切聯繫可以為兩岸民眾提供更多交流接觸的機會，從而使臺灣民眾有更多的信心和對大陸更多的瞭解，增強他們對大陸政治社會制度的理解和尊重，這在某種程度上是認同的一種初級階段。卡爾·多伊奇認為，非正式的訊息、商品和人的交流，可以導致認知上的改變，來提高國家或地區間的互信，產生共同體的意識。360當臺灣越來越多的民眾瞭解到大陸的政治和社會制度並不是臺灣輿論報導和書本上所描述的那樣，當他們透過交流親身感受到大陸必須實行與國情相適應的制度，他們就不僅不會感到恐懼，還有可能更加深入地思考大陸制度的某種合理成分，從而促進兩岸在制度認同上差異的縮小。雖然要臺灣民眾在短期內認同「中華人民共和國」還有一定的難度，但如果他們越來越認同「一個

中國」，能夠接受「九二共識」，對兩岸關係的和平發展就會造成積極的正面作用。

三、經濟互賴與兩岸共同認同的建構

兩岸「命運共同體」和「共同家園」的建構並不是臺灣民眾單方面的事情，而是要兩岸同胞共同努力才能夠實現。張亞中教授表示，兩岸「如果認同都無法建立，共同的願景自然也就難以實現」，如何在現實與彼此有利的基礎上重構兩岸的認同，已是應該認真思考的問題。361在上文所引用臺灣《遠見》雜誌2009年7月所做的民調中，當追問受訪者，兩岸民眾是否都屬於中華民族的一部分時，表示認同的有57.6%，不認同的有30.8%。此時「我群」、「他群」的對立意識浮現，尤其泛綠立場民眾有63.3%表示不認同、30.3%認同，與大多數臺灣民眾的看法相反。362這種既認同自己屬於中華民族一分子，但不認同兩岸民眾同屬中華民族的弔詭現象，說明了兩岸民眾的共同認同尚需要進一步建構。

張亞中教授將兩岸之間的認同分為「垂直型重疊認同」和「水平型重疊認同」兩種，水平型重疊認同是指兩岸對彼此相互並存的認同，垂直型重疊認同是指一個國家或民族主體對其歷史的縱貫認同，或分離的一方對原有母體的認同。363兩岸之間共同認同的建構既需要在垂直層面進行，也需要在水平層面進行。從功能主義的角度看，兩岸經濟上的相互依賴可以為水平型和垂直型重疊認同創造條件。經濟上的相互依賴可以為兩岸提供某種功能性合作的契機，而這種功能性合作又可能導致兩岸在各個領域都產生合作的需求，當這些領域的功能性合作形成一種難以分割的互賴網絡，就可能逐漸擴張或外溢到政治部門，使得兩岸的民族和文化認同更加強化，從而有利於垂直型重疊認同的實現；同樣功能性合作也會使得兩岸不得不發展出共同的組

織和制度，當這些組織和制度，讓兩岸民眾感受到可以從中得到更多的利益和福祉時，他們也會增強對這些組織和制度的認同，從而有利於水平型重疊認同的實現。

當然，經由經濟互賴發展而來的功能性合作使得兩岸民眾的認同趨向一致，並不是一件簡單的事情。張亞中曾經觀察到，兩岸之間的善意並沒有因為兩岸的互動頻繁而增加，反而是在互動過程中發現了對方的歧異處遠大於彼此的共同點，雙方的爭執也因為互動增加而增加，彼此間的敵意也沒有經由互動而消解。[364]筆者倒認為，張教授的觀察可能並不全面，沒有從整體、長遠和辯證的角度來看待兩岸之間的交流互動。合作從來都不是一件容易的事情，尤其是對兩岸這種隔絕和敵對多年的雙方來說，合作要有更多的誠意、善意與耐心。經過多年的隔絕之後，兩岸同胞在交流的過程中，發現彼此的不同，是一件很正常的事情；由於雙方各自都有自己的堅持，彼此產生分歧和爭執也並不奇怪，關鍵是在爭執之後能否理性思考、相互理解、相互瞭解、化解分歧。事實上，如果我們放眼1987年以來的兩岸關係發展史，一個明顯的現象就是兩岸民眾的交往越來越便捷、越來越自然了，兩岸在經濟上的相互依賴越來越深，兩岸在社會文化領域的分歧越來越少了，兩岸多數民眾的相互瞭解和理解越來越深了。雖然兩岸在政治上還存在一些結構性難題，但政治關係畢竟只是兩岸關係的一個方面，我們不能刻意放大政治上的分歧，而忽略兩岸交流互動所帶來的經濟和社會效應。

兩岸共同認同的建構還需要大陸有更大的胸懷來包容臺灣民眾的一些複雜的政治情感和現實的利益需求。兩岸經濟的相互依賴使得大陸和臺灣都從中受益，當然這種受益是不平衡的，會有誰受益比較多、誰受益比較少的問題。筆者認為，如果兩岸都糾纏在誰為誰作的貢獻大，誰為誰做出的犧牲大，誰從兩岸經濟互賴中得到的好處多，不利於兩岸共同認同的建構。在兩岸經貿關係發展中，臺灣對大陸一

直保持著高額的順差，大陸也不斷單方面實施各種惠臺政策，支持臺灣經濟的穩定和繁榮，這是大陸同胞的應有之義。溫家寶總理2008年3月在記者招待會上表示，為了臺灣同胞的利益，我們甚至願意作出必要的犧牲，比如說大陸與臺灣的貿易，臺灣保持著多年的巨額順差。2007年雙邊貿易額超過1200億美元，臺灣的順差超過700億美元。臺灣至今還限制我們的產品進入臺灣多達2000多種，即使這樣，我們對臺灣還是放開市場，包括農產品市場。在臺灣同胞最困難的時候，我們主動來幫助同胞銷售水果等農副產品。365胡錦濤總書記2010年春節在漳州看望臺商時也表示，凡是對廣大臺灣同胞有利的事情，我們都會盡最大努力去辦，並且說到做到。現在兩岸正在商談經濟合作框架協議，這是一件促進兩岸經濟合作、實現互利雙贏的好事。在商談過程中，我們會充分考慮臺灣同胞特別是臺灣農民兄弟的利益，把這件好事辦好。366這些都體現出大陸是抱持著一種只要有利於臺灣民眾、有利於兩岸關係和平發展，可以暫時不計得失的態度來進行兩岸經貿合作，必定有助於兩岸共同認同的建構。

　　兩岸經濟上的相互依賴不能在短期內改變臺灣民眾的某些政治堅持，也難以在短期內消除他們的某些疑慮。對此，大陸也需要展現更大的耐心和更多的寬容，花更多的時間和精力，不厭其煩地進行澄清、解釋和疏導，從而將寄希望於臺灣人民，做臺灣人民工作的方針真正落到實處。胡錦濤總書記2005年3月4日表示，臺灣同胞是我們的骨肉兄弟，是發展兩岸關係的重要力量，也是遏制「臺獨」分裂活動的重要力量。「臺獨」分裂勢力越是想把臺灣同胞跟我們分隔開來，我們就越是要更緊密地團結臺灣同胞。無論在什麼情況下，我們都尊重他們、信賴他們、依靠他們，並且設身處地地為他們著想，千方百計照顧和維護他們的正當權益。3672008年12月31日，他進一步表示，對於部分臺灣同胞由於各種原因對中國大陸缺乏瞭解甚至存在誤解、對發展兩岸關係持有疑慮，我們不僅願意以最大的包容和耐心加以化

解和疏導，而且願意採取更加積極的措施讓越來越多的臺灣同胞在推動兩岸關係和平發展中增進福祉。368近年來，大陸公開表示臺灣意識不等於「臺獨」意識，以及「只要他們回到推動兩岸關係和平發展的正確方向上來，願意與那些曾經主張過、從事過、追隨過『臺獨』的人接觸；只要民進黨改變『臺獨』分裂立場，我們願意作出正面回應」的表態，都是上述精神的體現。

總而言之，兩岸經濟上的相互依賴可以為兩岸帶來更多的共同利益基礎，有助於發展兩岸之間的功能性合作，有助於兩岸同胞在此基礎上強化共同的民族認同和文化認同，縮小制度認同的差異，朝向建立共同認同的方向發展。但是，經濟互賴只是兩岸建構共同認同的必要條件，很多認同上的分歧或差異難以僅僅依靠經濟互賴來解決，依然需要兩岸當局和人民能夠相互理解、相互包容，探尋雙方在利益上的共同點和一致性，產生「一榮俱榮、一損俱損」的集體身分認同。只有這樣，才能夠真正體認到兩岸同胞是「命運共同體」，包括臺灣在內的中國是兩岸同胞的「共同家園」。

小結

本章主要討論的是兩岸經濟互賴所產生的安全、政治與認同效應的問題。兩岸經濟相互依賴不僅為兩岸維持和平穩定的形勢創造了條件，而且更加堅定了大陸盡一切可能用和平方式解決臺灣問題的信心和決心。對大陸來說，在兩岸經濟關係相互依賴的情況下，盡一切可能爭取以和平的方式解決臺灣問題，是一種有效降低戰爭和衝突風險，獲取最佳收益的理性選擇。但兩岸經濟互賴不會削弱大陸遏制「臺獨」分裂活動的決心和能力。單純依靠經濟互賴也不能夠從根本上消除威脅臺海安全的兩大根源。兩岸經濟互賴更多的是為維護臺海和平安全創造有利的環境和條件，並不能代替兩岸之間進行軍事安全領域的接觸、交流和協商。

對於兩岸經濟相互依賴到底能否給臺海地區帶來和平與安全，臺灣方面有著更為複雜的考慮。民進黨和泛綠陣營比較傾向於從消極的角度看待兩岸經濟互賴可能導致的安全後果。國民黨和泛藍陣營比較多地從積極的角度看待兩岸經濟互賴所產生的臺海和平與安全效應，但也並沒有放棄從維護臺灣安全的角度思考兩岸經貿關係的發展問題。無論是對馬英九當局還是對大陸政府而言，都需要認真看待經濟互賴可能會加劇臺灣內部分民眾「安全疑慮」的問題，若不及時疏導也可能會對臺海和平安全產生負面影響。

兩岸經濟關係二十多年的發展，已經使得兩岸之間形成了相互依賴、互惠共存的經濟基礎，這種經濟基礎決定了必須有相應的上層建築來適應。無論是大陸還是臺灣領導人，在思考兩岸政治關係的發展時，都必須考慮到這種關係必須適應兩岸經濟已經形成相互依賴態勢的這種經濟基礎，並在此基礎上探討發展國家完全統一前的政治關係，並構建兩岸關係和平發展的框架。

從長遠的角度來看，兩岸經濟互賴有利於創造兩岸政治對話、結束政治對立、實現國家完全統一的條件。兩岸過去二十多年經濟關係的發展，對於兩岸關係形勢的穩定，造成了不容忽視的重要作用。兩岸經濟互賴也讓臺灣內的「臺獨」分裂勢力的「臺獨」挑釁活動難以得逞，在某種程度上維護了兩岸關係的大格局。兩岸經濟互賴的政治效應並不是無條件顯現的，而是在一定條件下才有實現的可能。兩岸經濟交流的深化不能取代兩岸的政治對話，兩岸經濟上的相互依賴可以使兩岸在政治上「鬥而不破」，但不能從根本上阻止兩岸就一些政治問題繼續保持「鬥爭」的態勢。

只要大陸和臺灣在「領土主權意義上的兩岸一中是現狀，不需要我們去追求，只是需要我們去維護」的問題上有基本的認知，兩岸經濟相互依賴的最重要功能就是如何維護國家的主權和領土完整，如何

解決與兩岸同胞生活密切相關的經濟社會文化問題，如何充分發揮功能性外溢或擴散效應，創造有利於兩岸結束政治對立的機會與條件。如果兩岸在事關維護「一個中國」框架的問題上存在根本的分歧，經濟合作與經濟互賴都難以解決兩岸在此問題上的「主權」爭議。

　　兩岸經濟的相互依賴在很大程度上有助於繼續維繫臺灣民眾對中華民族的認同感。兩岸經濟交流之所以能如此密切，經濟互賴程度能夠不斷加深，與兩岸同胞同屬中華民族，有著共同的文化背景不無關係。在兩岸經濟相互依賴的背景下，經濟上的密切聯繫可以為臺灣民眾提供更大的信心和對大陸更多的瞭解，從而增強他們對大陸政治社會制度的理解和尊重。經濟上的相互依賴可以為兩岸提供某種功能性合作的契機，其擴張和外溢效應可以使兩岸的民族和文化認同更加強化。兩岸經濟上的相互依賴不能在短期內改變臺灣民眾的某些政治堅持，也難以在短期內消除他們的某些疑慮。兩岸共同認同的建構還需要大陸有更大的胸懷來包容臺灣民眾的一些複雜的政治情感和現實的利益需求，儘量少計較兩岸經濟互賴中的暫時得失。

第五章　兩岸經濟互賴的機制化效應

　　機制化是另一個與相互依賴密切相關的概念。經濟相互依賴使兩岸在交往過程中產生了越來越急迫的制度化需求。從前面的分析中可以看出，兩岸經濟相互依賴的經濟、安全與政治效應都存在積極面和消極面，經濟互賴本身並不能使得兩岸完全消除政治上、經濟上和安全上的顧慮，不能解決兩岸關係發展過程中的諸多問題，而機制化能夠為這些問題的解決提供一個新的思路和途徑。從某種意義上說，兩岸關係的和平發展與最終實現完全統一的過程，就是兩岸關係不斷實現機制化，最終形成兩岸都可以接受的制度化安排的過程。兩岸經濟關係的發展已經走過了二十多年的歷程，已經形成了相互依賴的態勢，但在絕大多數時候卻是處於一種「單向、間接、片面」的不正常狀態。臺灣出於各種政治考慮，對兩岸經貿關係的發展進行各種不合理的人為限制，使得兩岸經貿關係中的機制化需求雖早已顯現，但被長期壓制，無法實現。2008年5月臺灣內政局發生積極變化以後，兩岸經貿關係的發展開始面臨新的難得的歷史機遇。在兩岸同胞的共同努力下，兩岸經貿關係開始趨向正常化的方向發展，而能否實現機制化是兩岸經貿關係正常化的一個重要步驟和標誌。

　　兩岸從上個世紀九十年代以來，已經進行了不少機制化的嘗試，也取得了一定的進展，但機制化的進程並不順暢，還有相當多需要努力的空間。2008年以來，兩岸兩會領導人進行了四次協商，共簽署十二項協議，達成一項共識，這在很大程度上就是兩岸關係邁向機制化的重要體現。在當前兩岸經濟關係逐漸趨向正常化的情況下，如何充分發揮兩岸經濟互賴的功能，進一步推動兩岸朝向建立綜合性經濟合

作框架的方向發展，並帶動兩岸關係的機制化進程，便成為重要任務。在2009年12月舉行的兩岸兩會領導人第四次商談中，雙方已經同意將商簽兩岸經濟合作框架協議（ECFA）作為2010年第五次兩會會談重點推動的協商議題，並在2010年初進行了兩會框架下的專家級商談。如果兩岸真的能夠簽署經濟合作框架協議，無論對兩岸經濟相互依賴不斷深化，兩岸經貿關係的完全正常化，還是促進兩岸關係的持續和平與共同繁榮，都有重要的意義。在本章中，筆者將主要就兩岸經濟互賴的機制化意涵、需求、路徑等進行深入分析，並結合兩岸正在推動商簽的經濟合作框架協議進行具體分析。

第一節　兩岸經濟互賴的機制化意涵

要理解兩岸經濟相互依賴是如何產生機制化效應，首先就必須從理論上釐清經濟互賴與機制化之間的關係，分析它們的意涵。在第一章我們就已經分析過，兩岸之間已經形成某種程度的複合相互依賴，隨著相互依賴的加深，兩岸之間如何調控與管理他們之間的關係，越來越引起人們的重視。無論是危機管理還是機遇管理，機制化都是不可忽視的一個重要方面。在相互依賴的理論研究中，新自由制度主義對相互依賴與機制化的研究最為深入。雖然這一理論是以國際機制、國際合作與世界和平為研究對象，但我們依然可以借鑑它們來探討兩岸關係中的相互依賴與機制化的意涵。

一、「機制化」的概念辨析

在社會科學和經濟學的研究中，「機制化」與「制度化」、「一體化」是經常在一起使用，但又容易產生混淆的概念。對於「機制」與「制度」之間是否存在區別，不同的學者有不同的看法。在中文

中,「機制」一詞的含義很廣泛,在英文中,與「機制」、「制度」有關的詞彙有好幾個,如「regime」、「mechanism」、「institution」等。大陸學者孫茹觀察到,自從International Regime和International Institution理論被介紹到中國後,「國際機制」一詞經常與西方的機制(制度)理論連在一起。一些學者將international regime譯為「國際機制」,而將international institution譯為「國際制度」,以示區分,實際上,兩者在中文中都沒有對應的、一致的翻譯。在西方理論中,兩個概念之間沒有明確區分,二者常常互換使用。369美國現實主義學者約翰·米爾斯海莫就認為,機制和制度可以被視為完全同義的概念。而另一位美國學者羅伯特·基歐漢則試圖對兩者加以區分,認為國際制度的外延比國際機制大,國際機制只是國際制度的形式之一。

　　從嚴謹的科學研究來講,對「機制」和「制度」兩個詞進行適當的區分還是有一定必要的。在英文中,「制度」一詞總是在複數意義上使用的,它具有兩種含義。一是它可以用來指日常生活中的法律、規則、規範和習慣;二是可以用來指稱各種各樣的機構或組織,如學校、醫院等。而「機制」一詞的英語詞彙來自法語,它最初的含義是指政權、政府或政治制度,而且特指「對社會其他部分施加統治的個人、帝國、政黨或者團體」。因此,從詞源上看,「機制」和「制度」的含義是不同的。「制度」和「機制」相比更為寬泛,它既包含機制所強調的規範性含義,也包括操作機制的組織機構和執行機制所造成的後果。370

　　由此可見,「機制」與「制度」是兩個既有密切聯繫又有細微差別的詞彙。國際機制的定義最為權威的是美國學者克萊斯勒在1983年提出來的,他認為國際機制是一系列隱含的或明確的原則、規範、規則以及決策程序,行為者對某個既定國際關係領域(問題)的預期圍繞著它們而匯聚在一起。所謂原則,指的是對事實因果關係和誠實的信仰;所謂規範,是指以權利和義務的方式確立的行為標準;所謂規

則，是指對行動的專門規定和禁止；所謂決策程序，是指流行的決定和執行集體選擇政策的習慣。[371]羅伯特·基歐漢也持類似的看法，他認為「機制」可以解釋為促進行為體之間實質性協議達成的工具，它提供原則、規則、規範和決策程序，幫助行為體克服達成協議的障礙，從而促進協議的達成。而「制度」是有可能涉及行為的一般模式、範疇或特殊的人為安排，而不論這種安排是正式的還是非正式的，這可能會有助於我們對某些令人煩惱的混亂現象進行選擇。[372]

綜上所述，我們可以總結出，「機制」可以是原則、規則、準則、協議、機構、過程或決策程序，它是一個比「制度」更宏觀、更寬泛的概念。「機制」更強調各要素之間彼此依存、有機結合和自動調節所形成的內在關聯和運行方式，它包含制度的內容，更包括各種監督的手段和方法，即工具性的功能。如「協調機制」不僅是指一系列的制度，更包含如何進行協調的手段、方法和協調機構和協調程序等，其目的是要達成協議或默契。[373]

所謂的「機制化」或「制度化」就是建立機制或制度的程序和過程，它們是一種動態的概念。機制化的形成一般要經過確立共同需求、協商制定規範、建立機構或達成協議等幾個步驟。機制化的形成是各種關係發展到一定程度並產生某種需求後的產物，它首先需要各方在促進共同利益或解決利益衝突的驅使下產生建立各種規則、制度的客觀需求和主觀意願，以降低交往過程中的交易成本，獲取更大的利益。其次，機制化的過程就是各方進行協商或溝通，並相互妥協達成一致的過程。此外，機制化的成果一般需要透過達成協議或成立相關機構來體現和落實，它可以是正式的、全面的協議，有時候也可以是非正式的、部分的但大家共同遵守的默契。

很多人在研究「機制化」的問題時，經常會提及「一體化」的概念，二者是有一定聯繫，但屬於兩個不同層次的概念。一體化的英文

是「integration」,是指兩個或多個不同的相互獨立的主體透過某種方式,逐步整合或結合成一個單一實體的過程,它涉及經濟、政治、社會、文化、法律等各個方面的互動和融合。大陸學者曹小衡指出,一體化的理論具有相當鮮明的西歐經濟的色彩,源於戰後歐美一些國家的理論家避免重開戰端、穩定歐洲政治及促進各方互利雙贏的思考,政治意圖明顯大於經濟意圖,其理論論述也是政治優先、經濟開道。374因此,一體化在發展過程中,區域經濟一體化取得了明顯的進展,但政治的一體化還在不斷嘗試之中。美國學者巴拉薩認為,經濟一體化既是一個過程,又是一種狀態。就過程而言,它包括旨在消除各經濟單位之間的差別待遇的種種舉措;就狀態而言,則表現為各國間各種形式的差別待遇的消失,並形成諸如自由貿易區、關稅同盟、共同市場、經濟聯盟與完全的經濟一體化等形態。375

從以上的分析中可以看出,無論一體化是一種過程還是一種狀態,機制化都只是實現一體化的一種手段和形式。兩個行為體可以透過機制化的方式,消除它們之間各種差別待遇,進行經濟、政治、社會等多方面的整合,從而達到一體化的狀態。一體化形成的過程必須要機制化作為基礎和保障,一體化的最後狀態也是全面機制化的建立,但機制化只是一體化的必要條件,機制化並不必然能夠導致一體化,一體化還需要諸多其他條件的配合才有可能實現。

二、相互依賴與機制化的關係

新自由制度主義認為,國際機制協助提供了國際經濟進程賴以產生的政治框架,認知國際機制的發展和崩潰,是理解相互依賴政治的關鍵。基歐漢認為,霸權國家主導建立的國際機制確保著國際合作與世界和平,國際機制對於促進無政府狀態下的合作是可能的,對於減少國際紛爭與不和是有價值的,對管理國際相互依賴是有意義的。376

羅伯特·基歐漢和約瑟夫·奈還運用多個分析模式解釋了國際機制變遷與相互依賴之間的關係。

第一個模式是經濟過程解釋模式。這種分析模式認為，在經濟的過程中，政治的影響是存在的，在分析相互依賴和機制變遷時，必須納入政治的因素。技術變革與經濟相互依賴的增加將使現有的機制過時，現有的機制難以應對交往活動的大量增加，原有的制度、規則和程序將面臨無效或崩潰的威脅。政府無論是出於內部政治的要求，還是出於貨物、資本以及人員流動所帶來的巨大經濟效應的考慮，都需要考慮修改或重新創立機制。但是，機制可能會因為相互依賴或技術變革隨時可能瓦解，但機制不會徹底崩潰，它們很快就會得以重建，以適應新的經濟和技術狀況。377

第二個模式是總體權力結構解釋模式。羅伯特·基歐漢認為，國家或地區間的相互依賴早已有之，國家或地區間在軍事安全領域存在高度相互依賴，並與彼此的敵對相關聯，始終處於傳統世界政治分析的核心。總體權力結構模式強調在一個體系中，結構（即國家間的權力分配）決定國際機制的性質，即它是建立在強者制定規則的前提下的，權力結構一旦發生變化，機制也會發生相應的變化。阿瑟·斯坦就指出，利益決定制度，權力的分布狀況決定利益，國家或地區之間的權力分布狀況，決定了他們之間互動的環境和政策選擇的優先次序，因而也決定了國際制度形成的動因和預期。378

第三種模式是問題領域結構解釋模式。這種模式強調不同問題領域往往具有不同的政治結構，而這些結構可能在不同程度上獨立於經濟、軍事力量的分布狀況。軍事力量在經濟領域不再發生效力，與某一問題領域相關的經濟力量可能與其他問題領域無關。它同樣強調強者制定規則，但它同時又認為，雖然規則是強者制定的，但起作用的卻是該問題領域行為體的實力，各個問題領域之間是很難完全聯繫起

來的。雖然現有機制的影響與收益,與心懷不滿的一方對新規則結果的預期之間存在差距,但機制本身可以限制政策變化,各方即使試圖利用不對稱相互依賴的敏感性,但也不應更多操縱脆弱性。379

第四種模式是國際組織解釋模式。這種模式強調各國各地區之間的聯繫不僅存在於外交部門的正式關係中,也存在於政府間紐帶和跨政府紐帶之中。它假定網絡、規範和制度一旦建立起來,就難以根除甚至做出重大調整,它們影響和制約著行為體運用權力的能力。國際組織模式的有效性取決於行為體不會因試圖利用彼此的脆弱性相互依賴而摧毀機制;但如果行為體之間的衝突超出了一定限度,這一模式與敏感性相互依賴將不甚相關。380

羅伯特·基歐漢認為,上述四種模式各有所長,互為補充,單獨一種模式都難以作出完美的解釋,而需要採用綜合的方式,根據不同的研究對象選擇解釋模式。綜合上述模式的分析,我們可以總結出相互依賴與機制化的關係主要有以下幾個方面:第一,相互依賴使得各行為體之間的機制化成為可能和必須;第二,相互依賴的發展將會不斷導致機制的變革;第三,相互依賴的背景下,機制的建立和運行會受到各行為體實力結構對比的影響;第四,決定各行為體實力的軍事、經濟領域的相互依賴,對其他問題領域的機制化影響有限;第五,在相互依賴的情況下,機制一旦建立,就難以摧毀。

三、兩岸經濟互賴的機制化意涵

在從理論上介紹經濟相互依賴與機制化的關係之後,我們將運用上述四種模式來具體分析兩岸經濟相互依賴的機制化意涵。

從經濟過程解釋模式來看,兩岸經濟相互依賴的發展必然會產生建立機制化的需求,以及不斷變革調整這些機制的需要。在兩岸經濟

關係的發展過程中,兩岸當局的影響從來都是存在的,雖然兩岸施加影響的意圖、動機和方式並不相同。大陸政府主要是從推動兩岸經貿關係發展的角度進行影響,臺灣則更多的是從防範、限制的角度施加影響。但是,無論如何,兩岸業已形成相互依賴的經濟關係,已經產生了巨大的利益聯繫。而機制的建立是以利益為基礎的,「由於相互依賴的存在,任何行為者的獲益都是其他行為者選擇所產生的後果,就正如他自己選擇產生後果一樣」381。這就使得無論是大陸政府還是臺灣,即使從實現經濟利益的角度考慮,也不得不推動機制的建立和變革。

以總體權力結構模式的分析,兩岸在經濟相互依賴的情況下,建立什麼性質的機制、怎樣來建立機制,主要由在兩岸關係結構中實力較強的一方來決定。在當前的兩岸綜合實力結構對比,特別是經濟和軍事實力的對比中,臺灣方面明顯居於劣勢,大陸牢牢掌握著兩岸關係的主導權,對兩岸關係發展的格局和趨勢有著主要影響。如果依據這一解釋,兩岸的機制化將由大陸來主導和決定。這也是為什麼臺灣內有些政治勢力和部分民眾對兩岸關係機制化尚有疑慮的重要原因所在。其實,總體權力結構模式對兩岸關係機制化的解釋力是有限的,它只看到赤裸裸的權力因素,卻忽視了兩岸關係中存在的情感因素。兩岸同屬中華民族,兩岸同胞都是一家人。大陸多次表示願意在「平等互利」的基礎上來推動兩岸的協商對話,會充分考慮和廣泛照顧到臺灣同胞的合理訴求、普遍關切和實際利益。在兩岸關係機制化的進程中,不會也不可能發生大陸單方面制定規則,然後強加於臺灣的事情。而且,在臺灣問題上,外部勢力的干預動機和能力,也是影響到兩岸實力結構對比的重要因素,不能單純從兩岸實力對比的角度來分析。

按照問題領域結構解釋模式的分析,兩岸綜合實力結構對比上的差距,並不影響到兩岸在具體問題領域機制化的建立和變化。雖然大

陸在兩岸綜合實力的對比中占據優勢，但它對兩岸在經濟、政治、社會、文化等具體領域機制化的建立，運用機制化解決兩岸關係某一領域的具體問題，產生的影響是有限的。這種解釋模式認為，在機制建立和變革的過程中，主要參與者質疑機制的性質、是否創立機制、以何種形式創立機制將成為政治鬥爭的焦點，相互依賴中的敏感性和脆弱性往往因此而產生。[382]在兩岸已經形成某種程度複合相互依賴的情況下，如果大陸過分強調實力的對比，將會刺激臺灣在不對稱相互依賴中的敏感性和脆弱性，不利於兩岸在具體問題領域機制化的建立；而臺灣方面也不應利用綜合實力對比中的不利地位及其產生敏感性和脆弱性，來限制兩岸關係在具體領域機制的建立和變化。實際上，兩岸在具體領域機制化的建立，如在金融監理合作、知識產權保護、共同打擊犯罪、確保食品安全等領域機制的建立，都與兩岸綜合實力結構的對比關係不大。

　　國際組織的解釋模式是強調在機制已經建立的情況下所產生的影響。當然，大陸和臺灣同屬一個中國，不是「國與國」之間的關係，兩岸之間的任何機制和組織的建立，在性質上都不是「國際組織」，但這一模式依然對兩岸關係的機制化有某種借鑑意義。兩岸關係機制化的實現可以透過多種形式，從目前來看，主要採用的是透過協商達成協議的方式，但我們並不能排除在兩岸關係發展到一定的階段後，採取建立相關共同組織機構的方式來實現機制化。廈門大學臺灣研究院的劉國深教授就以兩岸共同治理為論述基礎，建議兩岸將公權力的行使區分為政治性事務和行政性事務，兩岸擱置爭議的部分，應嚴格限制在高階政治議題，低階行政層面問題可逐步展開交流，逐步走向共同治理；兩岸可考慮成立「兩岸共同事務委員會」，共同策劃、組織、協調、控制和監督兩岸共同事務的合作問題。[383]這種「兩岸共同事務委員會」的設計，其實就是兩岸關係機制化的一種體現。類似的組織機制一旦建立，兩岸任何一方都難以運用自己的實力優勢，或者

以自己在相互依賴中存在脆弱性為藉口，隨意摧毀這一機制。當然，這一解釋模式也沒有排除在特定情況下，即兩岸「衝突超出一定限度」，如臺灣某些勢力認為這一組織機制嚴重影響到他們「臺獨」目標的實現，或者大陸認為「臺獨」分裂活動已經嚴重威脅到國家主權和領土完整的時候，導致臺灣或大陸的敏感性上升，從而影響到機制的運作和維持。

總而言之，兩岸經濟互賴必定會影響到兩岸機制化的建立、運作、維持和崩潰。無論對大陸政府還是臺灣來說，一方面要正視兩岸已經形成某種程度複合相互依賴的情況下，不管是從政治的角度考量，還是從經濟利益的角度考慮，機制化都已經成為一個必然的趨勢；機制化對維護兩岸關係的穩定，促進兩岸關係和平發展框架的形成，都有相當積極的意義。另一方面，也要看到兩岸複合相互依賴中形成的敏感性和脆弱性會影響到兩岸機制化建立的進程。在機制化實現的過程中，不僅要看到兩岸綜合實力對比可能會對機制化的格局和趨勢產生的影響，也要看到兩岸許多特定問題領域的機制化有其自身的規律，要照顧到雙方對某些問題敏感性和脆弱性的關切，在平等互利的基礎上建立機制和進行變革。

第二節　兩岸經濟互賴的機制化趨向

伴隨著兩岸經濟相互依賴的不斷深化，兩岸關係機制化的需求越來越迫切、越來越強烈，涉及的領域也越來越多，雙方都開始嘗試和建立某種交往和溝通機制。雖然還有不少人對兩岸關係的機制化存在疑慮，兩岸建立機制的過程中還遇到種種問題，但兩岸關係的機制化卻在此過程中不斷發展，取得了一定的進展。兩岸共同參與建立某種促進和規範兩岸關係的機制，不僅意味著可以對兩岸關係發展的規律和趨勢準確把握，促使兩岸積極務實地解決存在問題，使雙方的相關

政策措施更具穩定性和長期性,更將進一步有力推動兩岸關係朝向構建和平發展框架的方向邁進。那麼,兩岸經濟互賴走過了怎樣的機制化歷程,它會使兩岸在經濟、政治、安全與社會等諸多領域產生哪些機制化需求,這種需求會透過什麼路徑來實現,都是本節所要討論的問題。

一、兩岸經濟互賴的機制化歷程

筆者在第二章將兩岸經濟相互依賴的進程分為「成型、鞏固和深化」三個階段,在這三個階段中,第一個階段(1988-1992年)只是經濟互賴的初始階段,在兩岸政治關係尚未解凍的背景下,雖然兩岸經濟、文化和人員交往的展開衍生了大量的事務性問題亟待處理,但要兩岸透過協商談判形成機制化安排還為時尚早。為瞭解決這些問題,大陸和臺灣都單方面實施了相關的政策和法律規定,以規範兩岸交往中的各種問題。如大陸先後制訂了《關於鼓勵臺灣同胞投資的規定》、《中國公民往來臺灣地區管理辦法》、《關於不再追訴去臺人員在中華人民共和國成立前的犯罪行為的公告》、《關於人民法院處理涉臺民事案件的幾個法律問題》等,臺灣也制定了「大陸地區和臺灣地區人民關係條例」,對臺灣同胞往來大陸進行規範。由於兩岸在當時並無直接溝通管道,雖然在規定或條例制定的過程中或多或少都考慮到對方的某些情況,但上述規定或「條例」的制定基本上都是單方面行為。隨著兩岸經濟關係和人員往來的頻繁,越來越多問題的產生,僅僅依靠大陸或臺灣單方面實施規定來加強人員交往的管理已經不能滿足需要,兩岸雙方更需要一起來協商或建立某些制度,進行機制化的聯繫。1990年9月,為了合作打擊兩岸間的違法犯罪活動,兩岸紅十字組織簽署了「金門協議」,這是海峽兩岸分別授權的民間團體簽訂的第一個書面協議,在某種程度上可以作為兩岸關係機制化嘗試

的開始。

在兩岸經濟互賴鞏固的階段（1992-2001年），兩岸民間關係機制化的努力明顯加快。兩岸都已經意識到，僅僅靠臨時性的接觸已經無法應付和妥善解決這些問題，兩岸的協商談判不可避免，兩岸關係的機制化是遲早要面對的事情。為瞭解決兩岸民間關係中的經濟性、事務性問題，兩岸此前分別成立了海基會和海協會，並於1993年4月在新加坡舉行了「辜汪會談」，達成《辜汪會談共同協議》、《兩會聯繫與會談制度協議》、《兩岸公證書使用查證協議》、《兩岸掛號函件查詢、補償事宜協議》等四項協議。但是，兩會之間的接觸和達成協議只是兩岸機制化接觸的開始，兩岸並沒有因為經濟互賴的鞏固而達成任何具體的經濟協議。1995年江澤民在《為促進中國統一大業的完成而繼續奮鬥》的講話中，提出「我們贊成在互惠互利的基礎上，商談並且簽訂保護臺商投資權益的民間性協議」。這在某種程度上可以看成是大陸希望嘗試建立某種兩岸共同的機制，來規範兩岸經貿關係的努力。但是，當時的李登輝當局非常擔心兩岸交流會形成某種固定的機制，他在1996年提出「戒急用忍、行穩致遠」作為開展兩岸交流的原則，並稱是為了臺灣的「生存與發展」，「基於『國家』整體的安全、經濟的安定發展」的考慮。李登輝要求我工商界謹慎面對兩岸的經貿關係發展，要考慮到大陸投資的風險，並且透過制訂《企業對大陸地區投資審查辦法》、《在大陸地區從事投資或技術合作審查原則》、《在臺灣地區從事大陸物品廣告活動許可辦法》等法規，透過要求臺商赴大陸投資進行登記、利潤匯回臺灣、對工商界人士進行施加壓力等方法來「規範」兩岸的經貿活動，落實「戒急用忍」政策。臺灣的這些舉動嚴重限制了兩岸經濟關係實現機制化的可能性。

兩岸經濟關係機制化的真正提出是在經濟互賴的深化階段（2001年至今）。機制化本身就是經濟互賴發展到一定階段的產物。無論是李登輝的「戒急用忍」還是陳水扁前期的「積極開放、有效管理」，

都沒有能夠擋住兩岸經貿關係持續發展，兩岸經濟互賴不斷深化的步伐，這種客觀趨勢迫使大陸和臺灣都必須認真思考建立經濟合作機制的問題。臺灣越來越多的人士提出建立兩岸經濟合作機制的問題，臺灣也不得不予以回應。在2001年8月26日，臺灣「經發會」兩岸組總結報告中，就有「推動簽署兩岸投資保障協定及兩岸租稅協定」的條文。2002年9月，時任「陸委會」主委的蔡英文在一次演講中也表示要「以制度化協商建構正常化的經貿關係」，認為大陸「片面立法規範」不能取代雙方透過互動及正式協商所能夠提供的更有力的保障，因此「透過雙方正式協商，建構持續發展兩岸經貿的合理環境與條件，是雙方政府無可推卸的責任」。[384]此後，民進黨當局也多次提出要透過機制化協商兩岸經貿往來中所衍生的諸多問題。但是，民進黨當局在提出恢復兩岸制度化協商的同時，卻拒絕承認一個中國原則，拒絕接受「九二共識」，使得兩岸兩會之間協商遲遲無法展開。雖然大陸從善意的角度出發，透過「民間對民間、行業對行業」方式就「包機直航」和「大陸居民赴臺旅遊」等議題進行協商，在澳門達成了2005年春節包機以「雙向、對飛、多點、不落地」的方式展開的協議。此後，在澳門協商模式的基礎上，兩岸航空業者和旅遊民間組織就節日包機、週末包機、貨運包機和大陸居民赴臺旅遊等議題在澳門進行了多次技術性磋商。但由於民進黨當局拒絕接受一個中國原則，頑固進行「臺獨」分裂活動，雙方並未能達成相關協議。

　　大陸在推動兩岸建立經濟合作機制方面態度一向比較積極。2002年1月24日，國務院副總理錢其琛在江澤民《為促進中國統一大業的完成而繼續奮鬥》重要講話發表七週年座談會上的講話中指出，「為推動兩岸經濟關係上升到一個新的水平，我們願意聽取臺灣各界人士關於建立兩岸經濟合作機制、密切兩岸經濟關係的意見和建議」。[385]2005年4月，在中國共產黨總書記胡錦濤與中國國民黨主席連戰會談新聞公報中，兩黨首次明確提出「促進兩岸展開全面的經濟

合作,建立密切的經貿合作關係,建立穩定的經濟合作機制,並促進恢復兩岸協商後優先討論兩岸共同市場問題」。5月,在胡錦濤與宋楚瑜的會談公報中,也提出「促進兩岸恢復協商後,就建立兩岸貿易便利和自由化(兩岸自由貿易區)等長期、穩定的相關機制問題進行磋商」。此後,中國共產黨與國民黨、親民黨等就建立兩岸經濟合作機制等問題舉辦了多次論壇,進行了深入交流。

2008年5月馬英九上臺後,兩岸關係的機制化進入一個新的階段。2008年6月11日至14日,應海協會的邀請,海基會董事長江丙坤率海基會協商代表團訪問北京,兩會董事長舉行了會談,並達成兩岸週末包機和大陸居民赴臺旅遊兩項協議,並就推進兩會協商、加強兩會聯繫交往等事宜進行了討論。這是兩會領導人近十年來的首次會談,代表著中斷多年的兩會制度化協商正式恢復。2008年12月31日,胡錦濤總書記在《紀念告臺灣同胞書》發表三十週年的講話中,再度明確提出「我們期待實現兩岸經濟關係正常化,推動經濟合作制度化,為兩岸關係和平發展奠定更為紮實的物質基礎、提供更為強大的經濟動力。兩岸可以為此簽訂綜合性經濟合作協議,建立具有兩岸特色的經濟合作機制,以最大限度實現優勢互補、互惠互利」,他還提出「我們將繼續採取積極措施,包括願意協商兩岸文化教育交流協議,推動兩岸文化教育交流合作邁上範圍更廣、層次更高的新臺階」,「兩岸可以適時就軍事問題進行接觸交流,探討建立軍事安全互信機制問題。我們再次呼籲,在一個中國原則的基礎上,協商正式結束兩岸敵對狀態,達成和平協議,構建兩岸關係和平發展框架」。[386]胡錦濤的講話充分展現了大陸希望實現兩岸關係機制化的迫切期待。當前,兩岸正在就簽訂兩岸經濟合作框架協議進行協商,教育文化交流協議也在推動之中,兩岸軍事互信機制、和平協議等議題也進入兩岸學者研究和討論的範疇,隨著兩岸經濟互賴和複合相互依賴的不斷深化,兩岸關係機制化的進程也會不斷走向深入。

二、兩岸經濟互賴的機制化需求

從兩岸關係機制化的歷程中可以看出，兩岸的經濟互賴越深入，機制化的需求也就越高。雖然兩岸已經建立起了海協會和海基會、民間對民間、黨對黨的溝通機制，也達成了一些協議，但兩岸關係整體的機制化程度並不高，仍然不能滿足兩岸關係實現和平發展願景的機制化需求。2009年10月，馬英九在接受《澳大利亞人報》採訪時就表示，他希望目前只是在發展兩岸制度化正常關係的開端。[387]胡錦濤也曾表示希望透過「實現兩岸經濟關係正常化，推動經濟合作制度化，為兩岸關係和平發展奠定更為紮實的物質基礎、提供更為強大的經濟動力」。[388]當前，兩岸關係發展面臨難得的歷史機遇，兩岸政治關係日益趨向和平穩定，兩岸經貿關係不斷拓展和深化，兩岸的民間往來更加便捷密切，兩岸交流中衍生問題也在不斷增加，使兩岸關係機制化面臨新的挑戰和機遇。經濟相互依賴只是兩岸關係機制化的基礎之一，如何將互賴轉化為實實在在的機制化成果，滿足兩岸關係和平發展的機制化需求，還需要兩岸同胞的共同努力。

第一，機制化是將經濟互賴轉化為兩岸實際經濟利益和共同利益的需要。

從前面的理論分析中我們可以得知，兩岸的經濟互賴將會帶來巨大的經濟效應，這種效應既包括大陸或臺灣都能夠從經濟互賴中獲得切實的經濟利益，也包括兩岸能夠透過合作創造更多的共同利益，使得兩岸經濟合作和互賴能夠發揮「一加一大於二」的超額利益。兩岸經濟合作機制化，不僅僅有利於大陸和臺灣自身經濟的發展，有利於解決臺灣經濟發展中的諸多困境，更有利於兩岸經濟的共同繁榮，有利於兩岸經貿關係的穩定和持續發展。馬英九曾經用「推動兩岸經貿關係正常化、避免臺灣經濟邊緣化、促進臺灣經濟國際化」來形容推動商簽兩岸經濟合作協議的必要性。胡錦濤在《紀念告臺灣同胞書》

發表三十週年的講話中,也精闢地概括了建立兩岸經濟合作機制的好處,他指出,兩岸可以為此簽訂綜合性經濟合作協議,建立具有兩岸特色的經濟合作機制,以最大限度實現優勢互補、互惠互利。建立更加緊密的兩岸經濟合作機制進程,有利於臺灣經濟提升競爭力和擴大發展空間,有利於兩岸經濟共同發展,有利於探討兩岸經濟共同發展同亞太區域經濟合作機制相銜接的可行途徑。389

筆者在第三章中,已經分析了兩岸經濟互賴對兩岸經濟合作、經濟增長和貿易投資、臺灣經濟安全、區域經濟合作等所產生的效應,要想確保這項效應能夠充分發揮,就要實現兩岸經濟關係的機制化。臺灣當前的經濟發展面臨著一些結構性困境,產業面臨著升級的壓力,內部投資嚴重不足,制約了經濟的成長;同時,面對著亞太區域經濟整合的趨勢,臺灣也面臨著邊緣化的危機。兩岸經貿關係的機制化可以為這些問題的解決提供重要的機會。大陸學者唐永紅認為,20多年來的兩岸經濟交流與合作,是在有限制的經貿政策環境空間的約束下,由市場機制主導進行的,不僅本身未能實現其可能的發展規模,而且遠未充分發揮其對兩岸經濟發展的促進作用。兩岸經濟體潛在的互補優勢的進一步發揮、競爭性問題的協調,兩岸經貿往來格局與相互依存中不對稱的消減,兩岸經濟交流與合作的進一步擴展,以及兩岸經貿往來對兩岸經濟發展貢獻度的進一步提高,都有賴於兩岸經濟關係的正常化以及制度性合作與一體化。390

兩岸經貿關係發展的二十多年也是在世界經濟全球化的背景下展開的。發展兩岸經貿關係不僅僅是大陸和臺灣之間的事情,也是國際產業分工與合作體系中的重要組成部分。臺灣與大陸發展經貿關係的歷程,也是臺灣參與全球化和區域化的重要一環。臺灣學者黃鎮臺認為,兩岸既然已經融入全球分工體系的一部分,在全球競爭的趨勢下,兩岸應該充分整合彼此之間的經濟優勢,發揮最大的效益,才能在全球化潮流中保有競爭力。臺灣應該面對兩岸之間經貿往來已經密

不可分的事實,同時正視兩岸在全球分工體系中的角色,善加利用臺灣貼近大陸市場的優勢,尋找有利的生產要素,才能維持臺灣在全球工序體系中的優勢。391著名經濟學家劉遵義在為蕭萬長《一加一大於二:邁向兩岸共同市場之路》所作的序中更是指出,海峽兩岸經貿的互動,正恰切反映出全球經濟發展的分工與互賴關係,雙方合作可以大大加強彼此在世界市場的競爭力,可以創造臺灣經濟另一個發展高峰。隨著兩岸經貿互動與互賴日趨密切,需要處理和協調的相關議題也愈來愈多,兩岸迫切需要的是建構一個經常的協調機制,以達到雙贏的目標,進而使兩岸經濟形成共生關係,而這種共生關係可以成為兩岸和平與統合的基礎。392

第二,機制化是充分發揮兩岸經濟互賴的政治和安全效應的需要。

筆者在第四章中詳細分析了兩岸經濟互賴可能產生的政治與安全效應,要想使得這些效應中的積極面得以充分發揮,儘量減少消極面的衝擊,推動兩岸關係機制化的實現同樣是必由之路。從對臺海和平安全的影響來說,經濟互賴能夠促進實現和平大概有兩種途徑:一種是自我克制,即大陸或臺灣都意識到衝突或戰爭將會摧毀雙方的相互依賴,會導致嚴重的經濟與政治後果;另一種途徑則是透過機制化的協商溝通並達成協議,用機制的功能來保障臺海地區的和平穩定。兩岸關係在過去十幾年中經常處於不穩定的狀態,甚至在馬英九上臺之後,還因為臺灣允許達賴訪臺而對兩岸關係產生衝擊,一個重要的原因就是由於兩岸關係中機制化的缺失,導致兩岸之間的政治互信無法建立或深化。劉國深教授就指出,由於兩岸敵對關係尚未解除,戰爭的規則欲去還留,和平的規則待建未建,系統的無序與高度的不穩定仍是兩岸關係的最大特徵,在這種無序與不穩定狀態之下,兩岸雙方難以進行建設性的制度創新。393

機制化對兩岸政治與安全關係的意義在於可以為兩岸雙方提供更多的溝通渠道，建立經常性和持續有效的合作。機制化的幾個基本要素就包括透明度、可靠性、責任性和一致性。394按照羅伯特·基歐漢的分析，合作之所以不能達成，主要是訊息不完善和交易成本過高所導致的。訊息不完善，導致不確定性的存在，因為訊息正是不確定性的負量。395而建立機制可以解決這兩個問題，而且機制一旦建立，就具有一定的限制性，兩岸都有責任和義務去維護機制的正常運作，盡力在機制的框架內採取一致的行動。有大陸學者早就觀察到，「兩岸關係中缺乏穩定的、有效的理性預期，也缺乏固定的、雙方都能接受的遊戲規則，一個更嚴重的後果是在雙方之間無法形成制度化的安排」，而機制化可以「使兩岸關係變成一種有固定遊戲規則的關係，防止和減少意外事件發生的頻率及其它們對兩岸關係的干擾，並且即使在雙方出現問題時，也可以找到解決問題的方法和途徑」；也可以「使兩岸關係保持必要的連續性和可預見性，也可以使這種關係保持持續博弈而不是一次博弈的特點，以增加雙方的相互理解和相互信任，減少相互關係中的不確定性、相互猜疑和不正當期望」。396

機制化建立的本身就是兩岸相互溝通、相互協調的過程，在這個過程中，兩岸之間可以相互瞭解，化解疑慮，求同存異，累積互信。2008年4月29日，胡錦濤在會見國民黨榮譽主席連戰時提出，兩岸關係要「建立互信、擱置爭議、求同存異、共創雙贏」。要想實現這一目標，兩岸關係的機制化必不可少。由於長期的敵對與隔閡，雖然兩岸已經開放了二十多年，但兩岸之間依然缺乏深入的瞭解，互信基礎嚴重不足。這一方面與臺灣時常破壞兩岸關係的政治基礎有關，特別是在李登輝和陳水扁當政期間，不斷從事背離一個中國原則的「臺獨」分裂活動，嚴重侵蝕兩岸關係建立互信的基礎。另一方面也與臺灣政治誠信缺失和政策多變有關。臺灣的大陸政策經常在不同時期而不同，即使在同一時期的政策也變化多端，而且政策解釋和文字表述，

政策宣示和實際行動之間也往往背道而馳，讓人無所適從，自然無法取信於大陸。臺灣政策多變，其中的一個重要原因就是兩岸關係的機制化缺失，使得臺灣覺得不必遵守兩岸關係中的一些基本遊戲規則。由於缺乏制度化的溝通機制，或者兩會的制度化溝通機制被臺灣人為破壞，使得兩岸本來就脆弱的互信基礎更加脆弱，即使當時的李登輝和陳水扁當局釋出「善意」，大陸也無法感受到對方的「誠意」或相信臺灣的「善意」。馬英九上臺後，兩岸有了共同的政治基礎，「兩會」制度化協商機制得以恢復，兩岸建立和增進互信才出現新的可能。

當前兩岸關係發展出現了難得的歷史機遇，但不可否認的是，兩岸之間尚存在某些深刻的利益分歧。今後兩岸關係的發展依然會面臨的一些歷史遺留問題，還會出現新情況新問題，對這些矛盾和分歧，如何保證其不成為兩岸關係未來發展中的障礙，不會給兩岸關係發展造成破壞性的影響，擱置爭議、求同存異，創造條件循序漸進地來解決非常重要，其中很重要的一個方面就是要實現兩岸關係的機制化。機制能夠提供化解危機的場所和模式，從而規避當事方可能付出的高昂代價，當行為者之間發生利益衝突甚至導致危機發生時，機制便可以充當維持「秩序」的自發力量發揮作用。[397]「擱置爭議、求同存異」與兩岸關係機制化是一種相輔相成的關係，正因為兩岸雙方做到了擱置爭議，才能夠在求同存異的基礎上恢復兩會的協商對話；反之，正是因為兩岸重新開始機制化的步伐，兩岸之間才能夠在此機制保障下解決擱置什麼爭議，到底需要尋求哪些共同利益，如何做到求同存異的問題。換言之，機制化可以使兩岸之間的「擱置爭議、求同存異」真正落到實處，並在此基礎上來建立和增進互信，並達到共創雙贏的目標。

第三，機制化是兩岸從經濟互賴走向社會融合，構建兩岸命運共同體的需要。

兩岸經濟互賴的另一個重要效應體現在兩岸民間社會交往方面。從某種意義上說，兩岸人員往來、社會、教育、文化等各領域交流的熱絡，是兩岸經濟領域的頻繁和深入交流所帶動的。兩岸關係的和平發展、國家的最終完全統一併不僅僅是兩岸當局、政黨和政治人物的事情，更重要的還是要尊重兩岸人民需求與想法。兩岸同胞是血脈相連的命運共同體。包括大陸和臺灣在內的中國是兩岸同胞的共同家園，兩岸同胞有責任把她維護好、建設好。劉國深教授認為，以往人民過於注重兩岸政治層面的問題，對兩岸經濟、社會、文化發展的意義沒有予以足夠的重視，先從解決經濟基礎和社會文化等方面的融合入手，或許是解決兩岸政治歧見的必經之路。[398]兩岸交往雖然已經開放二十多年，但兩岸的人民之間依然瞭解不夠、互信不足，導致在一些問題上不能設身處地地尊重對方、理解對方、化解誤會，反而容易受到某些勢力的誤導，甚至產生一些扭曲的認識。兩岸的社會融合，就是要在兩岸人民共同的文化背景下，透過實現兩岸同胞的便捷往來，擴大兩岸各領域各界人士的交流，將「兩岸同屬一個中國」落實到兩岸交流交往的方方面面，讓兩岸同胞從日常生活中就切實感受到我們是命運共同體，我們生活在同一個國家，生活在屬於兩岸中國人的共同家園。

自從兩岸開放以來，兩岸在教育、醫療、衛生、新聞、出版、體育、影視、藝術、宗教等社會各領域的交流十分頻繁，在交流人數、項目、層級、內容、效果等方面都有相當的拓展。在不斷加深的社會各領域交流的過程中，兩岸的共同利益也不斷呈現。這種共同利益不僅表現在雙方都有非常強烈的合作需求和意願，也表現在雙方能夠從合作中得到實實在在的利益。兩岸在上述民間社會領域的交流既有共同的基礎，也有互補的一面。共同的基礎源於共同的宗教、教育、文化、藝術背景，雙方容易產生共鳴，在交流的過程中不會有語言、文字、文化差異上的隔閡；互補的需求來自於兩岸經過幾十年的隔閡，

在發展水平、發展模式等方面都存在一些差異，各有所長，各有所短，有些差異不僅沒有成為雙方合作的障礙，反而讓雙方找到取長補短，進行合作的空間。劉國深認為，大「三通」時代來臨後，兩岸各行各階層往來快速增加，兩岸民眾在就業、求學、婚姻等方面需求的積累會形成巨大的民間社會力量，使兩岸人民越來越成為生活在同一個社會中的成員。大「三通」可能使「大陸地區」和「臺灣地區」這兩個六十年來相對獨立發展的社會重新走上全面整合與融合；兩岸雙方應更關注社會一體化進程。[399]如何讓兩岸在這些領域的共同利益得以鞏固和發展，如何讓兩岸社會邁上一體化的道路，一個重要的途徑就是在這些領域實現機制化。

兩岸社會融合還需要解決兩岸交流交往中衍生的諸多問題，消除兩岸民眾由於長期不瞭解所產生的隔閡，如果這些問題不透過適當的渠道和途徑得到處理，民眾之間的情感隔閡和認知落差不消除，就長遠來看，勢必會成為兩岸關係的和平發展進程中潛在的不穩定因素。從1987年兩岸正式開放交流以來，臺灣同胞往來大陸的人次雖然已經超過5000萬人次，但從人數來講，依然只有四五百萬人，在臺灣2300萬同胞中依然只是一少部分。而開放二十多年來，大陸到臺灣的人次也只有200萬左右，人數在30萬左右，在大陸十三億人口中所占比例更小。在這種情況下，臺灣內多數民眾對大陸的瞭解是間接的、負面和不客觀的，他們的印象長期停留在貧窮、落後、專制、不文明等方面，對大陸改革開放以後在政治、經濟、社會層面所取得的巨大成就缺乏瞭解，或者即使有所瞭解也不願意接受，不少臺灣民眾對大陸的誤解和偏見非常深刻，這也與臺灣長期以來對大陸的負面宣傳有關。同樣，大陸絕大多數民眾對臺灣也缺乏瞭解，他們對臺灣的瞭解往往停留在民族情義和臺灣曾經的經濟繁榮的層次，而對臺灣的歷史、臺灣同胞的特殊心態等則缺乏瞭解。在這種情況下，我們不排除隨著兩岸民間交往的加深，所產生的問題也會越來越多，隔閡會越來越深的

可能性。機制化也是解決兩岸民間交往中所衍生的這些問題的重要途徑。臺灣學者林信華就認為，今後兩岸的互動必然是越來越加劇，在經濟、社會等各層面與中國大陸進行制度性的協議，乃是為臺灣人民的權利降低複雜性與風險程度的務實做法。400

兩岸民間交流機制化的一個重要功能是要維繫兩岸民眾間的情感關鍵。正是海峽兩岸重新聯結、形成與維繫承載著種種情感的、經濟的、文化的、理念的、生活的關鍵，才使得兩岸的一體化進程更為迅速。401說到底，兩岸社會文化領域的機制化就是要透過兩岸民間交流交往，增強臺灣民眾對中國、中華民族、中華文化和國家統一的認同感。而這種「認同」同樣可以透過機制化的途徑來實現，因為機制化的一個重要功能就是將組織各成員的命運與機制緊密聯繫在一起，加強內在的凝聚力。

當前臺灣不少民眾對國家統一有疑慮，對中國共產黨領導下的大陸缺乏瞭解，加上「臺獨」勢力和民進黨當局過去幾年在臺灣內大肆進行「去中國化」運動、宣揚「臺灣主體意識」、割裂臺灣文化與中國文化的關係、將臺灣人與中國人對立起來，使得臺灣民眾的認同出現了混亂與偏差。要想導正這些偏差，一個最重要的途徑就是盡一切可能擴大兩岸的民間交流交往，讓臺灣民眾在機制化交往中瞭解大陸的政治制度和社會經濟發展情況，瞭解大陸民眾的民族情感，瞭解兩岸在血緣上、歷史上、文化上的淵源關係，從而使他們化解對大陸的疑慮，增強對中華民族的認同，增強作為中國人的民族自豪感，增強對兩岸最終實現統一的理解和支持。國臺辦主任王毅2008年9月在第三屆海西論壇上演講時就表示，兩岸同胞交往由最初臺灣同胞來大陸探親、旅遊逐漸擴大到投資、經商、就學、就業，進而發展到文化、教育、科技、衛生、體育、宗教、市政建設、鄉鎮發展等多領域的雙向交流。正是這些每天都在進行著的交流交往活動，構成兩岸關係保持總體穩定與發展的支柱和動力。402如此多的兩岸民間交流交往當然需

要搭建一定的平臺來進行,需要構建一定的機制來保障,真正實現兩岸同胞的大交流。

三、兩岸經濟互賴的機制化路徑

兩岸經濟互賴的機制化路徑可以從三個層次來分析,第一個層次是次序路徑,側重於不同領域機制化次序的探討,即如何從經濟互賴與經濟合作的機制化發展到社會、政治、軍事安全領域的機制化,構想兩岸關係和平發展框架和實現國家的完全統一。第二個層次是內容路徑,側重於具體領域機制化的內容設計,即透過什麼樣的方式來達成兩岸在經濟、社會、政治、安全領域的機制化目標。第三個層次是程序路徑,側重技術程序面的分析,即透過什麼樣的步驟來實現兩岸在某一領域乃至整個兩岸關係的機制化。

對於兩岸關係的機制化到底應該從哪個領域開始,學者們的看法比較一致,多數人都認為應該從比較容易的領域開始做起,逐漸延伸到複雜的領域;當然也有少數學者認為應該抓住重點、全面進行。兩岸經濟上的相互依賴已經是一個基本現實,經濟合作的機制化可以說是順理成章、水到渠成。目前兩岸已經確立了「先經濟後政治、先易後難、循序漸進」的原則,這一原則並非憑空想像,而是基於過去二十多年兩岸關係發展經驗總結而來的。其實,如果回顧過去二十多年來學者們提出的兩岸關係機制化設想,就可以發現,涉及經濟領域的機制化設想最多。二十世紀八十年代以來,海內外學者就層出不窮地提出兩岸經貿合作和經貿關係機制化的各種構想,名稱也五花八門,如林邦充的「華人共同市場」,鄭竹園的「大中華共同市場」,高希均的「亞洲華人共同市場」,李自福的「經濟大中國」,張五常的「兩岸經濟大循環」,蕭萬長的「兩岸共同市場」,高孔廉的「兩岸經濟共同體」,高長的「自由貿易區」,以及大陸學者提出「中華經

濟區」、「兩岸經濟合作區」、「海峽經濟區」等。陳水扁在2001年元旦講話中提出「統合論」，也是要「從兩岸經貿與文化的統合開始著手」來共同尋求「兩岸永久和平、政治統合的新架構」。而且，從兩岸兩會協商的實踐來看，它們最初進行的也是經濟性、事務性的協商，到目前為止還沒有正式進入政治領域的商談和對話。

雖然在兩岸關係機制化從經濟領域開始這一點上，學者們的意見比較一致，但對於下一步該延伸到哪個領域、從哪個層面、哪個角度、什麼時候開始其他領域的機制化，各方的看法就不盡相同。劉國深教授主張從兩岸共同事務著手，將共同事務分為「面對面的共同事務」、「背對背的共同事務」、「肩並肩的共同事務」，迄今兩岸的合作主要是處理兩岸交流交往中產生的各種問題的面對面類型，今後將會擴及「背對背」和「肩並肩」類型。雙方可以考慮成立「兩岸共同事務委員會」，共同策劃、協調、控制和監督兩岸共同事務的合作問題。[403]臺灣學者張亞中則從「兩岸財」的角度進行思考，將「兩岸財」分為「私有財」、「協調財」、「共同財」和「純公共財」四個部分，兩岸可以在各種「財」內進行統合，如先成立「兩岸農業共同體」、「兩岸社會安全共同體」、「兩岸南海共同體」，並在此基礎上謀求建立「兩岸共同體」。[404]張教授的設計也是從經濟、民間和兩岸共同事務出發，來思考兩岸關係制度化的路徑。

筆者認為，經濟互賴最先外溢到什麼領域，就應該從什麼領域著手進行機制化，從兩岸關係發展的歷史和現實來看，機制化的領域路徑應該是，從兩岸經濟合作機制化，到兩岸社會文化機制化，再到兩岸政治安全機制化，最終建構兩岸關係和平發展框架。但是，在經濟、社會、政治等領域機制化的先後次序並不是絕對的，並非一定要等前一個領域的機制化完成後才開啟後一個領域的機制化，它們之間其實是有交叉重疊的，在某些時候是可以同時進行的。如兩岸經濟合作機制化與兩岸社會文化機制化可以同時進行，而當經濟與社會領域

的機制化進行到一定程度後，兩岸政治安全領域的機制化也可以啟動。

對於經濟、社會、政治領域機制化的內容路徑，不同的領域有不同的方式選擇。兩岸經濟交流機制的內容和方式是近年來被討論得最多的議題，從理論上說，制度性經濟一體化的組織形式包括自由貿易區、關稅同盟、共同市場和經濟聯盟等形式。按照蕭萬長的「共同市場」構想，兩岸共同市場是一個中長程的目標，也是一個一步一步推進的過程，可以分三階段：第一階段先解決「三通」直航，推動兩岸經貿關係正常化，兩岸當局應盡快展開官方性質的協商；第二階段兩岸需要建立經常性的協商平臺，就關稅減讓，給予進入對方市場更便利的條件、進一步推動各種制度和政策配套等問題進行協調，並訂立類似CEPA和FTA的「過渡協定」；第三階段則是全方位的經濟統合工作，包括關稅同盟、貨幣同盟等，以實現「兩岸共同市場」的目標。[405]唐永紅也認為，當前兩岸在經濟相互依存性、經濟市場規模、經濟技術發展水平、經貿政策可協調性等經濟層面，已初步具備進行一定程度與形式的經濟一體化安排，只要兩岸具備經貿關係正常化的前提，兩岸經濟體當前宜從內容廣泛的新型自由貿易區形式著手，進而邁向關稅同盟、共同市場、經濟與貨幣聯盟更為高級的一體化形式。[406]對於實現機制化的原則和步驟，盛九元教授認為，有關經濟合作機制的構建應本著循序漸進的原則，由簡到難、由半官方到官方、由非正式到正式、由鬆散到緊密逐步推進。在目前條件下，經濟合作機制可以考量採取在以官方為主導的前提下，以兩會為平臺、以政黨交流加以推動、以民間交流作為補充的形式建立與運作。[407]

對於兩岸民間社會的機制化路徑，兩岸的一些部門和學者也提出了初步的構想。大陸提出兩岸可以協商簽訂「教育文化交流協議」，福建省提出了建立「兩岸人民交流合作先行區」的構想，有的學者提出了「金廈特區」或「金廈生活圈」的概念，這些從區域角度思考兩

岸社會一體化的設想，隨著兩岸關係的發展，極有可能推及兩岸整個社會文化領域。

至於兩岸政治安全領域的機制化，兩岸當局和學者都提出了一些設想。2003年1月，陳水扁在其元旦文告中首度提出建立「兩岸和平穩定的互動架構」，希望確立和平原則、建立協商機制、對等互惠交往、建構政治關係以及防止軍事衝突，以期待雙邊簽訂協議、達成彼此關係正常化。2004年，連戰在競選過程中提出「建立兩岸關係正式穩定架構」的構想，希望在「九二共識」基礎上，透過逐步協商，簽訂一個包括「和平協議」在內的綜合性「兩岸協議」，進而建立各種交流平臺，包括進行領導人互訪和會晤，政府各部門之間相互對話，並互派代表，使兩岸關係正常化。[408]2005年4月，在胡連會的《新聞公報》中，國共提出「促進正式結束兩岸敵對狀態，達成和平協議，建構兩岸關係和平穩定發展的架構」。胡錦濤在2008年12月31日的講話中，再次重申兩岸可以探討結束敵對狀態、建立軍事互信機制、達成和平協議、建立兩岸關係和平發展架構等立場。

在學界方面，臺灣海基會前副董事長兼祕書長邱進益、臺灣大學張亞中教授也都分別提出了「海峽兩岸和平合作協議」與「兩岸和平發展基礎協定」的草案，就兩岸政治安全關係的機制化建設提出了他們的看法。美國學者李侃如等也提出過「中程協議」等解決兩岸政治僵局的設想。在這些設想中，對於兩岸政治安全領域機制化的具體內容和方式，學者們的看法不盡相同，比如對何時開啟兩岸政治對話，政治對話包括哪些內容；到底是先有和平協議，還是先有軍事互信機制；是先結束敵對狀態，還是簽訂和平協議就是結束敵對狀態等等問題，目前還處在學術爭鳴和探討的階段。

對於兩岸建立機制化的程序路徑，首先應該確立原則和基礎。任何機制和制度的建立都需要一定的共同基礎，兩岸關係要實現機制

化,首先必須確定一個中國原則和「九二共識」的政治基礎。這並不意味著在處理兩岸關係中的某些具體問題時,不能有任何靈活的餘地。實現兩岸關係的機制化同樣要務實體現原則性、包容性和靈活性的有機結合,既要立足於當前,也要著眼長遠,既要體現特定領域的特點,也要適應兩岸關係發展的需要。這樣做的目的和好處,一方面是體會到臺灣內特殊的政治環境和兩岸關係特殊的歷史背景,為了使臺灣民眾對大陸的對臺政策主張,儘可能地被臺灣民眾所瞭解、理解和接受;另一方面,也是為了在兩岸接觸商談時,為臺灣和兩岸政治關係的處理留下餘地,以便在維護中國的主權和領土完整不容分割的前提下,爭取兩岸互利雙贏的結果。[409]在兩岸關係的實踐中,最能展現包容性和靈活性的恰恰是原則性最強的領域,兩岸在「一個中國」、「九二共識」問題上的包容和靈活處理就說明了這一點。

在確立原則和基礎後,兩岸關係機制化的首要任務是要搭建溝通、協商或談判的平臺,這就需要明確參與機制化的兩岸雙方的角色定位,建立協商制度和機構。一般來說,協商平臺的建立往往有兩種途徑,一種是在明確雙方定位後,直接在此基礎上搭建協商平臺,如在國際政治、經濟合作中,直接在國家與國家之間或國家與地區之間建立雙邊或多邊的合作機制;另一種是各方經過協商談判後,在某些專業領域建立會議制度和協調機構。這兩種途徑其實並不矛盾,前一種途徑所建立的機制化往往比較宏觀,後一種途徑則是在前一種途徑基礎上的延伸。在建立起相關機構,搭建好機制化的平臺後,下一步就是如何在這個平臺上進行機制化協商,解決兩岸關係中存在的種種問題。建立制度性的兩岸合作機制,需要兩岸進行充分對話與溝通,凝聚共識。兩岸關係的機制化無論最終是何種形式,其核心都是一種制度安排。任何機制的建立,都必須確立正確的發展目標,制定具體的實施方案,規劃相應的推進步驟。除了政治障礙需要超越與突破外,更重要的是如何在兩岸敵對狀態尚未結束,兩岸經貿文化和人員

往來尚未完全正常化的情況下,建立規範有效的溝通協商制度,並在此制度下按照雙方都認可的程序進行協商。

兩岸關係機制化的成果最終要透過一定的形式表現出來。兩岸關係機制化旨在達成但並不必然達成某種加強兩岸合作、解決各種問題的制度安排或協議,其表現方式有很多。它可以是某種原則或準則,即「對事物的信念、因果關係和忠誠的行為」、「行為的標準、權利與義務」;也可以是某種決策程序,即「做出和貫徹集體決定的主導實踐」;410 也可以是經過協商後達成的一致意見後,簽署同意遵循的文件;還可以是雙方共同參與組建和加入的制度化機構。具體來說,兩岸關係機制化的成果可以是已經達成的類似「九二共識」的雙方共同接受的原則,可以是「兩會」或其他民間團體已經進行的一系列制度化的商談,可以是類似「辜汪會談」和「兩會」復談後簽署的各項協議,黨對黨溝通後達成的《新聞公報》、《會談公報》等。這些成果是兩岸制度化協商的結果,也為今後進一步深化兩岸關係的機制化提供了基礎和借鑑。具體地講,兩岸關係機制化成果可以是軍事互信機制或和平協議,也可以是臺灣方面提出的「兩岸暫時架構」、「兩岸經濟合作架構協議」,還可以是類似不少學者提出的「聯邦制」、「中程協議」、「兩岸共同市場」、「海峽經濟區」、「次區域跨關境自由貿易區」的構想等等。這些成果雖然目前尚未實現,但在一定程度上兩岸關係的機制化描繪了美好的前景。

第三節　ECFA與兩岸經濟互賴

如前所述,兩岸經濟上業已形成的相互依賴態勢,使得兩岸關係在機制化的進程中,經濟領域的機制化是最有可能優先實現的。經過二十多年的長足發展,兩岸經濟關係已經發生結構性變化,早就產生了正常化和機制化的迫切需求。雖然業界和學界一直在不斷呼籲,但

由於在過去十幾年中受到兩岸政治氛圍的影響，兩岸經濟關係的正常化和機制化一直未能提上兩岸協商的正式日程。2005年4月，中國國民黨主席連戰到大陸訪問後，兩岸建立穩定的經濟合作機制問題才正式列入兩黨發表的《新聞公報》和「兩岸和平發展共同願景」之中，成為各界關注的焦點問題之一。臺灣領導人馬英九在競選期間，提出兩岸簽署「綜合性經濟合作協議」的主張，也成為馬英九當選後積極推動實施的政見之一。由於受到臺灣內部政治因素的影響，馬英九當局後來將「兩岸綜合性經濟協議」改稱為「兩岸經濟合作架構協議」，簡稱「兩岸經濟協議」。當前，兩岸已經開始就商簽經濟合作框架協議展開協商，並爭取達成協議。那麼，到底什麼是兩岸經濟合作框架協議，它的簽署會給兩岸經濟互賴帶來哪些經濟和政治方面的影響，將是本節所要重點討論的內容。

一、ECFA的由來及性質

ECFA是「兩岸經濟合作架構協議」的英文簡稱，即「Economic Cooperation Framework Agreement」首個大寫字母的縮寫。對於兩岸經濟合作機制名稱的用詞，臺灣方面是幾經推敲，多次調整和修改，最終確定英文使用「ECFA」的名稱。為了在臺灣倡導與推廣「兩岸經濟合作架構協議」，2010年1月6日，馬英九當局決定將ECFA簡稱為「兩岸經濟協議」。

雖然ECFA的名稱是由臺灣方面提出，但兩岸建立經濟合作機制的建議卻是兩岸學者和業界多年的期盼和共識。前文已經提到，大陸官方對兩岸經濟合作機制的最早表態，見諸於錢其琛2002年1月24日在江澤民《為促進中國統一大業的完成而繼續奮鬥》重要講話發表七週年座談會上的講話，他當時提到「為推動兩岸經濟關係上升到一個新的水平，我們願意聽取臺灣各界人士關於建立兩岸經濟合作機制、密切

兩岸經濟關係的意見和建議」。2005年隨著連戰和宋楚瑜訪問大陸，在中國共產黨和中國國民黨與親民黨的新聞公報中，都提到建立兩岸經濟合作機制的問題。當時臺灣正處於民進黨當政之下，民進黨當局對於兩岸建立經濟合作機制並沒有正面回應，而只是籠統提出「以制度化協商建構正常化的經貿關係」，其重點只是建構「持續發展兩岸經貿的合理環境與條件」。411

　　國民黨候選人馬英九在2007-2008年的競選期間，提出的經濟政策的政見中，提到「全面經濟合作協定」（CECA）的概念，並明確指出，「全面展開兩岸經貿協商，建立應有制度及規範，以符合臺灣長遠的利益；也唯有國民黨有能力推動對等協商，開起兩岸經貿協商新時代。我們規劃的優先協商議題如次：兩岸貿易正常化及特定產業保護機制，兩岸投資保障及經貿糾紛調解仲裁，兩岸智財權保護及專利認證規範協調，產品標準規格化及標準檢測認證規範協調，兩岸金融接軌與監理合作，兩岸海空直航協商及安排，兩岸漁業勞務合作機制」。412 2008年3月28日，馬英九當選後接受聯合報採訪時強調，他上臺後「第一步要做的除了直航、觀光客之外」，要簽一個「綜合性經濟協定」，把我們關心的項目都納進來。這個比較接近「自由貿易協定」。「我們要跟大陸簽自由貿易協定，他們不肯；他們要跟我們簽CEPA（更緊密經貿關係安排），我們也不肯。雙方若簽綜合性經濟協定，沒有負擔，是做得到的。」413 2009年2月21日，馬英九在主持臺灣經濟情勢應對會議時重申，應正視兩岸經貿現實、建立合理框架，並在「以臺灣為主、對人民有利」的前提下，簽訂兩岸綜合性經濟合作協議。此後，他又在多個場合進行類似的宣示。但是，由於民進黨利用兩岸「綜合性經濟合作協議」的英文名稱CECA（Comprehensive Economic Cooperation Agreement），與內地與港澳簽訂的「更緊密經貿關係安排」的英文名稱CEPA（Closer Economic Partnership Arrangement）接近，大作政治文章，將CECA汙名化，使得

馬英九當局不得不將名稱改為「兩岸經濟合作架構協議」，即ECFA。

　　大陸對馬英九提出的綜合性經濟合作協議，予以了正面回應。2008年12月20日，賈慶林主席在第四屆兩岸經貿文化論壇開幕式上表示，我們鼓勵兩岸各界深入探討建立兩岸經濟合作機制的內容、形式、步驟等問題，提出建設性意見。對臺灣方面關於商簽兩岸綜合經濟合作協議的設想，我們十分重視，也願予以認真研究。只要兩岸雙方共同努力，就一定能夠建立起具有兩岸特色、惠及兩岸同胞的經濟合作機制。[414]這是大陸在兩岸簽署經濟合作協議問題上首次高層級的回應。12月31日，胡錦濤在紀念《告臺灣同胞書》發表30週年座談會上的講話中明確提出，兩岸可以簽訂「綜合性經濟合作協議」，建立「具有兩岸特色的經濟合作機制」，以最大限度實現優勢互補、互惠互利。有學者認為，這是大陸在該問題上最權威、最明確、最有力的表態，態度積極開放並極富善意。[415]對於臺灣在兩岸經濟合作協議名稱上的調整，大陸也給予了充分的理解。在2010年春節期間，胡錦濤在考察福建期間，對漳州的臺商表示，現在兩岸正在商談經濟合作框架協議，這是一件促進兩岸經濟合作、實現互利雙贏的好事。在商談過程中，我們會充分考慮臺灣同胞特別是臺灣農民兄弟的利益，把這件好事辦好。[416]溫家寶總理在2010年2月27日與網友交流時也明確表示，「我們充分考慮到兩岸經濟規模和市場條件的不同，充分照顧臺灣中小企業和廣大基層民眾的利益，特別是廣大農民的利益。在這些方面，我們可以做到讓利，其實道理很簡單，因為臺灣同胞是我們的兄弟。」[417]這可以說是大陸兩位高層領導人短期內相繼在此問題上最貼心、最具體、最有針對性的善意表態。

　　雖然兩岸領導人都表達了希望能夠儘早協商簽訂ECFA的立場，兩岸也就推動商簽兩岸經濟合作框架協議達成一致，但因為各方對ECFA的法律性質、基本內容、簽署方式等問題上還存在一些不同的看法和疑慮，使得雙方的協商雖然迫切，但也更為謹慎。首先應該明確的

是，兩岸協商簽訂ECFA，是一個經濟問題，而不是政治問題。對此，兩岸當局有著一致的立場。2010年1月13日，國臺辦發言人楊毅在回答記者關於「最近臺灣有聲音說，兩岸簽署經濟合作框架協議即ECFA，有牽涉到政治，甚至有臺灣學者說，如果簽了ECFA之後會加速兩岸的統一」的問題時，明確乾脆地回答「ECFA是一個經濟問題」。[418]2009年3月19日，臺灣「經濟部長」尹啟銘針對ECFA的爭議，也表示說，這是屬於兩岸特殊性質的經濟合作協議，不會違反世貿組織的精神，所以不涉及「統獨」以及政治問題。[419]在兩岸已經在「九二共識」的基礎上恢復協商對話之後，「九二共識」自然成為兩岸協商ECFA的政治基礎，但這並不意味著ECFA就是一個政治協議或政治問題。民進黨在臺灣鼓吹「CECA涉及經濟主權以及政治主權，即先經濟統一，接著政治統一」，其根本目的是要扭曲和混淆ECFA的性質，將ECFA問題泛政治化，從中謀取政治私利。

　　各界關於ECFA性質的爭議還反映在它與自由貿易協定（FTA）、更緊密經貿關係安排（CEPA），以及世界貿易組織（WTO）的規則之間的聯繫與區別到底在什麼地方？根據臺灣「經濟部」提出的「兩岸經濟合作架構協議概要」，在協議的定位上強調ECFA不採取港澳模式，所以既非大陸與港澳所簽的CEPA，也不是一般的自由貿易協定，而是屬於兩岸特殊性質的經濟合作協議，不違背世界貿易組織的精神，同時只規範兩岸經濟合作事項，不涉及統獨及政治問題。[420]大陸也強調的是建立具有兩岸特色的經濟合作機制，而不是照搬完全FTA或者是CEPA的模式。臺灣方面曾經傾向於以FTA的模式與大陸簽訂綜合性經濟合作協議，馬英九也曾表示這個協議比較接近於FTA；而大陸曾傾向於比照內地與港澳簽訂的CEPA模式，與臺灣簽訂經濟合作協議。一般來說，FTA是兩個或兩個以上主權國家之間，或兩個相對獨立的經濟體或關稅主體之間為推動貿易自由化及相關問題達成的協議；而CEPA是中華人民共和國作為主體與香港和澳門特別行政區之間

的綜合性自由貿易協定,其中包括某些單向優惠安排。CEPA在名稱用語上,選用了「安排」,而不是「協議」或「協定」等,就是為了避免被誤認為是國際法意義上的「條約」或「協議」。從CEPA的文本來看,在內地方面,簽署方是「中華人民共和國商務部副部長」而不是「中華人民共和國」,也不是中華人民共和國商務部;在香港方面,簽署方是「中華人民共和國香港特別行政區財政司司長」,而不是香港在WTO中的正式名稱「中國香港」,也不是「香港特別行政區政府」或「香港特別行政區財政司」。421

兩岸之間的關係不是國與國之間的關係,也不是類似內地與港澳之間的關係,不能完全照搬FTA或CEPA的模式。大陸學者鄧利娟認為,大陸與臺灣之間的政治關係至今仍是「國家尚未統一的特殊情況下的政治關係」,雙方的看法仍然存在較大分歧,因此不宜直接比照CEPA模式,而應以目前兩岸雙方已有的「九二共識」為基礎,務實、彈性地定位兩岸之間的關係,如「一個國家內兩個獨立關稅區之間的特殊關係」,以便於雙方平等協商。基於兩岸關係現狀是特殊的國內關係,比較務實可行的兩岸經濟合作機制應當是,既區別於「FTA」,又有別於「CEPA」,而具有獨特的「兩岸特色」。422清華大學劉震濤教授認為,兩岸特色的經濟合作機制既與世界上其他的經濟合作機制有著共同或相似之處,又有不同於其他合作機制的顯著特色,它應該包括:(1)是兩岸之間構建和平發展框架的重要內容;(2)應該「有利於探討兩岸經濟共同發展同亞太區域經濟合作機制相銜接的可行途徑」;(3)合作進程具有跨階段交叉發展的特點;(4)在特定地區先試先行;(5)以建構兩岸「命運共同體」為戰略定位,全面深化合作關係;(6)應加強兩岸間中華文化的交流和文化創意產業的合作;(7)有利於完善大陸中國特色社會主義建設體系。423

綜上所述,我們可以得出,ECFA是在兩岸尚未結束敵對狀態,國

家尚未完全統一，兩岸尚未透過政治談判解決臺灣政治地位問題的情況下，單純從建立兩岸經濟合作機制的考慮出發，暫時擱置了兩岸在一些政治性問題上的爭議，以「兩岸特色」來彈性定位兩岸關係，同時借鑑FTA與CEPA的某些自由貿易精神和CEPA的某些單向優惠安排而簽署的一種特殊經濟合作協議。對於協議的權威性和法律效力，南開大學曹小衡教授認為，兩岸經濟合作機制是指使兩岸經貿合作的制度化、規範化，是由兩岸官方共同制定或認可，有相關法律或政府公權力保證其執行的兩岸經貿合作的制度性安排。424

二、經濟互賴與ECFA的經濟效應

兩岸積極推動商簽ECFA，在某種意義上說，是兩岸緊密經貿關係發展到一定程度的必由之路，或者說是兩岸經濟互賴不斷深化的必然產物。從兩岸領導人關於兩岸經濟合作機制和ECFA的講話中，我們可以得出結論，如果兩岸能夠透過務實協商簽訂ECFA，將會產生巨大的經濟效應。胡錦濤表示，建立更加緊密的兩岸經濟合作機制進程，有利於臺灣經濟提升競爭力和擴大發展空間，有利於兩岸經濟共同發展，有利於探討兩岸經濟共同發展同亞太區域經濟合作機制相銜接的可行途徑。賈慶林表示，建立兩岸經濟合作機制，是加強兩岸經濟交流合作的客觀需要，是構建兩岸關係和平發展框架的重要內涵。溫家寶在十一屆大陸人大二次會議記者會上答記者問時明確提到，兩岸經濟合作協議應該包括「三個適應」：第一是要適應兩岸關係發展的進程，第二是要適應兩岸經貿交流的需求，第三是要適應兩岸經濟結構的特點，最終目標是要實現互利共贏。國臺辦王毅主任也表示，簽訂這一協議的目的也很清楚，就是要最大限度地實現兩岸優勢互補，最大可能地追求兩岸互利雙贏。臺灣領導人馬英九在談及簽署兩岸經濟合作協議的目的時，歸納為三大功能：推動兩岸經貿關係正常化、避

免臺灣經濟邊緣化、促進臺灣經濟國際化。

　　首先，ECFA可以給兩岸各自經濟的發展帶來好處。簽署ECFA不僅有助於臺灣經濟逐步走出當前的困境，促進臺灣產業結構的調整和升級，還能夠給大陸經濟的發展帶來正面的促進作用。進入二十一世紀以來，臺灣經濟發展持續低迷，近年來剛有起色，又面臨國際金融危機的衝擊，各種經濟指標不斷惡化，如何使臺灣經濟盡快擺脫當前的陰霾，成為臺灣和臺灣民眾首要關心的問題。大陸經濟發展目前也正處於關鍵期，經濟戰略的實現要綜合調動來自各方面的資源，利用一切可以利用的條件，除了外國和港澳之外，臺灣也是中國大陸經濟發展中不可或缺的重要夥伴。根據國際貿易經濟合作研究院、對外經濟貿易大學、南開大學聯合課題組與臺灣「中華經濟研究院」針對ECFA的共同研究，大陸方面研究單位的評估認為，簽署兩岸經濟合作框架協議總體上對大陸經濟發展具有正面影響，同時，大陸產業發展將因競爭力強弱不同而從中受益或受到衝擊。臺灣「中華經濟研究院」研究結果顯示，簽署兩岸經濟合作架構協議，雖對不同產業帶來不同程度的正、負面影響，但整體而言，將促使臺灣GDP增長，並對福利、貿易、就業、產值等總體經濟產生正面效益。兩岸研究單位在進行各自研究時，雖然使用的模型和方法有所不同，但所獲結論一致，相互印證了研究結論的可信度，也為雙方推動兩岸經濟合作框架協議提供了一個理論的基礎。這些結果顯示，簽署兩岸經濟合作框架協議對兩岸經濟發展均有正面效益。[425]

　　其次，ECFA可以有力地推動兩岸經貿關係正常化的步伐。兩岸經濟交流合作經過二十多年的發展，經濟互賴的領域很廣、程度很深，已經具有相當的規模，產生了巨大的經濟利益。但是，由於兩岸經濟關係長期形成的「間接、單向、片面」結構難以在短期內就完全改變，兩岸經濟關係正常化還沒有真正實現，兩岸經貿關係所能夠產生的巨大經濟效應還沒有完全發揮出來。兩岸商簽ECFA的過程，兩岸經

濟合作機制的建立,能夠加速兩岸經濟關係正常化的進程,有助於「雙方商討交流合作的重大問題,確定優先領域和重點項目,協調雙方的投資和貿易政策,優化經濟資源配置,實現兩岸經濟福利最大化」426。而兩岸在商簽ECFA之前與過程中,就經濟交流合作中的產業合作、雙向投資保障、知識產權保護、避免雙重徵稅等問題進行協商,本身就對建立制度化、穩定化、規範化的兩岸經濟合作機制有很大的幫助。曹小衡認為,兩岸經貿關係的這種制度性安排較僅靠市場推動的經貿合作,更具有穩定性、安全性和擴展性。他提出三步走的構想:第一步,依一般遊戲規則盡快建立正常的兩岸經貿關係;第二步,推動建立更為緊密的兩岸經貿關係;第三步,使兩岸經濟朝向聯繫緊密、高度依存、共同繁榮的「經濟共同體」方向前進,使雙方的綜合國際競爭力大幅提升,為兩岸共創雙贏奠定堅實的經濟基礎。427

再次,兩岸商簽ECFA有利於臺灣經濟亞太區域經濟合作機制相銜接,避免經濟邊緣化。在經濟全球化和區域經濟一體化的潮流中,大陸隨著經濟越來越開放,越來越融入國際經濟體系,在兩岸經貿關係發展的過程中,也自然會注意到和重視臺灣參與國際經濟合作機制的問題。臺灣經濟具有島域經濟的典型特點,即腹地狹小、內需有限,對周邊經濟體有著很大的依存度,是典型的外向型經濟且又容易受到外界經濟波動的影響。從這個角度說,臺灣參與區域和國際經濟合作機制更有迫切性,但由於兩岸關係中的某些政治問題尚未解決,兩岸經貿關係尚未實現正常化,臺灣參與區域和國際經濟機制的情況一直受到種種限制。特別是在中國——東盟自由貿易區正式啟動後,臺灣經濟邊緣化的危機更為嚴峻。臺灣要想參與區域經濟合作,避免被邊緣化的危機,就必須優先處理兩岸關係的問題,而與大陸商簽ECFA有助於探討兩岸經濟共同發展與亞太經濟合作機制相銜接的可行途徑。馬英九在2010年的元旦致辭中就表示:面對東盟的衝擊,我們不能坐視臺灣產業即將面臨的困境,這是為何「政府」推動與大陸協商經濟

合作架構協議的原因。我們要以兩岸經濟合作架構協議為起點,「為臺灣企業爭取公平競爭的國際環境」;另一方面,「也要積極尋求與其他主要貿易夥伴洽簽自由貿易協議。唯有透過這樣的聯結,才能加速臺灣參與東亞區域經濟整合,維繫臺灣的競爭力」。428

最後,毋庸諱言,兩岸商簽ECFA也會對大陸和臺灣的某些產業造成衝擊,產生一定的負面經濟效應。如同任何雙邊自由貿易協議一樣,兩岸經濟合作框架協議的簽署,對整體大陸和臺灣經濟而言,必然是利多,但也會對部分產業產生負面的衝擊。根據臺灣「經濟部」的預估,兩岸簽訂ECFA以後,有十項產業受到衝擊最大,包括毛巾、寢具、織襪、內衣、毛衣、製鞋等高敏感性產業,及成衣、泳裝、家電、行李箱(提袋、包包、箱子)等一般敏感性產業,預計有近三千五百家企業、十萬多人的生計將受影響,受衝擊的產值將近一千億元,若當局對於上述產業有完善的配套措施,預期受害程度將有限。429雖然上述競爭力較弱的傳統產業可能因為ECFA的簽訂而受到衝擊,但對於臺灣而言,要認真權衡和處理整體利益和局部利益、短期損害與長期獲益的關係,要看到兩岸簽訂ECFA給臺灣經濟所帶來的好處遠遠大於給極少數產業所造成的衝擊,如果因噎廢食,將不利於整體臺灣經濟的發展。其實,衝擊本身並不可怕,只要兩岸能夠透過平等互惠的協商,為這些產業爭取更長的緩衝期,臺灣加強對產業升級和轉型的輔導,就一定能夠將衝擊降到最低。臺灣「經濟部」已經表示要將「敏感性、有爭議以及對臺灣產業衝擊較大的,將置於後階段協商,以為臺灣業者爭取較長的適應期」,「勞委會」等部門也開始編列預算,輔導敏感產業的升級轉型。大陸對此也多次明確表示,在協商過程中「會充分地考慮臺灣方面的合理訴求,照顧臺灣同胞的利益,釋放我們的善意」。這些都為消除臺灣民眾的疑慮,降低ECFA的負面經濟效應創造了良好的條件。

三、經濟互賴與ECFA的政治效應

如前所述,兩岸當局都強調,ECFA是一個經濟問題,不是政治問題。但ECFA是經濟問題的性質並不影響到它的簽署可能會帶來某些政治影響或效應。實際上,在過去近兩年的時間裡,ECFA議題在臺灣內已經被民進黨和某些政治勢力炒作成為一個政治議題,已經對臺灣政治產生了某些政治效應。民進黨等政治勢力反對ECFA的一個重要理由就是,ECFA可能會給兩岸關係帶來政治效應,這些效應將會導致臺灣「主權」矮化和兩岸最終統一。民進黨在針對ECFA的說帖中提出以下論調:「CECA或ECFA涉及經濟主權以及政治主權,即先經濟統一,接著政治統一」;大陸「不可能沒有政治上的考慮」,「促使臺灣對中國更高度的經濟依賴,就是中國規劃的統一途徑,讓臺灣掉入中國的陷阱」;「臺灣與中國(大陸)在執行簽訂所謂經濟議題法律文件的過程中,任何涉及『主權』矮化的默認,都將會造成在國際法上對我們『主權』認定的不利結果」;協議「是否有附加政治代價?做出什麼政治讓步或暗盤?」,「過度依賴中國(大陸)已經使臺灣成為這次經濟海嘯中受傷最重的『國家』」,「依賴中國(大陸)就是放棄經濟自主」。[430]

筆者認為,民進黨的上述論調完全是一種政治優先於經濟的意識形態考量,其核心是擔心兩岸簽訂ECFA之後,會使臺灣的「主權」受到傷害,會使臺灣在經濟上更加依賴大陸,從而加速兩岸政治上統一的進程。民進黨發言人蔡其昌就表示,馬英九當局以「兩岸人民關係條例」中「地區對地區」的架構,來協商ECFA,是「主權」上的自我閹割,而「兩岸人民關係條例」是建立在一中架構,是虛幻且過時的法令。[431]事實上,兩岸都一再強調,ECFA是一個經濟問題。在兩岸都承認「九二共識」的政治基礎,兩岸兩會已經進行多輪協商的情況下,兩岸關於ECFA的協商是順理成章的延續,不用涉及也沒有討論所

謂的「主權」和兩岸關係定位等政治層面的問題。民進黨刻意凸顯ECFA可能涉及「主權」，打著「主權」高於一切的旗號，其根本目的不是要維護臺灣的所謂「主權」，而是企圖借此否定「兩岸同屬一個中國」的法理架構，否定「九二共識」，繼續煽動臺灣民眾對大陸的敵視和疑慮。

民進黨將ECFA與兩岸統一聯繫起來更是沒有道理。毋庸置疑，實現國家的完全統一是大陸堅定不移的目標。胡錦濤也指出，解決臺灣問題的核心是實現中國統一，目的是維護和確保國家主權和領土完整，追求包括臺灣同胞在內的全體中華兒女的幸福，實現中華民族偉大復興。432但是，大陸也充分意識到，國家的完全統一是一個長期、複雜和艱巨的過程，因此在現階段，「首先要確保兩岸關係和平發展」，將和平發展作為兩岸關係的主題。大陸從來都沒有認為兩岸簽訂ECFA之後就一定能夠導致政治上統一，而是務實地提到，兩岸經濟合作機制可以「為全面擴大和深化兩岸經濟交流合作發揮積極作用」，「為兩岸關係和平發展奠定更為紮實的物質基礎、提供更為強大的經濟動力」。廈門大學的李非教授也指出，CECA或ECFA只是兩岸經濟整合的開始，是兩岸經濟制度化安排的一種方案。兩岸經濟整合併不必然導致兩岸統一，但兩岸經濟整合是兩岸統一的必要條件。433民進黨提出，「經濟整合在全世界都是政治問題。世界上任何一個國家，當選擇與他國在經濟關係上建立更緊密、優惠的關係時，不可能沒有政治上的考慮。連國際媒體都把CECA或ECFA視為兩岸邁向統一的重大象徵，正顯示出外界的疑慮」。434這些在某種程度上是將ECFA問題「泛政治化」、「泛主權化」、「泛統一化」的做法。如果按照民進黨的荒謬邏輯，只要有可能導致兩岸最終統一的政策行為都應該被挑戰、被質疑，那麼兩岸當前的協商對話和一切經濟、社會、文化等民間交流都有被檢討的必要。

民進黨認為ECFA會導致臺灣經濟過度依賴大陸，會導致臺灣失去

經濟自主,提出「如果這種依賴因為簽署了合作協議而更加強化,中國將可以利用減少往來或經濟制裁,來威脅我們的廠商和政府」的論調,其實是一種將兩岸經濟相互依賴的敏感性與脆弱性無限放大的做法,是一種「以小人之心度君子之腹」的思維。我們不能否認在兩岸已經形成經濟相互依賴,甚至在一定程度上形成複合相互依賴的情況下,作為非對稱相互依賴中綜合實力比較弱的一方,臺灣對ECFA可能導致兩岸互賴的進一步加深可能付出的代價,對臺灣在相互依賴後可能導致脆弱性表現出一定的敏感,本無可厚非。事實上,脆弱性和敏感性本身就是複合相互依賴的基本特徵,它們本身並沒有好壞之分,只要處理得當,同樣有利於和平的建立與合作的開展。

臺灣學者侯立朝指稱在ECFA的架構下,中國是「統治國」,臺灣是「依賴國」,臺灣經濟會變成中國大陸經濟的附庸,認為ECFA有兩種作用:一是依賴關係,可以互相發展;二是控制因素,「依賴國」的內部結構會受到影響,失去自主。[435]這種論調其實混淆了相互依賴與依附概念,兩岸之間不對稱相互依賴不等於臺灣對大陸的單方面依附。兩岸商談ECFA是在平等互惠的基礎上進行的,不存在所謂「統治方」與「依賴方」的不平等問題,而且在協商過程中,大陸政府和馬英九當局都不可能對臺灣民眾的經濟、政治和安全疑慮視而不見,定會想辦法儘可能減輕臺灣在互賴中的脆弱性和敏感性。賈慶林就曾表示過,建立兩岸經濟合作機制,要從兩岸實行不同經濟制度和體制的實際出發,考慮兩岸資源稟賦、經濟規模、產業結構、市場容量等方面的差異。[436]其實,民進黨過去執政八年的歷史已經表明,在兩岸相互依賴也已形成的情況下,如果將脆弱性和敏感性無限放大,並上綱上線,刻意進行政治操作,不僅無法改變兩岸相互依賴的態勢,還會導致政策的扭曲,不利於臺灣民眾的利益和福祉。

筆者認為,民進黨並非不瞭解ECFA能夠給臺灣經濟發展所能夠帶來的好處有多少,也不是不知道ECFA所能夠產生的政治效應到底有多

大，他們之所以強力反對ECFA，在很大程度上是在利用臺灣民眾對ECFA的不瞭解和對其可能產生不可預測影響的疑慮，來謀取選舉政治的好處和政黨的私利。隨著馬英九當局對ECFA宣導的不斷深入，當臺灣民眾越來越瞭解ECFA的經濟和政治效應的時候，民進黨的「愚民」和「恐嚇」政策也就越來越難以奏效。根據臺灣遠見雜誌民調中心2009年12月針對ECFA議題所做的民調，54.4%的臺灣民眾認為兩岸簽訂ECFA對臺灣未來幾年的經濟發展具有重要性，認為不重要的只有19.2%；55.3%的人認為簽訂ECFA不等於被大陸統一。[437]這也說明，在臺灣，多數民眾還是支持兩岸商簽ECFA，並對其經濟和政治效應是有清晰認知的。只要在兩岸主流民意的支持下，只要雙方共同努力，就一定能夠簽訂ECFA，為兩岸經濟關係機制化和兩岸關係和平發展提供更堅強的保障。

小結

本章主要討論了兩岸經濟互賴的機制化效應問題。筆者認為，兩岸經濟互賴會影響到兩岸機制化的建立、運作、維持和崩潰。無論對大陸政府還是臺灣來說，一方面要正視在兩岸已經形成某種程度複合相互依賴的情況下，不管是從政治的角度考量，還是從經濟利益的角度考慮，機制化都已經成為一個必然的趨勢；機制化對維護兩岸關係的穩定，促進兩岸關係和平發展框架的形成，都有相當積極的意義。另一方面，也要看到兩岸複合相互依賴中形成的敏感性和脆弱性會影響到兩岸機制化建立的進程。

從兩岸關係機制化的歷程中可以看出，兩岸的經濟互賴越深入，機制化的需求也就越高。機制化是將經濟互賴轉化為兩岸實際經濟利益和共同利益的需要，是充分發揮兩岸經濟互賴的政治和安全效應的需要，是兩岸從經濟互賴走向社會融合，構建兩岸命運共同體的需要。但經濟相互依賴只是兩岸關係機制化的基礎之一，如何將互賴轉

化為實實在在的機制化成果,滿足兩岸關係和平發展的機制化需求,還需要兩岸同胞的共同努力。

兩岸經濟互賴的機制化路徑可以從三個層次來分析,第一個層次是次序路徑,側重於不同領域機制化次序的探討,即如何從經濟互賴與經濟合作的機制化發展到社會、政治、軍事安全領域的機制化,構想兩岸關係和平發展框架和實現國家的完全統一。第二個層次是內容路徑,側重於具體領域機制化的內容設計,即透過什麼樣的方式來達成兩岸在經濟、社會、政治、安全領域的機制化目標。第三個層次是程序路徑,側重技術程序面的分析,即透過什麼樣的步驟來實現兩岸在某一領域乃至整個兩岸關係的機制化。

ECFA是在兩岸尚未結束敵對狀態,國家尚未完全統一,兩岸尚未透過政治談判解決臺灣政治地位問題的情況下,單純從建立兩岸經濟合作機制的考慮出發,暫時擱置了兩岸在一些政治性問題上的爭議,以「兩岸特色」來彈性定位兩岸關係,同時借鑑FTA與CEPA的某些自由貿易精神和CEPA的某些單向優惠安排,而簽署的一種特殊經濟合作協議。

兩岸積極推動商簽ECFA,在某種意義上說,是兩岸緊密經貿關係發展到一定程度的必由之路,或者說是兩岸經濟互賴不斷深化的必然產物。它可以給兩岸各自經濟的發展帶來好處,可以有力地推動兩岸經貿關係正常化的步伐,有利於臺灣經濟與亞太區域經濟合作機制相銜接,避免經濟邊緣化。兩岸簽訂ECFA給臺灣經濟所帶來的好處遠遠大於給極少數產業所造成的衝擊,ECFA的負面經濟效應可以透過兩岸協商和臺灣的輔導得到妥善解決。

民進黨等政治勢力反對ECFA的一個重要理由是,ECFA可能會給兩岸關係帶來政治效應,這些效應將會導致臺灣「主權」的喪失和兩岸最終統一。事實上,ECFA是一個經濟問題。在兩岸都承認「九二共

識」的政治基礎，兩岸兩會已經進行多輪協商的情況下，兩岸關於ECFA的協商是順理成章的延續，不用涉及也沒有討論所謂的「主權」和兩岸關係定位等政治層面的問題。ECFA可以為兩岸關係和平發展奠定更為紮實的物質基礎、提供更為強大的經濟動力，但並不必然導致統一。兩岸商談ECFA是在平等互惠的基礎上進行的，兩岸經濟相互依賴不是臺灣對大陸單方面的依附。當前，兩岸主流民意都支持兩岸簽訂ECFA，只要雙方共同努力，透過友好務實協商達成協議，就能夠為兩岸經濟關係機制化和兩岸關係和平發展提供更堅強的保障。

結語　經濟互賴與兩岸關係和平發展

　　隨著臺灣政治局勢發生積極變化，兩岸關係發展也面臨著新的歷史機遇。經過兩岸同胞的共同努力，兩岸關係在過去兩年實現了歷史性轉折，取得了突破性進展，迎來了和平發展的新局面。經濟合作是兩岸關係取得進展最為突出的領域，兩岸正在加快實現經濟關係正常化和經濟合作機制化，正在就商簽兩岸經濟合作框架協議進行協商。兩岸經濟交流合作向更高層次、更寬領域、更高水平邁進，必然會導致兩岸經濟的相互依賴繼續加深。那麼，在兩岸關係發展的新形勢下，經濟相互依賴到底會呈現怎樣的趨勢，與兩岸關係和平發展是一種怎樣的關係，到底能夠發揮怎樣的作用，筆者將結合前面各章的分析，提綱挈領地提出個人拙見，權當本書的結語。

一、兩岸關係和平發展的意涵

　　在胡錦濤提出兩岸關係和平發展的主題後，很多學者都對到底什麼是兩岸關係和平發展進行了深入分析。筆者在《海峽兩岸關係析論》一書中也提出了自己的淺見，即兩岸關係和平發展的內涵應該涵括兩岸關係的各個方面，應該包括主觀和客觀、宏觀與微觀、戰略與策略等各個層面，基本上可以理解為：首先要在兩岸關係發展中確立「和平」作為兩岸同胞共同追求的一種價值觀念，消除破壞臺海地區和平穩定的根本威脅，消除可能導致使用非和平手段或發生衝突、戰爭的一切隱患；在此基礎上，加強對兩岸同胞共同尊嚴、情感、利益、生活、福祉的關心、維護和促進，透過擴大交流、加強合作、增進互信、建立機制等各種途徑，逐步解決兩岸之間存在的政治、經濟、社會、安全、外交等各方面的利益分歧，擴大兩岸在各領域的共

同利益基礎，實現兩岸關係在和平的基礎上謀求共同發展，以共同發展的成就來保障和平的良性循環過程，使兩岸關係朝著有利於國家最終統一的方向邁進。[438]

筆者之所以有上述理解，一個重要原因基於對「和平發展」這個概念本身的理解。對於兩岸關係和平發展的英文到底如何翻譯，有兩種不同的表達法，不同的表達法反映出的是對這個概念的不同理解。新華社和多數學者使用的是「peaceful development of cross-Strait relationship」，這種表達法基本上沿用的是以往將「和平統一」翻譯成「peaceful reunification」的模式。但筆者認為，「和平發展」的翻譯不能照搬「和平統一」的模式，和平發展有著更深刻的意涵。也就是說，對兩岸關係和平發展意涵的理解需要從「和平」與「發展」這兩個詞本身含義的理解出發，從和平與發展之間辯證關係的理解開始。因此，將「兩岸關係和平發展」翻譯成為「peace and development of cross-Strait relationship」可能更為貼切。胡錦濤在紀念告臺灣同胞書中明確表示，牢牢把握兩岸關係和平發展的主題，真誠為兩岸同胞謀福祉、為臺海地區謀和平，維護國家主權和領土完整，維護中華民族根本利益。由此可見，「和平」絕對不僅僅只是對「發展」的一個修飾詞，也不僅僅只是實現兩岸發展的一種方式或手段，臺海地區的和平也是大陸長期以來孜孜以求的目標。而「發展」也不僅僅只是大陸或臺灣自身的發展，而是要實現兩岸同胞的共同發展和共同福祉，不僅僅只是追求物質層面的發展，也要追求精神層面的發展。

胡錦濤在論述兩岸關係和平發展時，特別提到我們應該登高望遠、審時度勢，本著對歷史、對人民負責的態度，站在全民族發展的高度，以更遠大的目光、更豐富的智慧、更堅毅的勇氣、更務實的思路，認真思考和務實解決兩岸關係發展的重大問題。[439]賈慶林2009年12月30日在學習貫徹胡錦濤重要講話座談會上指出，牢牢把握兩岸關係和平發展這一主題，既符合當前推進兩岸關係的實際需要，又反映

了兩岸關係發展的客觀趨勢,同時也是堅持和平統一方針的必然要求。440這充分說明,兩岸關係和平發展主題的確立,是大陸在認真思考兩岸關係發展六十年歷史經驗教訓的基礎上,從戰略的高度和全局的角度,針對兩岸關係發展和和平統一進程中一系列問題進行深入思考和科學判斷後提出的。它要求我們在看待兩岸關係和國家統一問題時,不能用只看到一時一事的短視眼光,不能僅憑著單純的民族主義情緒,不能只關注到自己的利益和福祉,而是要著眼長遠、放眼大局,要看到解決臺灣問題的複雜性和艱巨性,要從兩岸同胞的共同利益和福祉,透過促進兩岸關係和平發展,為中國和平統一的最終實現創造最佳的時空環境和條件。

二、經濟互賴與和平發展的關係

在兩岸關係和平發展的進程中,經濟關係扮演著基礎性和關鍵性的角色。臺灣學者陳陸輝、耿曙認為,兩岸經貿開放與否、兩岸相互依賴程度等,隱然決定兩岸的未來,其重要性不可言喻。441筆者曾將「經濟互賴」作為構建兩岸關係和平發展框架的三大支柱之一,認為兩岸之間進行合作的方向,除了在形式上實現經濟關係正常化和機制化以外,最終是要形成一種相互影響、相互制約和相互作用,「你中有我、我中有你」、「你離不開我、我離不開你」的雙向互動的經濟整合關係,也就是達到經濟上的長期相互依賴。442兩岸經濟上的這種依賴關係必須是雙向的、平等的、互惠的,不是臺灣單方面依賴大陸,或者大陸單方面依賴臺灣,也不是大陸單方面得利,或者臺灣單方面得利,也不存在利用互賴進行控制與反控制的問題。兩岸經濟交流與和平發展的成果,理應由兩岸同胞共享。

在過去二十多年兩岸關係的發展中,經濟因素始終是最為活躍和最為積極的因素,成為維護臺海地區和平穩定和促進兩岸共同發展不可或缺的重要力量。在兩岸關係形勢出現重大積極變化的情況下,兩

岸經濟關係的發展也迎來了新的發展機遇。在兩岸協商過程中，經濟關係也是兩岸之間共識最多、分歧最少、最容易達成一致、最容易取得進展的領域。2008年以來，兩岸確立了「先經濟後政治」的協商原則，迄今所進行的多次協商，議題基本上都集中在經濟領域。2008年12月15日，兩岸同胞期盼多年的「三通」終於得以基本實現，這不僅給兩岸人員往來帶來了極大的便利，給兩岸工商業者帶來立竿見影的好處，還會帶來兩岸經貿關係的結構性變革。根據中國社科院臺灣研究院張冠華的分析，兩岸「三通」的實現，為兩岸經濟關係的轉型升級提供了重要的基礎與憑藉，不僅將調整過去扭曲的兩岸資源配置，有助於提高兩岸產業價值鏈的總體升級，加快兩岸服務業合作，促進兩岸經濟關係的深化發展與轉型升級，還為兩岸經濟關係的制度化安排與建立兩岸特色經濟合作機制奠定了良好基礎。[443]

兩岸政治關係的改善、兩會制度性商談的恢復和兩岸「三通」的基本實現，都必然有利於兩岸經濟互賴的加深。有學者指出，一年半以來兩岸經貿關係的各項進展只是序幕，是為今後更宏大的發展作鋪墊。ECFA所帶來的經濟影響是根本性的，它的簽署將深刻改變兩岸經貿格局，使其直接步入制度化階段。[444]如果兩岸經濟關係的機制化能夠實現，兩岸經濟相互依賴的形態也會隨著發生變化，從一種在過去兩岸政治關係緊張、缺乏溝通對話時期的自發性、鬆散型依賴，轉變為在制度的保障下，兩岸當局積極溝通、主動引導下的相互依賴。兩岸經濟互賴負面效應也可以因為經濟正常化和機制化的實現而大大降低。事實上，過去兩年時間裡，由於兩岸在反對「臺獨」、堅持「九二共識」的基礎上建立了互信，從而推動解決了兩岸關係中一系列複雜問題，已經使得過去兩岸經濟相互依賴中的敏感性和脆弱性大大降低。我們可以看到，現在臺灣民眾對臺海地區和平穩定有了更多的信心，國際社會也對此表示肯定；臺灣不僅僅從威脅和風險的角度來看待兩岸經貿關係的發展，放鬆了一些對兩岸經貿發展的政策限制，臺

灣外的工商業者和投資者對臺灣經濟的信心增強；兩岸民間社會的交流交往也日益深入，已經開始出現社會融合的趨勢。這些都說明，過去一度被人為壓制或扭曲的兩岸經濟相互依賴的積極效應正越來越多地顯現出來。

在看到兩岸經濟互賴的正面效應不斷顯現的同時，我們也應該理性地看到，兩岸之間長期隔絕所導致人民之間的不瞭解，臺灣長期對大陸負面宣傳導致臺灣民眾對大陸的疏離感，臺灣民眾在某些涉及自身權益問題上對大陸的疑慮依然存在，臺灣內還有一些政治勢力藉機煽動兩岸之間的對立和敵視。這些問題很多是歷史形成的，帶有結構性特徵，不可能在短期內就能夠解決，也不可能僅僅靠兩岸經濟上的相互依賴就能夠解決。對於在兩岸關係改善的情況下，兩岸經濟交往依然存在一些問題，中國社科院臺灣研究所朱磊研究員認為主要有以下幾個方面的原因：（一）經貿交流合作成果對社會的影響是有滯後性的。人們尚不能感受到成效，自然難以做出積極的評價。（二）兩岸經貿交流合作成果尚存在片面性，惠臺舉措在力度和深度方面還有待加強。（三）在發展兩岸經濟關係問題上，臺灣內部意見不統一，宣傳不夠，未能凝聚臺灣民眾的共識。[445]其實，上述問題在很大程度上是技術層面的問題，基本上都可以隨著時間的推移，透過政策宣導和加強溝通來得到解決，不會從根本上影響到兩岸經貿關係的發展和兩岸經濟互賴積極效應的顯現，不會影響到兩岸關係和平發展的大局。

過去幾十年的兩岸關係歷史表明，兩岸關係的發展向來都不是一帆風順的，在兩岸構建和平發展框架的道路上，還會遇到種種阻力與挫折。對於兩岸經濟相互依賴導致臺灣民眾在經濟、政治、安全領域表現出脆弱性和敏感性，大陸理應給予更多的理解和寬容。胡錦濤在2005年3月4日的講話中，明確講到「臺獨」分裂勢力越是想把臺灣同胞跟我們分隔開來，我們就越是要更緊密地團結臺灣同胞。無論在什

麼情況下，我們都尊重他們、信賴他們、依靠他們，並且設身處地地為他們著想，千方百計照顧和維護他們的正當權益。446賈慶林也表示，對於部分臺灣同胞由於各種原因對中國大陸缺乏瞭解甚至存在誤解、對發展兩岸關係持有疑慮，我們願意坦誠以待，與他們加強交流溝通，並採取積極措施，使各界各階層更廣大的臺灣同胞都享受到兩岸關係和平發展的成果，增強對兩岸關係發展的信心。447這些都說明，大陸有足夠的信心、耐心和決心來消除兩岸經濟相互依賴的負面效應，澄清和化解部分臺灣民眾的疑慮，追求兩岸關係和平發展的美好前景。

構建兩岸關係和平發展框架是一個系統工程，它涉及政治、經濟、社會、文化、軍事、涉外事務等方方面面的問題。賈慶林在學習貫徹胡錦濤重要講話座談會上表示，要不斷鞏固兩岸關係發展的政治基礎、物質基礎、文化基礎和社會基礎，不斷增進兩岸經濟、文化、社會和人民思想感情的大融合，不斷增強兩岸同胞對中華文化和中華民族的認同，努力構建基礎堅實、支撐有力、內涵豐富的兩岸關係和平發展框架。448兩岸經濟上的相互依賴只是兩岸關係和平發展框架的一個重要組成部分，是兩岸關係發展的經濟基礎，它不是也不可能是實現兩岸關係和平發展的唯一動力。在大力推動兩岸經濟關係邁上一個新臺階的同時，我們也應該為兩岸其他領域關係的發展，要為兩岸民間社會的交流融合創造條件，特別是要為雙方破解政治難題，創造條件、預作準備。只有這樣，我們才能夠將經濟互賴所產生的經濟動力，轉化為促進兩岸關係和平發展的合力，開創兩岸關係和平發展新局面，迎來中華民族偉大復興的錦繡前程。

參考文獻

一、中文論著

1.大陸版

[美]芭芭拉·思多林斯主編,王镭、沈進建等譯:《論全球化的區域效應》,重慶出版社,2002年版。

[瑞士]布魯諾·S·弗雷著,吳元湛、何欣、劉學中譯:《國際政治經濟學》,重慶出版社,1987年版。

蔡拓等著:《國際關係學》,南開大學出版社,2005年版。

蔡秀玲、陳萍著:《海峽兩岸直接「三通」與區域產業整合研究》,中國經濟出版社,2004年版。

曹小衡著:《東亞經濟格局變動與兩岸經濟一體化研究》,中國對外經濟貿易出版社,2001年版。

陳必達、許月梅著:《國際政治關係經濟學》,甘肅人民出版社,1996年版。

陳志敏、[加]崔大偉主編:《國際政治經濟學與中國的全球化》,上海三聯書店,2006年版。

陳永富主編:《國際貿易理論》,科學出版社,2004年版。

鄧利娟主編:《21世紀以來的臺灣經濟困境與轉折》,九州出版社,2004年版。

鄧利娟主編:《臺灣研究25年精粹·經濟篇》,九州出版社,2005年版。

鄧利娟、石正方主編：《海峽西岸經濟區發展研究》，九州出版社，2008年版。

段小梅著：《臺商投資中國大陸的區位選擇及其投資環境研究》，中國經濟出版社，2006年版。

範愛軍著：《經濟全球化利益風險論》，經濟科學出版社，2002年版。

範愛軍主編：《國際投資學》，山東大學出版社，1996年版。

範宏雲著：《國際法視野下的國家統一研究——兼論兩岸統一過渡期的法律框架》，廣東人民出版社，2008年版。

樊勇明主編：《西方國際政治經濟學》，上海人民出版社，2001年版。

樊勇明主編：《西方國際政治經濟學理論與流派》，上海人民出版社，2003年版。

國務院臺灣事務辦公室編：《中國臺灣問題外事人員讀本》，九州出版社，2006年版。

海峽兩岸出版交流中心編：《兩岸經貿論壇紀實》，九州出版社，2006年版。

海峽兩岸關係協會編：《「九二共識」歷史存證》，九州出版社，2005年版。

海峽兩岸關係協會編：《兩岸對話與談判重要文獻選編》，九州出版社，2004年版。

杭言勇著：《世界經濟概論》，機械工業出版社，2006年版。

黃嘉樹、劉杰著：《兩岸談判研究》，九州出版社，2003年版。

黃景貴主編：《海峽兩岸產業發展與經營管理比較研究》，科學出版社，2007年版。

黃梅波著：《兩岸經貿關係回顧與展望》，人民出版社，2007年版。

黃紹臻：《海峽經濟區的戰略構想——臺灣海峽兩岸關係走向》，社會科學文獻出版社，2005年版。

暨南大學臺灣經濟研究所編：《經濟全球化格局下的兩岸產業分工與合作》，經濟科學出版社，2006年版。

金應忠、倪世雄著：《國際關係理論比較研究》，中國社會科學出版社，1988年版。

金哲松著：《國際貿易結構與流向》，中國計劃出版社，2000年版。

[美]卡爾·多伊奇著，周啟朋等譯：《國際關係分析》，世界知識出版社，1992年版。

[美]肯尼思·沃爾茲著，胡少華、王紅纓譯：《國際政治理論》，中國人民公安大學出版社，1992年版。

李保明著：《兩岸經濟關係20年：突破與發展歷程的實證分析》，人民出版社，2007年版。

李濱著：《國際政治經濟學：全球視野下的市場與國家》，南京大學出版社，2005年版。

李非著：《海峽兩岸經濟合作問題研究》，九州出版社，2000年版。

李非著：《臺灣經濟發展通論》，九州出版社，2004年版。

李非著：《海峽兩岸經濟關係通論》，鷺江出版社，2008年版。

李非著：《海峽兩岸經貿關係》，對外貿易教育出版社，1994年版。

李非主編：《21世紀初期海峽兩岸經濟關係走向與對策》，九州出版社，2002年版。

李非主編：《臺灣研究25年精粹·兩岸篇》，九州出版社，2005年版。

李宏碩主編：《海峽兩岸經貿關係研究》，中國致公出版社，1994年版。

李家泉著：《兩岸「雙贏」之路》，中國友誼出版公司，2001年版。

李建平主編：《海峽兩岸經濟發展：新機遇、新思維、新視野》，中國經濟出版社，2009年版。

廖光生編著：《兩岸經貿互動的隱憂與生機》，香港中文大學香港亞太研究所，1995年版。

劉相平著：《經濟全球化與兩岸經貿關係》，社會科學文獻出版社，2005年版。

劉映仙主編：《海峽兩岸經貿關係探討》，中國友誼出版公司，1993年版。

林崇城著：《產業與政治：兩岸相互依賴的時代》，世界知識出版社，2009年版。

林卿、鄭勝利、黎無生著：《兩岸「三通」與閩臺經貿合作》，中國經濟出版社，2005年版。

[美]羅伯特·基歐漢、約瑟夫·奈著,門洪華譯:《權力與相互依賴(第3版)》,北京大學出版社,2002年版。

柳劍平著:《當代國際經濟關係政治化問題研究》,人民出版社,2002年版。

盧進勇、杜奇華編著:《國際投資理論與實務》,中國時代經濟出版社,2004年版。

[美]羅伯特·吉爾平著,楊宇光譯:《國際關係政治經濟學》,經濟科學出版社,1989年版。

[美]羅伯特·吉爾平著,楊宇光、楊炯譯:《全球政治經濟學:解讀國際經濟秩序》,上海人民出版社,2003年版。

牛南潔著:《開放與經濟增長》,中國發展出版社,2000年版。

歐陽衛民著:《兩岸金融研究》,廈門大學出版社,2003年版。

彭澎著:《國際政治經濟學》,社會科學文獻出版社,2001年版。

大陸臺灣研究會編:《兩岸關係研究報告》(2001年、2002年、2003年、2004年),九州出版社,2002-2005年版。

任建蘭著:《基於全球化背景下的貿易與環境》,商務印書館,2003年版。

單玉麗著:《臺商直接投資與海峽西岸經濟區建設》,中國經濟出版社,2008年版。

[日]山本吉宣著,桑月譯:《國際相互依存》,經濟日報出版社,1989年版。

宋新寧、陳岳著:《國際政治經濟學概論》,中國人民大學出版

社，1999年版。

［英］蘇珊·斯特蘭奇著，楊宇光等譯：《國際政治經濟學導論：國家與市場》，經濟科學出版社，1990年版。

［美］唐·埃思裡奇著：《應用經濟學方法論》，經濟科學出版社，1998年版。

［巴西］特奧托尼奧·多斯桑托斯著，楊衍永等譯：《帝國主義與依附》，社會科學文獻出版社，1999年版。

佟家棟、周申編著：《國際貿易學——理論與政策》，高等教育出版社，2004年版。

王家英、孫同文編：《兩岸四地的互動整合：機遇與障礙》，香港中文大學香港亞太研究所，1996年版。

王建民主編：《臺灣研究論文精選·經濟篇》，臺海出版社，2006年版。王正毅、張岩貴著：《國際政治經濟學：理論範式與現實經驗研究》，商務印書館，2003年版。

王振中著：《政治經濟學研究報告——經濟全球化的政治經濟學分析》，社會科學文獻出版社，2001年版。

汪斌著：《全球化浪潮中當代產業結構的國際化研究：以國際區域為新切入點》，中國社會科學出版社，2004年版。

吳曉東著：《國際投資學》，西南財經大學出版社，2005年版。

［美］韋艾德、葛蘇珊編著，張宓蕪譯：《臺灣政治經濟理論研究》，鷺江出版社，1992年版。

［美］小約瑟夫·奈著，張小明譯：《理解國際衝突：理論與歷史》，上海世紀出版集團，2002年版。

徐松、沈明其、汪素芹主編：《國際貿易學》，中國統計出版社，2003年版。

楊先明著：《發展階段與國際直接投資》，商務印書館，2000年版。

易綱、許小年主編：《臺灣經驗與大陸經濟改革》，中國經濟出版社，1994年版。

[美]約瑟夫·S·奈、約翰·D·唐納胡主編，王勇等譯：《全球化世界的治理》，世界知識出版社，2003年版。

張二震、馬野青主編：《國際貿易學》，南京大學出版社，2003年版。

張立勇主編：《海峽兩岸民生與經貿往來中的法律問題》，法律出版社，2009年版。

張可雲著：《區域經濟政策——理論基礎與歐盟國家實踐》，中國輕工業出版社，2001年版。

張錫瑕主編：《國際貿易》，對外經濟貿易大學出版社，2001年版。

張相文主編：《國際貿易學》，武漢大學出版社，2004年版。

張玉冰著：《大陸沿海與臺灣地區競爭力比較研究》，九州出版社，2007年版。

中共中央臺灣工作辦公室海研中心，中國國民黨國政研究基金會編：《兩岸經貿論壇文集》，九州出版社，2006年版。

周志懷主編：《新時期對臺政策與兩岸關係和平發展》，華藝出版社，2009年版。

周志懷主編：《兩岸關係和平發展與機遇管理》，九州出版社，2009年版。

朱文莉著：《國際政治經濟學》，北京大學出版社，2004年版。

莊宗明、黃梅波等著：《兩岸經貿合作研究》，人民出版社，2007年版。

2.臺灣版

包宗和、吳玉山主編：《爭辯中的兩岸關係理論》，五南圖書出版股份有限公司，1999年版。

包宗和著：《臺海兩岸互動的理論與政策面向：1950-1989》，三民書局，1991年版。

邊裕淵著：《大陸經濟國際化程度之研究：兼論對臺灣之影響》，兩岸交流遠景基金會，2002年版。

蔡東杰著：《東亞區域發展的政治經濟學》，五南圖書出版股份有限公司，2007年版。

蔡學儀著：《兩岸經貿之政治經濟分析》，新文京開發出版股份有限公司，2003年版。

蔡瑋著：《新世紀的兩岸秩序》，臺灣海峽學術出版社，2002年版。

蔡瑋著：《中共涉臺決策與兩岸關係發展》，風雲論壇出版社，2000年版。

蔡政文、林嘉誠著：《臺海兩岸政治關係》，國家政策研究中心，1989年版。

陳春山著：《兩岸經貿政策解讀：兩岸關係與臺灣經濟之未

來》，月旦出版股份有限公司，1994年版。

陳長文著：《假設的同情：兩岸的理性與感性》，天下遠見出版股份有限公司，2005年版。

陳德升著：《兩岸政經互動：政策解讀與運作分析》，永業出版社，1994年版。

陳福成著：《國家安全與戰略關係》，時英出版社，2000年版。

陳力生著：《臺灣海峽的和平與戰爭》，時英出版社，2002年版。

陳荔彤著：《臺灣主體論》，元照出版公司，2004年版。

陳孔立著：《臺灣學導論》，博揚文化事業有限公司，2004年版。

陳一新等著：《胡溫主政下對臺政策與兩岸關係》，財團法人兩岸交流遠景基金會，2006年版。

[日]大前研一著，趙佳宣、劉錦秀譯：《中華聯邦》，商周出版社，2003年版。

範世平著：《大陸出境旅遊與兩岸關係之政治》，秀威資訊科技股份有限公司，2006年版。

高長著：《兩岸經貿關係之探索》，天一出版社，1997年版。

高長著：《大陸經改與兩岸經貿關係》，五南圖書出版股份有限公司，2002年版。

高孔廉著：《兩岸經貿整合的起點：自由貿易區》，國家政策研究基金會，2002年版。

高希均、李誠、林祖嘉編：《臺灣突破：兩岸經貿追蹤》，天下

文化出版公司，1992年版。

洪鐮德著：《當代政治經濟學》，楊智文化事業公司，1999年版。

黃昭元主編：《「兩國論」與臺灣「國家定位」》，學林文化事業有限公司，2000年版。

江宜樺著：《自由主義、民族主義與國家認同》，揚智文化事業股份有限公司，2000年版。

李非主編：《海峽兩岸經濟一體論》，博揚文化事業有限公司，2003年版。

李英明著：《全球化時代的臺灣與兩岸關係》，生智文化事業有限公司，2001年版。

李英明著，《現階段大陸政經社會發展與兩岸關係》，永然文化出版股份有限公司，1994年8月版。

李允杰著：《臺灣政局與兩岸關係》，海峽學術出版社，2007年版。

李允杰著：《透視兩岸‧財經》，海峽學術出版社，2009年版。

梁國樹著：《國際經貿政策建言》，遠流出版事業股份有限公司，1998年版。

廖光生著：《兩岸經貿互動的隱憂與生機》，允晨文化事業公司，1995年版。

林信華著：《超國家社會學：兩岸關係中的新臺灣社會》，韋伯文化國際出版有限公司，2003年版。

林祖嘉著：《兩岸經貿與大陸經濟》，天下遠見出版股份有限公

司，2005年版。

　　劉文成著：《兩岸經貿大未來：邁向區域整合之路》，生智文化事業有限公司，2001年版。

　　彭素玲著：《兩岸經貿互動與臺灣中期經濟成長：總體經濟聯結模型分析》，「行政院經濟建設委員會」，2004年版。

　　邵宗海著：《兩岸關係》，五南圖書出版股份有限公司，2006年版。

　　邵宗海著：《兩岸協商與談判》，新文京開發出版公司，2004年版。

　　邵宗海著：《當代大陸政策》，生智文化事業公司，2003年版。

　　邵宗海著：《兩岸關係與兩岸對策——1996年「總統」大選後的解析》，時報文化出版企業股份有限公司，1996年版。

　　邵宗海主編：《兩岸關係論叢——從乙亥到乙卯年》，華泰文化事業公司，2000年版。

　　石之瑜著：《兩岸關係概論》，揚智文化事業股份有限公司，1998年版。

　　石之瑜、李念祖著：《規範兩岸關係：人道努力與制度安排》，五南圖書出版股份有限公司，1994年版。

　　施正鋒著：《臺中美三角關係：由新現實主義到建構主義》，前衛出版社，2001年版。

　　施正鋒著：《臺灣人的民族認同》，前衛出版社，2000年版。

　　施正鋒著：《臺灣政治建構》，前衛出版社，1999年版。

　　蘇進強著：《全球化下的臺海安全》，揚智文化事業股份有限公

司，2003年版。

蘇進強主編：《911事件後全球戰略評估》，英文新聞股份有限公司，2002年版。

蘇起著：《危險邊緣：從「兩國論」到「一邊一國」》，天下遠見出版股份有限公司，2003年版。

宋鎮照著：《臺灣海峽兩岸與東南亞三角政經關係之解析》，五南圖書出版股份有限公司，1999年版。

臺灣經濟研究院編：《「我國」出口結構、依賴中國市場與兩岸分工之分析》，「行政院經濟部工業局」，2003年版。

臺灣經濟研究院：《臺灣製造業升級情勢與策略之規劃：兩岸產品競合及依賴監視指標之研究：中國近期政經變化對「我國」經濟之影響》，「行政院經濟部工業局」，2004年版。

田志立著：《21世紀中華經濟區》，立緒文化公司，1998年版。

童振源：《全球化下的兩岸經濟關係》，生智文化事業有限公司，2003年版。

王昆義著：《全球化與臺灣》，創世文化事業出版社，2001年版。

王玉玲著：《由兩岸關係探討臺灣的統獨問題》，桂冠圖書股份有限公司，1996年10月版。

吳安家著：《臺海兩岸關係的回顧與前瞻》，永業出版社，1996年版。

吳恆宇著：《現階段中共對臺「文攻武嚇」之研究（1995-2001）》，臺北：大屯出版社，2001年版。

吳瓊恩著：《騰飛與墮落：突破兩岸關係僵局的新思維》，海峽學術出版社，2004年版。

吳新興著：《整合理論與兩岸關係之研究》，五南圖書出版股份有限公司，1995年版。

吳玉山著：《抗衡與扈從——兩岸關係新詮：從前蘇聯看臺灣與大陸間的關係》，正中書局，1997年版。

「行政院大陸委員會」主編：《中國大陸經濟發展與兩岸關係的回顧與前瞻》，「行政院陸委會」，1997年版。

「行政院大陸委員會」編印：《堅持「主權、民主、和平、對等」四原則的兩岸關係》，臺北：「行政院大陸委員會」，2008年版。

許光泰主編：《世貿組織與兩岸發展》，政治大學國際關係研究中心，2003年版。

許世楷、施正鋒編：《臺灣前途危機管理》，前衛出版社，2001年版。

徐淑敏著：《敏感性與脆弱性：互賴理論下的兩岸關係》，時英出版社，2005年版。

楊連福著：《人口問題與臺灣政治變遷》，博揚文化事業有限公司，2005年版。

楊開煌著：《出手——胡政權對臺政策初探》，海峽學術出版社，2005年版。

楊開煌著：《困局——論陸臺香濠》，海峽學術出版社，2000年版。

楊開煌著：《縱論兩岸尋雙贏》，智庫出版有限公司，1996年

版。

楊憲村、徐博東著：《世紀交鋒：民進黨如何同共產黨打交道》，時報文化出版企業股份有限公司，2002年版。

游盈隆主編：《近二十年兩岸關係的發展與變遷》，財團法人海峽交流基金會，2008年版。

虞義輝著：《臺灣意識的多面向：百年兩岸的民族主義》，黎明文化事業股份有限公司，2001年版。

於宗先著：《銳變中的臺灣經濟》，三民書局，1993年版。

於宗先著：《大陸經濟臺灣觀》，五南圖書出版公司，2000年版。

於宗先、侯家駒、高希均編：《海峽兩岸經濟關係之研討》，三民書局，1990年版。

張亞中著：《兩岸統合論》，生智文化事業有限公司，2000年版。

張亞中著：《全球化與兩岸統合》，聯經出版事業股份有限公司，2003年版。

鄭竹園著：《海峽兩岸經濟發展與互動》，聯經出版事業股份有限公司，1994年版。

鄭竹園著：《大陸經濟改革的進程與效果：兩岸三地經濟運作如何向共同體方向推進》，致良出版社有限公司，1997年版。

鄭竹園著：《大陸經濟改革與兩岸關係》，聯經出版事業股份有限公司，2000年版。

周添城著：《全球經貿的分合：區域化對全球化》，中華徵信所

企業股份有限公司，1999年版。

周添城著：《兩岸經貿的禁忌》，中華徵信所企業股份有限公司，1998年版。

朱延智著：《兩岸經貿》，五南圖書出版股份有限公司，2004年版。

二、英文論著

Anderson，James H.，Tensions Across the Strait：China's Military Options Against Taiwan Short of War，Heritage，Washington，Backgrounder No.1328，September 1999.

Alan D. Romberg，Rein in at the Brink of the Precipice：American Policy toward Taiwan and U.S.-PRC relations，Washington，D.C.：Henry L.Stimson Center，2003.

Avery Goldstein，Rising to the Challenge：China's Grand Strategy and International Security，PaloAlto，CA：Stanford University Press，2005.

Bonnie Glaser and Brad Glosserman，Promoting Confidence Building across the Taiwan Strait，Center for Strategic and International Studies，Washington D. C.：2008.

David A. Shlapak，David T.Oelestsky，and Barry A.Wilson，Dire Strait？Military Aspects of the china-Taiwan Confrontation and Options for U.S.Policy，Santa Monica，CA：Rand，2000.

David Shambaugh，Power Shift：China and Asia's New Dynamics，San Francisco，CA：University of California Press，2006.

David Shambaugh ed.，Contemporary Taiwan，New York：Oxford University，1998.

Denney Roy,Cross-Strait Economic Relations:Opportunities Outweigh Risks,Honolulu:The Asia-Pacific Center for Security Studies,2004.

Greg Austin,ed.,Missile Diplomacy and Taiwan's Future:Innovations in Politics and Military Power,Strategic and Defence Studies Centre,Research School of Pacific and Asian Studies,Canberra,Australian National University,1997.

George T. Crane&Abia Amawied,The Theoretical Evolution of International Political Economy,London:Oxford University Press,1997.

James R. Lilley and Chuck Downs,eds.,Crisis in the Taiwan Strait,Washington,D.C.:National Defense University Press,1997.

Jed Babbin&Edward Timperlake,Showdown:Why China Wants War With the United States,N. Y.:Regnery Publishing,Inc.,2006.

Jeffery A. Friedend&David A.lake,International Political Economy:Respective on Global Power and Wealth,(St.Martin』s Press,1991).

John J. Tkacik,Jr.,Rethinking「One Chin.」,Washington D.C.:The Heritage Foundation,2004.

John W. Garver,Face Off:China,the United States,and Taiwan's Democratization,Seattle:University of Washington Press,1997.

Martin L. Lasater,Policy in Evolution:the U.S.Role in China's reunification,Boulder,Colorado:Westview Press,1989.

Michael Swaine,Andrew Yang etc. des,Assessing the Threat:the Chinese Military and Taiwan's Security,Washington DC:Carnegie Endowment for International Peace,2007.

Michael Swaine,Tuosheng Zhang,Danielle Cohen,Managing Sino-

American Crises：Case Studies and Analysis，Washington DC：Carnegie Endowment for International Peace，2006.

Michael S. Chase，Kevin L.Pollpeter，James C.Mulvenon，Shanghaied？The Economic and Political Implications of Information of the Flow of Information Technology and Investment Across the Taiwan Strait，Arlington：Rand Corporation，2004.

Naughton，Barry. ed.，The China Circle：Economics and Technology in the PRC，Taiwan，and Hong Kong，Washington，D.C.：Brookings Institution Press，1997.

Richard C. Bush III，Untying the Knot Making Peace in the Taiwan Strait，Washington，D.C.：Brookings Institution Press，2005.

Robert G. Sutter，Chinese Policy Priorities and Their Implications for the United States，WashingtonD.C.：United States of America Press，2001.

Robert S. Ross&Alastair Iain Johnston，New Directions in the Study of China』s Foreign Policy，PaloAlto，CA：Stanford University Press，2006.

Ted Galen Carpenter，America's Coming War with China：a Collision Course over Taiwan，N. Y.：Palgrave Macmillan，2006

三、期刊論文

1.大陸期刊

鮑曉華：《臺灣「產業空洞化」的檢驗——兼與臺灣學者謝寬裕商榷》，《世界經濟研究》，2002年第4期。

曹小衡：《海峽經貿政策、經貿關係現狀與前景研究》，《臺灣研究》，2008年第3期。

常欣欣：《和平與經濟相互依賴關係的理論考察》，《北京行政

學院學報》，2001年第5期。

陳動：《也談主權理論及在臺灣問題上的應用》，《臺灣研究集刊》，2003年第1期。

陳剛：《經濟全球化與相互依賴》，《外交學院學報》，2000年第2期。

陳麗明、張冠華：《新形勢下加強兩岸產業交流與合作的思考與探索》，《臺灣研究》，2009年第3期。

陳雯：《中國——東盟自由貿易區對臺灣地區經濟的影響》，《國際貿易問題》，2006年第8期。

華曉紅、趙旭梅：《對中國大陸與臺灣地區經濟依存關係的分析》，《國際貿易問題》，2005年第4期。

黃嘉樹：《兩岸和平問題研究》，《教學與研究》，2007年第7期。

鄺艷湘：《經濟互賴與國際和平》，《外交評論》，2007年第1期。

鄺艷湘：《和平還是衝突：經濟相互依賴的政治後果》，《國際論壇》，2007年第3期。

李非：《兩岸加入世界貿易組織對臺商投資的影響》，《廈門大學學報（哲學社會科學版）》，2002年第4期。

李非：《臺灣高科技產業與兩岸產業合作趨勢》，《廈門大學學報（哲學社會科學版）》，2003年第1期。

李非、張玉冰：《至2020年臺灣經濟發展趨勢與兩岸關係》，《臺灣研究集刊》，2004年第2期。

李非：《論臺灣經濟投入與產出的變化》，《臺灣研究》，2004年第4期。

李非：《建立「兩岸共同市場」問題研究》，《臺灣研究》，2005年第3期。

李非：《當前海峽兩岸貿易形勢分析》，《廈門大學學報（哲學社會科學版）》，2007年第1期。

李非、熊俊莉：《論兩岸科技產業的分工與合作》，《臺灣研究》，2007年第5期。

李非：《海峽西岸經濟區對臺先行先試政策研究》，《福建師範大學學報（哲學社會科學版）》，2009年第6期。

李鵬：《海峽兩岸的利益衝突及對共同利益的尋求》，《臺灣研究集刊》，2001年第3期。

林媛媛：《關於海峽兩岸自由貿易區目標模式的研究》，《國際貿易問題》，2003年第8期。

劉國深：《兩岸關係不穩定態與制度創新》，《臺灣研究集刊》，2000年第3期。

劉國深：《試析現階段兩岸關係》，《臺灣研究集刊》，2003年第2期。

劉國深：《兩岸關係和平發展新課題淺析》，《臺灣研究集刊》，2008年第4期。

劉國深：《試論和平發展背景下的兩岸共同治理》，《臺灣研究集刊》，2009年第4期。

劉震濤、王花蕾：《關於兩岸特色經濟合作機制目標探討》，《國際經濟評論》，2009年9-10期。

門洪華：《國際機制的有效性與侷限性》，《美國研究》，2001年第4期。

潘文卿、李子奈：《中國大陸經濟對臺商投資的依存研究：一個基於聯接模型的分析》，《世界經濟》，2001年第10期。

邱芝：《論歐洲一體化進程中集體認同的建構》，《世界經濟與政治論壇》，2007年第4期。

盛九元：《建立兩岸經濟合作機制的方式與途徑研究》，《世界經濟與政治論壇》，2009年第4期。

石正方、劉嚴毅：《海峽經濟區區域治理管見》，《臺灣研究集刊》，2007年第4期。

沈丹陽：《海峽兩岸貿易不平衡的現狀、成因與可能的發展趨勢》，《外貿調研》，2004年第19期。

孫寧華、洪銀興：《新時期的兩岸經貿關係：互補性、障礙和機遇》，《南京大學學報（哲學、人文科學、社會科學）》，2001年第3期。

唐永紅：《當前兩岸制度性經濟一體化的經濟可行性考察》，《臺灣研究集刊》，2007年第1期。

唐永紅、鄧利娟：《當前兩岸經濟合作機制創新的空間與路徑》，《臺灣研究》，2005年第6期。

王建民：《兩岸經貿關係發展的不對稱性分析及思考》，《臺灣研究》，2004年第5期。

王茹：《兩岸命運共同體與兩岸公共生活的建構》，《臺灣研究集刊》，2006年第3期。

許世銓：《東亞區域經濟合作及對兩岸關係的影響》，《臺灣研

究》，2002年第2期。

殷存毅、卓凱：《東亞經濟格局與兩岸經濟關係》，《臺灣研究》，2006年第3期。

於津平：《中國與東亞主要國家和地區間比較優勢與貿易互補性》，《世界經濟》，2003年第5期。

於萬里：《相互依賴研究評述》，《歐洲研究》，2003年第4期。

於軍：《相互依賴與國際衝突》，《國際政治研究》，2003年第3期。

張冠華：《臺商大陸投資對兩岸貿易影響分析》，《臺灣研究》，2003年第4期。

張冠華：《兩岸經濟關係發展及其政經影響》，《臺灣研究》，2005年第2期。

曾華群：《論內地與香港CEPA之性質》，《廈門大學學報（哲學社會科學版）》，2004年第6期。

周志懷：《論海峽兩岸經貿關係的制度化安排》，《臺灣研究》，2002年第2期。

莊宗明：《「兩岸共同市場」：理念架構及其現實意義》，《國際經濟合作》，2006年第1期。

2.臺灣期刊

蔡宏明：《CEPA與兩岸經貿合作機制》，《貿易政策論叢》，2004年第9期。

蔡宏明：《臺灣經貿發展對兩岸經貿互動之影響》，《遠景基金會季刊》，2006年第2期。

蔡學儀：《全球化與兩岸經濟發展》，《展望與探索》，2005年第1期。

蔡毓芳：《兩岸經貿依存的迷思與展望》，《臺灣經濟研究月刊》，2005年第2期。

陳麗瑛：《面對國際、兩岸及臺灣制約因素的兩岸經貿關係》，《經濟前瞻》，2006年總第107期。

陳陸輝、耿曙、塗萍蘭、黃冠博：《理性自利或感性認同？影響臺灣民眾兩岸經貿立場因素的分析》，《東吳政治學報》，2009年第2期。

陳明通：《臺灣的「憲政改造」與兩岸關係》，臺灣《「國家」發展研究》，2005年第1期。

陳添枝：《全球化與兩岸經濟關係》，臺灣《經濟論文叢刊》，2003年第3期。

鄧岱賢：《兩岸簽署綜合性經濟合作協議之研究》，《中華戰略學刊》，2008年秋季號。

傅豐誠：《兩岸經貿政策共識難成之因》，《經濟前瞻》，2006年總第104期。

高長：《兩岸經貿發展趨勢與因應對策剖析》，《理論與政策》，1997年第4期。

高長、王正旭：《兩岸關係的回顧、新情勢與前瞻》，《遠景基金會季刊》，2008年第3期。

高長、蔡依帆：《兩岸雙邊貿易、投資與產業分工發展趨勢》，《經濟情勢暨評論》，2006年第3期。

高孔廉：《由兩岸經貿政策看臺灣經濟出路》，臺灣《經濟前

瞻》，2003年第3期。

耿曙、陳陸輝：《兩岸經貿互動與臺灣政治版圖：南北區塊差異的推手？》，《問題與研究》，2003年第6期。

黃鎮臺：《全球化下的兩岸經貿政策與臺灣競爭力》，《國家政策論壇》，2001年第6期。

洪財隆：《兩岸經貿關係的拓展與正常化》，《臺灣經濟研究月刊》，2008年第第4期。

李允杰：《兩岸新形勢下籤署雙向投資保障協議之分析》，《展望與探索》，2009年第2期。

練有為：《兩岸經貿與知識經濟對臺灣產業結構的影響》，《臺灣銀行季刊》，2008年第2期。

練有為：《兩岸經貿政策對產業之影響——從臺灣股市反應評估》，《臺灣銀行季刊》，2007年第2期。

廖舜右：《WTO架構下兩岸經貿合作的可行性》，《臺灣經濟研究月刊》，2009年第1期。

列嘉祺：《兩岸經貿發展：臺灣被邊緣化或整合？》，《展望與探索》，2003年第3期。

林祖嘉：《兩岸經貿發展對臺灣產業調整之影響：產業升級與邊緣化之爭議》，《「國家」政策論壇》，2003年第7期。

林灼榮：《WTO架構下兩岸經貿關係之展望》，《臺灣經濟研究月刊》，2002年第8期。

林琮盛、耿曙：《從「安全」與「利益」的兩難中解套：再思兩岸關係中的市場力量》，《遠景基金會季刊》，2005年第4期。

劉祥熹、蔡秀卿：《兩岸經貿互動關係與經濟整合性之研究》，《績效與策略研究》，2005年第1期。

劉祥熹、陳嘉福：《兩岸經貿政策演變及貿易與投資之互動關係》，《華人經濟研究》，2005年第1期。

邱垂正：《兩岸非正常化經濟整合關係之省思與挑戰》，《展望與探索》，2005年第11期。

邱秀錦：《臺灣經濟對大陸經濟依賴程度與可能影響》，《臺灣經濟金融月刊》，2001年第9期。

邵宗海：《從兩岸關係的變遷探討兩岸關係的定位》，《遠景基金會季刊》，2003年第4期。

孫震：《東亞區域經濟發展與兩岸經貿關係》，《永豐金融季刊》，2008年第9期。

唐彥博：《兩岸經貿發展趨勢與展望》，《展望與探索》，2007年第4期。

滕人杰：《兩岸經貿互動對「國內」製造業就業市場之影響》，《臺灣經濟研究月刊》，2004年第27卷第8期。

童振源：《臺灣與「中國」經貿關係——經濟與安全的交易》，《遠景基金會季刊》，2000年第1卷第2期。

童振源：《評陳水扁經濟安全發展戰略的兩岸經貿政策》，《經濟前瞻》，2000年總第68期。

童振源：《兩岸經濟全球分工與互賴》，《經濟情勢暨評論》，2001年第3期。

童振源：《兩岸經濟整合與臺灣的「國家安全」顧慮》，《遠景基金會季刊》，2003年第4卷第3期。

吳秉轄：《技術外溢傳遞機制之研究——探討「我國」技術管制對兩岸經貿之影響》，《臺灣銀行季刊》，2009年第3期。

吳金城：《特殊的兩岸經濟相互依賴關係與意涵》，《東亞論壇季刊》，2009年第3期。

吳瑟致：《中國大陸經濟崛起與臺灣因應策略之研究》，《競爭力評論》，2005年第7期。

夏樂生：《臺商赴大陸投資現況及其對臺灣經濟之影響》，《展望與探索》，2004年第4期。

徐淑敏：《互賴理論中「敏感性與脆弱性」概念應用於兩岸互動關係的操作化分析》，《遠景基金會季刊》，2004年4期。

許振明：《臺灣的兩岸經貿政策及兩岸經濟合作之分析》，《國家政策論壇》，2004年春季號。

楊仕樂：《中國威脅？經濟互賴與中國大陸的武力使用》，《東亞研究》，2004年第2期。

張弘遠：《策略性依賴下的兩岸經貿互動：一個簡單貿易政策模型的分析》，《展望與探索》，2003年第11期。

鄭竹園：《從世界經濟大勢看兩岸經貿關係》，《中華戰略學刊》，2004年冬季號。

四、網站資料

中華人民共和國中央人民政府網站，http：//www.gov.cn/。

國務院臺灣事務辦公室網站，http：//www.gwytb.gov.cn/。

中華人民共和國外交部網站，http：//www.mfa.gov.cn/chn/。

大陸臺灣研究會網站，http：//tyh.chinataiwan.org/。

中國臺灣網，http：//www.chinataiwan.org/。

華夏經緯網，http：//www.huaxia.com/。

人民網海峽兩岸，http：//tw.people.com.cn/GB/index.html。

新華網臺灣頻道，http：//www.xinhuanet.com/tw/。

央視網海峽兩岸，http：//www.cctv.com/taiwan/special/hxla/hxlasy/index.shtml。

（臺灣）「中華民國總統府」網站，http：//www.president.gov.tw/。

（臺灣）「行政院大陸委員會」網站，http：//www.mac.org.tw/。

（臺灣）海峽交流基金會網站，http：//www.sef.org.tw/。

（臺灣）「國家政策研究基金會」網站，http：//www.npf.org.tw/。

（臺灣）「臺灣智庫」網站，http：//www.taiwanthinktank.org/。

（臺灣）遠見雜誌民調中心網站，http：//www.gvm.com.tw/gvsrc/index.asp。

（臺灣）中國國民黨全球資訊網：http：//www.kmt.org.tw/。

（臺灣）民主進步黨全球資訊網：http：//www.dpp.org.tw/。

（美國）國務院網站，http：//www.state.gov/。

（美國）傳統基金會網站，http：//www.heritage.org/。

（美國）企業研究院網站，http：//www.aei.org/。

（美國）布魯金斯研究院網站，http：//www.brookings.edu/。

（美國）戰略與國際研究中心網站，http：//www.csis.org/index.php。

（美國）卡內基國際和平基金會網站，http：//www.carnegieendowment.org/。

後記

　　本書是我繼《臺海安全考察》和《海峽兩岸關係析論——以和平發展為主題之研究》之後的第三本學術專著。實話實說，這本專著是最令我勞神費力的一本。從事這個課題的研究，對我來說是一個前所未有的挑戰。我的專業研究領域是臺灣政治與兩岸關係，經濟問題的研究並不是我的專長。當初決定報考本院區域經濟學方向的博士研究生，一個重要的考慮是希望能夠將經濟研究與政治研究結合起來，更加全面系統地理解兩岸關係的和平發展。但現在回過頭來看，要做到這一點的確不容易。

　　本書能夠付梓，首先要感謝我的博士生導師李非教授，他不僅有高深的學術造詣和淵博的知識，更有著獨特的人格魅力。幾年來，我不僅從他那裡學到了很多讓我終生受益的真知灼見，而且他對學術研究的認真和執著精神，他虛懷若谷、謙遜隨和的為人之道，都將對我今後的學術之路產生重要影響。

　　我同樣要感謝廈門大學臺灣研究院的各位領導和老師多年來對我的包容、教誨和提攜。除了劉國深、陳孔立、張文生、林勁、孫雲、張敦財、陳先才、唐樺、沈惠平等政治學科的老師外，我也要特別感謝鄧利娟、石正方、唐永紅、趙玉榕、彭莉、王華、王勇等經濟學科的老師，以及游澤民、鄧孔昭、洪碧珍、葉宏明、張華姿、陳冬妮、陳宇華、陳榮華等各位同事，他們都直接或間接地對本書的寫作提供過幫助。

　　每一本書的出版自然離不開要感謝家人。我的太太姚靜可稱得上是一位賢妻良母，她承擔了絕大部分家務和照顧幼小女兒的重擔，非常辛苦。在本書寫作的過程中，正在牙牙學語的女兒沐蹊經常過來

問：「爸爸，你在幹什麼呀？」我回答：「爸爸在寫書」，她又問「寫書是要幹什麼呀？」我一時啞然。稚嫩問題的背後往往潛藏著深刻的道理。培根說，書是思想的航船。作為學術著作，寫書的目的當然不是為了賺錢，也不僅僅只是為了應付評職稱，而更重要的是要實現一種思想上的滿足感，追求一種學術上的成就感。因此，我時刻提醒自己，寫這本書，不僅要對得起讀者，更要對得起自己的學術良知，這便成為我在懈惰時的一種動力。

兩岸政治經濟關係是一個複雜、敏感又處於動態變化中的研究課題，在本書寫作的幾年時間裡，隨著形勢的變化，我不斷地更新調整研究資料，以便體現時效性。

由於本人才疏學淺，工作和生活日益忙碌，寫作本書的過程中不斷遭受疲態和惰性的侵擾，本書之研究難免會有疏漏，敬請廣大讀者海涵指正，將不勝感激！

李鵬

[1]《胡錦濤會見連戰和參加兩岸經貿論壇的臺灣人士》，新華網，北京，2006年4月16日電。

[2]胡錦濤：《攜手推動兩岸關係和平發展，同心實現中華民族偉大復興》，新華網，北京，2008年12月31日電。

[3]賈慶林：《在學習貫徹胡錦濤重要講話座談會上的講話》，新華網，北京，2009年12月30日電。

[4]朱磊：《回望2009：兩岸關係改善，經貿交流突破連連》，《人民日報（海外版）》，2010年1月7日。

[5]李非：《海峽兩岸經濟合作問題研究》，北京：九州出版社，2000年版，第136頁。

[6]李非：《臺灣經濟發展通論》，北京：九州出版社，2004年版，第6、508頁。

[7]華曉紅、趙旭梅：《對中國大陸與臺灣地區經濟依存關係的分析》，《國際貿易問題》，2005年第4期，第110-115頁。

[8]童振源：《海峽兩岸經濟分工與相互依賴》，載李非主編：《21世紀初期海峽兩岸經濟關係走向與對策》，北京：九州出版社，2002年版，第31-33頁。

[9]高長：《大陸經改與兩岸經貿關係》，臺北：五南圖書出版股份有限公司，2002年第三版，第302頁。

[10]陳春山：《兩岸經貿政策解讀：兩岸關係與臺灣經濟之未來》，臺北：月旦出版股份有限公司，1994年版，第59頁。

[11]張冠華：《兩岸經濟關係發展及其政經影響》，《臺灣研究》，2005年第2期，第14-15頁。

[12]於宗先：《大陸經濟臺灣觀》，臺北：五南圖書出版股份有限公司，2000年版，第103頁。

[13]蕭萬長：《一加一大於二：邁向兩岸共同市場之路》，臺北：天下遠見出版股份有限公司，2005年版，第89頁。

[14]石正方：《「三通」於兩岸經濟共同發展之效應分析》，《臺灣研究集刊》，2003年第2期，第84頁。

[15]王建民：《兩岸經貿關係發展的不對稱性分析及思考》，《臺灣研究》，2004年第5期，第25頁。

[16]高長：《大陸經改與兩岸經貿關係》，臺北：五南圖書出版股份有限公司，2002年第三版，第306頁。

[17]張亞中：《全球化與兩岸統合》，臺北：聯經出版事業股份有限公司，2003年版，第159-160頁。

[18]周志懷：《醞釀結構性變化的兩岸經貿關係》，《臺灣研究》，2001年第2期，第6頁。

[19]蔡學儀：《兩岸經貿之政治經濟分析》，臺北：新文京開放出版股份有限公司，2003年版，第46頁。

[20]鄧利娟在2004年「兩岸經貿論壇」上的發言，中新社杭州2004年7月29日電。

[21]曹小衡：《東亞經濟格局變動與兩岸經濟一體化研究》，北京：中國對外經濟貿易出版社，2001年版，第49頁。

[22]吳能遠：《兩岸關係中經濟與政治呈現巨大反差》，人民網，杭州，2004年7月28日電。

[23]陳陸輝、耿曙、塗萍蘭、黃冠博：《理性自利或感性認同？影響臺灣民眾兩岸經貿立場因素的分析》，臺灣《東吳政治學報》，

2009年第2期，第112頁。

[24]張亞中：《全球化與兩岸統合》，臺北：聯經出版事業股份有限公司，2003年版，第287頁。

[25]袁鶴齡：《兩岸經貿與政治影響力關係之探討》，《臺灣政治學報》，1997年第29期，第22頁。

[26]Denney Roy，Cross-Strait Economic Relations：Opportunities Outweigh Risks，（Honolulu：The Asia-Pacific Center for Security Studies，2004），p.10.

[27]Michael S.Chase，Kevin L.Pollpeter，James C.Mulvenon，Shanghaied？The Economic and Political Implications of Information of the Flow of Information Technology and Investment Across the Taiwan Strait，（Arlington：Rand Corporation，2004），pp.144-145.

[28][美]唐·埃思裡奇：《應用經濟學方法論》，北京：經濟科學出版社，1998年版，第13頁。

[29][美]肯尼思·沃爾茲著，胡少華、王紅纓譯：《國際政治理論》，北京：中國人民公安大學出版社，1992年版，第1頁。

[30]陳孔立：《臺灣學導論》，臺北：博揚文化事業有限公司，2004年版，第26-27頁。

[31]Andrew，Chris O.，and Peter E.Hildebrand，Planning and Conduction Applied Agricultural Research，（CO：Westview Press，1982），p.3，pX.

[32]樊勇明：《西方國際政治經濟學》，上海：上海人民出版社，2001年版，第57頁。

[33]張宗斌、王慶功主編：《現代西方經濟學教程》，北京：北京

師範大學出版社，2002年版，第325頁。

[34]華曉紅、趙旭梅：《對中國大陸與臺灣地區經濟依存關係的分析》，《國際貿易問題》，2005年第4期，第110頁。

[35]《馬克思恩格斯選集》（第一卷），北京：人民出版社，1972年版，第254-255頁。

[36]蔡拓：《國際關係學》，天津：南開大學出版社，2005年版，第284-285頁。

[37][美]小約瑟夫·奈著，張小明譯：《理解國際衝突：理論與歷史》，上海：上海世紀出版集團，2002年版，第275頁。

[38]Gerard M.Dalgish主編：《韋氏美語學習詞典》，北京：外語教學與研究出版社、蘭登書屋出版集團，1997年版，第684、367頁。

[39]中國社科院語言研究所詞典編輯室編：《現代漢語詞典》，北京：商務印書館，1983年版，第1254、1350頁。

[40]Richard Cooper，The Economics of Independence，（New York：Mcgraw Hill，1968），pp 52-53.

[41][美]羅伯特·基歐漢、約瑟夫·奈著，門洪華譯：《權力與相互依賴（第3版）》，北京：北京大學出版社，2002年版，第9頁。

[42][美]羅伯特·吉爾平：《國際關係政治經濟學》，北京：經濟科學出版社，1989年版，第30頁。

[43]張季良：《國際關係學概論》，北京：世界知識出版社，1989年版，第116頁。

[44]俞正梁等著：《全球化時代的國際關係》，上海：復旦大學出版社，2000年版，第191頁。

[45]Stanley Hoffmann, Contemporary Theory of International Relations,（Prentice-Hall，1960）, pp.268-272.

[46]Gerherd Mally, Interdependence-the European-American Connection in the Global Context,（Atlantic Council of the United States，1976）, p.5.

[47]Thomas C.Schelling, The Strategy of Conflict,（Boston：Harvard University Press，1960）, p.5.

[48]宋鎮照：《發展政治經濟學——理論與實踐》，臺北：五南圖書出版股份有限公司，2005年版，第104頁

[49][美]詹姆斯·多爾蒂、小羅伯特·普法爾茨格拉夫著，閻學通等譯：《爭論中的國際關係理論（第五版）》，北京：世界知識出版社，2003年版，第79頁。

[50][美]約瑟夫·奈著，張小明譯：《理解國際衝突：理論與歷史》，上海：上海世紀出版集團，2002年版，第275頁。

[51][美]羅伯特·基歐漢、約瑟夫·奈著，門洪華譯：《權力與相互依賴（第3版）》，北京：北京大學出版社，2002年版，第10頁。

[52]盧泰宏、賀和平：《渠道理論中的相互依賴新模式》，《財貿經濟》，2004年第12期，第53頁。

[53]宋鎮照：《發展政治經濟學——理論與實踐》，臺北：五南圖書出版股份有限公司，2005年版，第43頁。

[54]羅伯特·吉爾平：《國際關係政治經濟學》，北京：經濟科學出版社，1989年版，第24頁。

[55]中國社科院語言研究所詞典編輯室編：《現代漢語詞典》，北京：商務印書館，1983年版，第1350頁。

[56][巴西]特奧托尼奧·多斯桑托斯著，楊衍勇譯：《帝國主義與依

附》，北京：社會科學文獻出版社，1999年版，第302頁。

[57]孫來斌、顏鵬飛：《依附論的歷史演變與當代意蘊》，《馬克思主義研究》，2005年第4期，第74頁。

[58]周雷、徐瀅：《關於經濟全球化中依附發展理論的思考》，《濟南大學學報》，2001年第1期，第86頁。

[59]樊勇明：《西方國際政治經濟學》，上海：上海人民出版社，2001年版，第79頁。

[60]簡軍波：《落後國家與依附性發展》，《戰略與管理》，2002年第3期，第80頁。

[61]張亞中：《兩岸統合論》，臺北：生智文化事業有限公司，2002年版，第100頁。

[62]蔡拓：《國際關係學》，天津：南開大學出版社，2005年版，第290頁。

[63][日]山本吉宣著，桑月譯：《國際相互依存》，北京：經濟日報出版社，1989年版，第2頁。

[64][匈]約瑟夫·努伊拉斯主編：《世界經濟現行結構變化的理論問題》，北京：人民出版社，1984年版，第6頁。

[65]孫平：《經濟全球化與區域經濟一體化》，《經濟評論》，2001年第4期，第118頁。

[66]Robert O.Keohane & Joseph S.Nye Jr.，「Globalization：What's New？What's Not？（And So What？）」，Foreign Policy，Spring 2000，p.105.

[67]國際貨幣基金組織：《世界經濟展望》（中文版），北京：中國金融出版社，1997年版，第45頁。

[68]柳建平：《當代國際經濟關係政治化問題研究》，北京：人民出版社，2002年版，第114頁。

[69]陸燕：《貿易自由化、經濟全球化與我國外經貿發展》，《經濟研究參考》，2001年第4期，第26頁。

[70]李琮：《經濟全球化新論》，北京：中國社會科學出版社，2005年版，第156頁。

[71]伍貽康：《區域整合體制創新》，上海：上海財經大學出版社，2003年版，第54頁。

[72]Bela Balassa, The Theory of Economic Integration, （London：Allen＆Unwin，1962）, p.1.

[73]曹宏苓：《國際區域經濟一體化》，上海：上海外語教育出版社，2006年版，第3頁。

[74]丁志剛：《國際體系、相互依存、一體化、國際秩序》，《世界經濟與政治》，1997年第7期，第7頁。

[75][美]卡爾·多伊奇著，周啟朋等譯：《國際關係分析》，北京：世界知識出版社，1992年版，第354頁。

[76]陳漓高等：《世界經濟概論》，北京：首都經濟貿易大學出版社，2006年版，第313頁。

[77]倪世雄等：《當代西方國際關係理論》，上海：復旦大學出版社，2001年版，第336頁。

[78]蔡拓等：《國際關係學》，天津：南開大學出版社，2005年版，第288頁。

[79]3版）》，北京：北京大學出版社，2002年版，第39、20頁。

[80]門洪華：《構築新自由制度主義的理論基石》，載羅伯特·基歐漢、約瑟夫·奈著：《權力與相互依賴（第版）》，北京：北京大學出版社，年版，第頁。

[81]Robert Lieber, No Common Power：Understanding International Relations,（Harpa Collins College Publishers，1995），pp343-346.

[82]倪世雄等：《當代西方國際關係理論》，上海：復旦大學出版社，2001年版，第340頁。

[83]Richard Rosencrance, The Rise of the Trading State：Commerce and Conquest in the Modern World,（New York：Basic Book, Inc.，1986），p113.

[84]Albert O.Hirschman, National Power and the Structure of Foreign Trade,（Berkeley：University of California Press，1980），pp176-178.

[85]肯尼思·沃爾茲著，胡少華等譯：《國際政治理論》，北京：中國公安大學出版社，年版，第頁。

[86]Mark J.Gasiorowski, Economic Interdependence and International Conflict：Some Cross national Evidence, International Studies Quarterly, Vol.30, No.1（March, 1986），pp23-38.

[87]Katherrine Barbieri, Economic Interdependence：A Path to Peace or Source of International Conflict？Journal of Peace Research, Vol.33, No.1（1996），pp29-49.

[88]余萬里：《相互依賴研究評述》，《歐洲研究》，2003年第4期，第53-54頁。

[89]肯尼思·沃爾茲著，胡少華等譯：《國際政治理論》，北京：中國公安大學出版社，年版，第頁。

[90]李鵬：《臺海安全考察》，北京：九州出版社，2005年版，第8頁。

[91]李鵬：《國際關係理論運用於兩岸關係研究中的侷限》，《臺灣研究集刊》，2003年第2期，第35頁。

[92][美]羅伯特·基歐漢、約瑟夫·奈著，門洪華譯：《權力與相互依賴（第3版）》，北京：北京大學出版社，2002年版，第27頁。

[93]中共中央臺辦、國務院臺辦：《中國臺灣問題》，北京：九洲圖書出版社，1998年版，第127頁。

[94][美]小約瑟夫·奈著，張小明譯：《理解國際衝突：理論與歷史》，上海：上海世紀出版集團，2002年版，第276頁。

[95]李非：《21世紀海峽兩岸經濟關係走向與對策》，北京：九州出版社，2002年版，第1頁。

[96]《大陸人大常委會告臺灣同胞書》，《人民日報》，1979年1月1日。

[97]中共中央黨校、中共中央臺辦：《中共三代領導人談臺灣問題》，北京：九州出版社，2001年版，第496頁。

[98]《中華人民共和國臺灣同胞投資保護法》，《人民日報》，1994年3月6日。

[99]《為促進中國統一大業的完成而繼續奮鬥》，《人民日報》，1995年1月31日。

[100]《反分裂國家法》，《人民日報》，2005年3月15日。

[101]《胡錦濤與連戰會談時就發展兩岸關係提出四點主張》，新華社，2005年4月29日電。

[102]中共中央臺辦、國務院臺辦：《中國臺灣問題》，北京：九洲圖書出版社，1998年版，第133-134頁。

[103]劉國深等著：《臺灣政治概論》，北京：九州出版社，2006年版，第270-271頁。

[104]李非：《海峽兩岸經濟合作問題研究》，北京：九州出版社，2000年版，第24頁。

[105]曹小衡：《東亞經濟格局變動與兩岸經濟一體化研究》，北京：中國對外經濟貿易出版社，2001年版，第7頁。

[106]蔡學儀：《兩岸經貿之政治經濟分析》，臺北：新京文開發出版股份有限公司，2003年版，第53頁。

[107]《為促進中國統一大業的完成而繼續奮鬥》，《人民日報》，1995年1月31日。

[108]李非：《海峽兩岸經濟合作問題研究》，北京：九州出版社，2000年版，第24頁。

[109]《以民為本、為民謀利，積極務實推進兩岸「三通」》，《人民日報》，2003年12月17日。

[110]2003 12月17日。

[111]《「中華民國」95年「國防」報告書》，臺灣「國防部」，2006年版，第38頁。

[112]《陳明通：兩岸經貿卡在政治》，臺灣《聯合報》，2007年6月23日。

[113]劉映仙：《世紀之交的海峽兩岸經貿關係之刍議》，《臺灣研究》，1997年第3期，第1頁。

[114]臺灣「陸委會主委」吳釗燮在2005年「大陸臺商協會端午節座談會」致詞稿，臺灣「行政院大陸委員會」網站，http：//www.mac.gov.tw/ct.asp？xItem=。

[115]臺灣「陸委會」：《兩岸「直航」之影響評估》，2003年8月15日，臺灣「行政院大陸委員會」網站，http：//www.mac.gov.tw/ct.asp？xItem=58241＆ctNode=5645＆mp=1。

[116]陳水扁接受非凡電視臺「晚安臺灣」節目專訪，2005年6月27日，臺灣「總統府」網站，http：//www.president.gov.tw/php-bin/prez/shownews.php4？Rid=1085 6＆__recNo=0。

[117]《陳水扁2006年元旦祝詞（2006年1月1日）》，臺灣「行政院大陸委員會」網站，http：//www.mac.gov.tw/ct.asp？xItem=57212＆ctNode=5645＆mp=1＆xq__xCat=2006。

[118]《「中華民國」95年「國防」報告書》，臺灣「國防部」，2006年版，第38頁。

[119]《馬英九接受義週刊專訪》，臺灣「中央社」臺北2008年8月29日電。

[120]高長、王正旭：《兩岸關係的回顧、新情勢與前瞻》，臺灣《遠景基金會季刊》，2008年第3期，第177頁。

[121]劉賽力主編：《中國對外經濟關係》，北京：中國經濟出版社，1999年版，第6頁。

[122]曹宏苓：《國際區域經濟一體化》，上海外語教育出版社，2006年版，第85頁。

[123]中共中央臺辦、國務院臺辦：《中國臺灣問題》，九洲圖書出版社，1998年版，第25頁。

[124]李非：《海峽兩岸經貿關係》，對外貿易教育出版社，1994年版，第72頁。

[125]崔之清、張世宏：《海峽兩岸經貿關係的制衡因素及其發展趨勢》，載《海峽兩岸關係學術研討會論文集》，大陸臺灣研究會、大陸臺聯、中國社科院臺灣研究所，1991年版，第532頁。

[126]金應忠、倪世雄：《國際關係理論比較研究（修訂本）》，中國社會科學出版社，2003年版，第336頁。

[127][美]羅伯特·基歐漢、約瑟夫·奈著，門洪華譯：《權力與相互依賴（第3版）》，北京大學出版社，2002年版，第10頁。

[128]宋鎮照：《發展政治經濟學——理論與實踐》，臺灣五南圖書出版股份有限公司，2005年版，第104頁。

[129]《2006年兩岸貿易額占各自對外貿易的比重》，中華人民共和國商務部臺港澳司網站，http：//tga.mofcom.gov.cn/aarticle/jingmaotongji/redht/200704/20070404548637

[130]李非：《海峽兩岸經濟合作問題研究》，北京：九州出版社，2000年版，第89-90頁。

[131]曹小衡：《東亞經濟格局變動與兩岸經濟一體化研究》，北京：中國對外經濟貿易出版社，2001年版，第174-182頁。

[132]蔡學儀：《兩岸經貿之政治經濟分析》，臺北：新京文開發出版股份有限公司，2003年版，第24頁。

[133]劉婉婕：《由互賴理論探討臺海兩岸經貿之發展（1989-2005）》，臺中：中興大學國際政治研究所碩士學位論文，第44-47頁。

[134]李非：《海峽兩岸經貿關係》，北京：對外貿易教育出版

社，1994年版，第91頁。

［135］劉建興：《怎樣認識兩岸經貿的互補、競爭和不平衡》，載《海峽兩岸關係學術研討會論文集》，大陸臺灣研究會、大陸臺聯、中國社科院臺灣研究所，1991年版，第491頁。

［136］曹小衡：《東亞經濟格局變動與兩岸經濟一體化研究》，北京：中國對外經濟貿易出版社，2001年版，第182頁。

［137］蔡學儀：《兩岸經貿之政治經濟分析》，臺北：新京文開發出版股份有限公司，2003年版，第26頁。

［138］鄧利娟主編：《21世紀以來的臺灣經濟：困境與轉折》，北京：九州出版社，2004年版，第340頁。

［139］[美]卡爾·多伊奇著，周啟朋等譯：《國際關係分析》，北京：世界知識出版社，1992年版，第352-353頁。

［140］陳剛：《經濟全球化與相互依賴》，《外交學院學報》，2000年第2期，第90頁。

［141］華曉紅、趙旭梅：《對中國大陸與臺灣地區經濟依存關係的分析》，《國際貿易問題》，2005年第4期，第113頁。

［142］李非主編：《21世紀初期海峽兩岸經濟關係走向與對策》，北京：九州出版社，2002年版，第34頁。

［143］華曉紅、趙旭梅：《對中國大陸與臺灣地區經濟依存關係的分析》，《國際貿易問題》，2005年第4期，第113頁。

［144］李非主編：《21世紀初期海峽兩岸經濟關係走向與對策》，北京：九州出版社，2002年版，第34-35頁。

［145］李非主編：《21世紀初期海峽兩岸經濟關係走向與對策》，北京：九州出版社，2002年版，第35頁。

[146]華曉紅、趙旭梅：《對中國大陸與臺灣地區經濟依存關係的分析》，《國際貿易問題》，2005年第4期，第113-114頁。

[147]李非：《海峽兩岸經貿關係》，北京：對外貿易教育出版社，1994年版，第135頁。

[148]臺灣各個統計部門對兩岸貿易的估算公式比較複雜，2001年前，「陸委會」的估算公式為：（B1-B2）+C；2001年之後則根據修正後的統一公式：A+（B1-B2）×80%+C-r×A；而臺灣「經濟部」國際貿易局估算公式為：A+（B1-B2）×80%+C。其中：A為臺灣對大陸出口；B1為臺灣對香港出口F.O.B.；B2為香港自臺灣進口C.I.F.；B1-B2為臺灣與香港統計差異；C為臺灣經香港輸往大陸的貿易；r為已列計於A項，但實際系經香港轉口大陸而重複列計於C項的比例。

[149]彭興韻：《兩岸金融業互動互利是必然選擇》，《上海證券報》，2006年4月17日。

[150]王建民：《2005年兩岸金融往來與合作形勢回顧》，《兩岸關係》，2006年第1期，第52頁。

[151]吳金城：《特殊的兩岸經濟相互依賴關係與意涵》，臺灣《東亞論壇季刊》，2009年第3期，第96頁。

[152]姜文學、梁春眉：《經濟互補性、競爭性與中、日、韓FTA對象選擇》，《財經問題研究》，2005年第1期，第50頁。

[153]張敦富：《區域經濟學原理》，北京：中國輕工業出版社，1999年版，第171頁。

[154]於津平：《中國與東亞主要國家和地區間比較優勢與貿易互補性》，《世界經濟》，2003年第5期，第37頁。

[155]高長、王正旭：《兩岸關係的回顧、新情勢與前瞻》，臺灣

《遠景基金會季刊》，2008年第3期，第178頁。

[156]臺灣「陸委會」編：《兩岸經濟統計月報》，第169期，第23-24頁。

[157]孔祥榮：《結構優化與對外貿易增長方式的轉變》，《理論學刊》，2007年第4期，第46-47頁。

[158]孫寧華、洪銀興：《新時期的兩岸經貿關係：互補性、障礙和機遇》，《南京大學學報（哲學、人文科學、社會科學）》，2001年第3期，第13頁。

[159]李非：《海峽兩岸經濟合作問題研究》，北京：九州出版社，2000年版，第68頁。

[160]臺灣「陸委會」編：《兩岸經濟統計月報》，第169期，第63-64頁。

[161]蔡拓：《國際關係學》，天津：南開大學出版社，2005年版，第291頁。

[162]王建民：《兩岸經貿關係發展的不對稱性分析及思考》，《臺灣研究》，2004年第5期，第20-24頁。

[163]高長：《兩岸經貿發展趨勢與因應對策剖析》，臺灣《理論與政策》，第11卷第4期，第102頁。

[164]廖光生編著：《兩岸經貿互動的隱憂與生機》，香港中文大學亞太研究所，1995年版，第8頁。

[165][日]山本吉宣著，桑田譯：《國際相互依存》，北京：經濟日報出版社，1989年版，第48頁。

[166]翟戰利：《比較優勢非對稱性的靜態研究》，《西安政治學院學報》，2002年第6期，第77-78頁。

[167]蔡拓：《國際關係學》，天津：南開大學出版社，2005年版，第291頁。

[168][美]羅伯特·基歐漢、約瑟夫·奈著，門洪華譯：《權力與相互依賴（第3版）》，北京：北京大學出版社，2002年版，第14頁。

[169]蔡拓：《國際關係學》，天津：南開大學出版社，2005年版，第291頁。

[170]徐淑敏：《互賴理論中「敏感性與脆弱性」概念應用於兩岸互動關係的操作化分析》，臺灣《遠景基金會季刊》，2004年4期，第208頁。

[171]《知識元：合作》，中國知網，http：//www1.chkd.cnki.net/kns50/XSearch.aspx？KeyWord。

[172]《馬克思恩格斯選集》第3卷，北京：人民出版社，1995年版，第481頁。

[173][美]羅伯特·基歐漢、約瑟夫·奈著，門洪華譯：《局部全球化世界中的自由主義、權力與治理》，北京：北京大學出版社，2004年版，第105-132。

[174]顧岳：《相互依存與亞太地區的國家間合作》，《貴州師範大學學報（社會科學版）》，2003年第4期，第29-30頁。

[175]馬春文、張東輝主編：《發展經濟學》，北京：高等教育出版社，2005年版，第38頁。

[176]曹小衡：《兩岸經濟合作現狀與走向研究》，載周志懷主編：《兩岸關係和平發展與機遇管理》，北京：九州出版社，2009年11月版，第262頁。

[177][美]西蒙·庫茲涅茨：《現代經濟的增長：發現和反映》，載

商務印書館編輯部編：《現代國外經濟學論文選（第二輯）》，北京：商務印書館，1981年版，第21頁。

[178]佟家棟、周申：《國際貿易學——理論與政策》，北京：高等教育出版社，2004年版，第156頁。

[179]高孔廉：《由兩岸經貿政策看臺灣經濟出路》，臺灣《經濟前瞻》，2003年第3期，第74頁。

[180]劉義聖：《哈囉德——多馬經濟政治模型和我國投資問題研究》，載商務印書館編輯部編：《西方經濟思想評論（第二輯）》，北京：商務印書館，1990年版，第132頁。

[181]唐永紅：《兩岸經濟一體化問題研究——區域一體化理論視角》，廈門：鷺江出版社，2007年版，第137頁。

[182]王哲：《引進外國直接投資對中國經濟增長的作用》，《財經界》，2006年2月下半月刊，第139頁。

[183]《國臺辦主任王毅在臺商座談會歡迎酒會上的致辭》，國務院臺灣事務辦公室網站，http：//www.gwytb.gov.cn/gzyw/gzyw1.asp？gzyw__m__id=1674。

[184]潘文卿、李子奈：《中國大陸經濟對臺商投資的依存研究：一個基於聯接模型的分析》，《世界經濟》，2001年第10期，第23頁。

[185]李非：《海峽兩岸經濟關係通論》，廈門：鷺江出版社，2008年版，第23頁。

[186]轉引自：《陸資入臺：既期待又疑慮》，《中國報導》，2009年第8期，第85頁。

[187]沈丹陽：《海峽兩岸貿易不平衡的現狀、成因與可能的發展

趨勢》，《外貿調研》，2004年第19期，第4頁。

[188]王建民：《兩岸經貿關係發展的不對稱性分析及思考》，《臺灣研究》，2004年第5期，第25頁。

[189]陳麗明、張冠華：《新形勢下加強兩岸產業交流與合作的思考與探索》，《臺灣研究》，2009年第3期，第13頁。

[190]鄧利娟主編：《21世紀以來的臺灣經濟困境與轉折》，北京：九州出版社，2004年版，第353頁。

[191]蔡秀玲、陳萍：《海峽兩岸直接「三通」與區域產業整合研究》，北京：中國經濟出版社，2004年版，第242-243頁。

[192]李非主編：《21世紀初期海峽兩岸經濟關係走向與對策》，北京：九州出版社，2002年版，第30-31頁。

[193]朱延智：《兩岸經貿（第二版）》，臺北：五南圖書出版股份有限公司，2006年版，第162-163頁。

[194]李非：《臺灣經濟發展通論》，北京：九州出版社，2004年版，第399頁。

[195]童振源：《兩岸經濟全球分工與互賴》，臺灣《經濟情勢暨評論》，2001年第3期，第138頁。

[196]《胡錦濤會見連戰和參加兩岸經貿論壇的臺灣人士》，新華網，北京，2006年4月16日電。

[197]中共中央臺辦、國務院臺辦：《中國臺灣問題》，北京：九洲圖書出版社，1998年版，第128頁。

[198]中共中央臺辦、國務院臺辦：《中國臺灣問題》，北京：九洲圖書出版社，1998年版，第162頁。

[199]蔡英文：《加入WTO後兩岸經貿政策》，載臺灣「行政院大陸委員會」編印：《堅持「主權、民主、和平、對等」四原則的兩岸關係》，臺北：「行政院大陸委員會」，2008年版，第76頁。

[200]《以民為本，為民謀利，積極務實推進兩岸「三通」》，國務院臺灣事務辦公室網站，http：//www.gwytb.gov.cn/zywg/zywg0.asp？zywg__m__id=104。

[201]Barry Buzan，Ole Waever，Jaap De Wilde，Security：A New Framework for Analysis，（London：Lynne Rienner Publishers，Inc，1998），pp.21-23.

[202][英]巴裡·布讚著，閆健、李劍譯：《人、國家與恐懼——後冷戰時代的國際安全研究議程》，北京：中央編譯出版社，2009年版，第20-30、200-213頁。

[203]李曉勇：《國際經濟關係與我國經濟安全》，《中共雲南省委黨校學報》，2003年第期，第頁。

[204]轉引自萬君康、肖文韜、馮艷飛：《國家經濟安全理論述評》，《學術研究》，2001年第9期，第76頁。

[205]張傳國：《中國大陸利用臺資政策評價與調控》，廈門：鷺江出版社，2007年版，第135頁。

[206][美]羅伯特·基歐漢、約瑟夫·奈著，門洪華譯：《權力與相互依賴（第3版）》，北京：北京大學出版社，2002年版，第10-11頁。

[207]張亞中：《兩岸統合論》，臺北：生智文化事業有限公司，2002年版，第100頁。

[208]羅伯特·鮑威爾：《國際關係理論中的絕對獲益與相對獲益》，載大衛·A·鮑德溫主編：《新現實主義和新自由主義》，杭州：

浙江人民出版社，2001年5月版，第209頁。

[209]張傳國：《中國大陸利用臺資政策評價與調控》，廈門：鷺江出版社，2007年版，第134-157頁。

[210]童振源：《兩岸經濟整合與臺灣的「國家安全」顧慮》，臺灣《遠景基金會刊》，2003年第4卷第3期，第45頁。

[211]朱延智：《兩岸經貿（第二版）》，臺北：五南圖書出版股份有限公司，2006年版，第149頁。

[212]《臺灣經濟永續發展會議：全球布局與兩岸經貿結論》，載臺灣「行政院大陸委員會」編印：《堅持「主權、民主、和平、對等」四原則的兩岸關係》，臺北：「行政院大陸委員會」，2008年版，第128頁。

[213]朱延智：《兩岸經貿（第二版）》，臺北：五南圖書出版股份有限公司，2006年版，第152頁。

[214]陳隆志：《〈臺灣的『獨立』與『建國』〉發行三十一年後的回顧與展望》，載莊萬壽主編：《臺灣「獨立」的理論與歷史》，臺北：前衛出版社，2002年版，第72頁。

[215]陳明通：《當前兩岸經貿情勢與展望》，載臺灣「行政院大陸委員會」編印：《堅持「主權、民主、和平、對等」四原則的兩岸關係》，臺北：「行政院大陸委員會」，2008年版，第128頁。

[216]《陳水扁接受非凡電視臺「晚安臺灣」節目專訪》，2005年6月27日，臺「總統府」網站，http：//www.president.gov.tw。

[217]傅豐誠：《兩岸經貿政策共識難成之因》，臺灣《經濟前瞻》，2006年第2期，第頁。

[218]林華生：《臺灣產業空洞化的分析》，香港《大公報》，

2003年3月4日。

[219]朱延智：《兩岸經貿（第二版）》，臺北：五南圖書出版股份有限公司，2006年版，第152-153頁。

[220]周茂春：《由社經變遷看臺灣「獨立」運動》，載莊萬壽主編：《臺灣「獨立」的理論與歷史》，臺北：前衛出版社，2002年版，第226頁。

[221]蔡英文：《全球化下的兩岸經貿關係》，臺灣「陸委會」網站，http：//www.mac.gov.tw/big5/cnews/ref921023.htm。

[222]周添城：《兩岸經貿的禁忌》，臺北：中華徵信所企業股份有限公司，1998年版，第72-73頁。

[223]童振源：《兩岸經濟整合與臺灣的「國家安全」顧慮》，臺灣《遠景基金會季刊》，2003年第4卷第3期，第45頁。

[224]《兩岸開放交流20年學術研討會會議實錄》，臺北：海峽交流基金會、交流雜誌社，2008年版，第141頁。

[225]《國務院臺辦新聞發布會實錄（2004年5月24日）》，國務院臺灣事務辦公室網站，http：//www.gwytb.gov.cn/xwfbh/xwfbh0.asp？xwfbh_m_id=37。

[226]http//news.sina.com.cn/c/2004-06-04/04082711375s.shtml。

[227]邵宗海：《從政治角度看兩岸經貿關係》，臺灣《理論與政策》，1998年第12卷第1期，第30-31頁。

[228]李憲榮：《中國對臺灣的意圖及臺灣的危機管理》，載許世楷、施正鋒編：《臺灣前途危機管理》，臺北：前衛出版社，2001年版，第151頁。

[229]《「中華民國」2006年「國防」報告書》，臺灣「國防

部」，2006年版，第38頁。

[230]李憲榮：《中國對臺灣的意圖及臺灣的危機管理》，載許世楷、施正鋒編：《臺灣前途危機管理》，臺北：前衛出版社，2001年版，第179頁。

[231]《以民為本，為民謀利，積極務實推進兩岸「三通」》，國務院臺灣事務辦公室網站，http：//www.gwytb.gov.cn/zywg/zywg0.asp？zywg__m__id=104。

[232]臺灣「陸委會」編：《兩岸經濟統計月報》，2007年第169期，第63-64頁。

[233]蔡宏明：《臺灣經貿發展對兩岸經貿互動之影響》，臺灣《遠景基金會季刊》，2006年第2期，第311頁。

[234]《臺「中經院」：投資大陸並未造成臺灣產業空洞化》，中新社，臺北，2006年11月29日電。

[235]鮑曉華：《臺灣「產業空洞化」的檢驗——兼與臺灣學者謝寬裕商榷》，《世界經濟研究》，2002年第4期，第39-45頁。

[236]《王在希：臺灣產業空洞化絕非臺商投資大陸造成》，中新社，深圳，2002年3月27日電。

[237]王建民：《對臺經濟制裁可能性不排除》，轉引自新浪網，http：//news.sina.com.cn/c/2004-06-04/04082711375s.shtml。

[238]童振源：《評陳水扁經濟安全發展戰略的兩岸經貿政策》，臺灣《經濟前瞻》，2000年總第68期，第92-96頁。

[239]童振源：《全球化下的兩岸經濟關係》，臺北：生智文化事業有限公司，2003年版，第13頁。

[240]《馬英九展現對兩岸經貿的自信》，轉引自華夏經緯網，

www.huaxia.com/tslj/jjsp/2009/01/1300003.html。

[241]《馬英九：完全不依賴大陸不可能》，臺灣《聯合晚報》，2009年5月21日。

[242]《馬英九主持報告「兩岸經濟協議」記者會》，臺灣「行政院大陸委員會」網站，http：//www.mac.gov.tw/ct.asp？xItem=74602＆ctNode=5628＆mp=2。

[243]《江丙坤：經濟依賴中國並非壞事》，臺灣《自由時報》，2009年2月5日。

[244]李寶林：《國際政治經濟學視角下的世界經濟區域化》，《世界經濟與政治論壇》，2004年第3期，第12頁。

[245][美]羅伯特·吉爾平著，楊宇光、楊炯譯：《全球資本主義的挑戰》，上海：上海人民出版，年版，第頁。

[246]轉引自唐永紅：《兩岸經濟一體化問題研究——區域一體化理論視角》，廈門：鷺江出版社，年版，第頁。

[247]B.M.Russett, International region and the international system：a study of political ecology,（Chicago：Rand＆Mcnally Company，1967），pp 12-54.

[248]Kenneth Oye, Cooperation Under Anarchy,（Princeton：Princeton University，1986）.pp239-249.

[249]Helen Milner,「International Relations of Cooperation Among Nations-Strengths and Weaknesses」, World Politics, April，1992.P.120.

[250]李非：《海峽兩岸經濟合作問題研究》，北京：九州出版社，2000年版，第57頁。

[251]民主、和平、對等四原則的兩岸關係》，臺北：「行政院大

陸委員會」，2008年版，第61頁。

[252]李英明：《全球化時代下的臺灣和兩岸關係》，臺北：生智文化事業有限公司，2001年版，第161頁。

[253]海峽交流基金會、交流雜誌社編：《兩岸開放交流20年國際學術研討會會議實錄》，臺北：海峽交流基金會，2008年版，第148頁。

[254]2006 4月16日電。

[255]莫大華：《亞太區域安全整合下的臺灣——邊緣化的挑戰與回應》，載王高成主編：《臺灣的戰略未來》，臺北：華揚文教事業股份有限公司，2006年版，第186-187頁。

[256]蔡東杰：《東亞區域發展的政治經濟學》，臺北：五南圖書出版股份有限公司，2007年版，第8頁。

[257]段小梅；《臺商投資中國大陸的區位選擇及其投資環境研究》，北京：中國經濟出版社，2006年版，第84-86頁。

[258]「海峽西岸經濟區」的概念在2004年1月初舉行的福建省十屆人大二次會議上首次被完整、公開地提出。是指臺灣海峽西岸，以福建為主體包括周邊地區，南北與珠三角、長三角兩個經濟區銜接，東與臺灣、西與江西的廣大內陸腹地貫通，具有對臺工作、統一中國，並進一步帶動大陸經濟走向世界的特點和獨特優勢的地域經濟綜合體。它是一個涵蓋經濟、政治、文化、社會等各個領域的綜合性概念，總的目標任務是「對外開放、協調發展、全面繁榮」，基本要求是經濟一體化、投資貿易自由化、宏觀政策統一化、產業高級化、區域城鎮化、社會文明化。經濟區以福建為主體涵蓋浙江、廣東、江西3省的部分地區，人口約為6000萬～8000萬人，預計建成後的經濟區年經濟規模在17000億元以上。2009年5月，國務院通過《關於支持福建

省加快建設海峽西岸經濟區的若干意見》，認為支持福建省加快海峽西岸經濟區建設，是進一步發揮福建省比較優勢，實現又好又快發展的迫切需要；是完善沿海地區經濟布局，推動海峽西岸其他地區和臺商投資相對集中地區發展的重大舉措；也是加強兩岸交流合作，推進中國和平統一大業的戰略部署，具有重大的經濟意義和政治意義。

[259]張玉冰：《江蘇與臺灣經貿關係發展研究》，《江蘇商論》，2007年第8期，第4頁。

[260]章念馳、鐘焰：《臺資企業與長三角區域經濟發展》，《浙江工貿職業技術學院學報》，2007年第3期，第1-3頁。

[261]錢方明：《長三角與臺灣經貿關係發展研究》，《嘉興學院學報》，2009年第5期，第34頁。

[262]《國務院支持福建省加快建設海峽西岸經濟區的若干意見》，中華人民共和國中央人民政府門戶網站，http：//www.gov.cn/zwgk/2009-05/14/content__1314194.htm。

[263]李非：《海峽兩岸經濟發展通論》，廈門：鷺江出版社，2008年版，第248頁。

[264]鄧利娟、石正方主編：《海峽西岸經濟區發展研究》，北京：九州出版社，2008年版，第136頁，

[265]唐永紅：《海西先行先試與ECFA連接並行不悖》，華廣網，http：//www.chbcnet.com/news/zjzl/2009-12/21/content__129212.htm。

[266]《「陸委會」：不必把ECFA和海西經濟區扯在一起》，香港中評社，臺北，2009年8月5日電。

[267]《「陸委會咨委」：福建海西不易吸引臺商投資》，臺灣「中央社」，臺北，2010年2月6日電。

[268]潘錫堂：《臺灣不必對「海西區」存顧慮》，《海峽導報》，2010年1月6日。

[269]吳金城：《特殊的兩岸經濟相互依賴關係與意涵》，臺灣《東亞論壇季刊》，2009年第3期，第95頁。

[270]林信華：《超國家社會學：兩岸關係中的新臺灣社會》，臺北：韋伯文化國際出版有限公司，2003年版，第197頁。

[271]《賈慶林就促進兩岸交流提出四點看法》，國務院臺灣事務辦公室網站，http：//www.gwytb.gov.cn/zyjh/zyjh0.asp？zyjh__m__id=1358。

[272][美]羅伯特·基歐漢、約瑟夫·奈著，門洪華譯：《權力與相互依賴（第3版）》，北京：北京大學出版社，2002年版，第9頁。

[273]徐淑敏：《敏感性與脆弱性：互賴理論下的兩岸關係》，臺北：時英出版社，2005年版，第16頁。

[274]鄺艷湘：《和平還是衝突：經濟相互依賴的政治後果》，《國際論壇》，2007年第3期，第44頁。

[275][美]羅伯特·基歐漢、約瑟夫·奈著，門洪華譯：《權力與相互依賴（第3版）》，北京：北京大學出版社，2002年版，第28-29頁。

[276]徐淑敏：《敏感性與脆弱性：互賴理論下的兩岸關係》，臺北：時英出版社，2005年版，第29頁。

[277]Scott L.Kastner.Does Economic Interdependence Constrain，Inform， or Transform？Preliminary Evidence From the Relationship across the Taiwan Strait， http：//www.bsos.umd.edu/gvpt/kastner/KastnerISA2005.pdf.

[278]鄺艷湘：《經濟互賴與國際和平》，《外交評論》，2007年

第1期,第66-68頁。

[279]David Mitrany, A working peace system, The Royal Institute of International Affairs, Oxford University Press(London, New York, Toronto[etc.]),1943,pp24-45.

[280][美]羅伯特·基歐漢、約瑟夫·奈著,門洪華譯:《權力與相互依賴(第3版)》,北京:北京大學出版社,2002年版,第26頁。

[281]樊勇明:《西方國際政治經濟學理論與流派》,上海:上海人民出版社,2003年版,第48頁。

[282]樊勇明:《西方國際政治經濟學理論與流派》,上海:上海人民出版社,2003年版,第36頁。

[283][美]肯尼思·沃爾茲著,信強譯:《國際政治理論》,上海:上海人民出版社,2004年版,第185頁。

[284]C.Copeland,「Economic Interdependence and War:A Theory of Trade Expectations」,in Michael E.Broun, eds, THEORIES OF WAR AND PEACE,(Boston:the MIT Press,2000),p.469.

[285]李英明:《全球化時代下的臺灣和兩岸關係》,臺北:生智文化事業有限公司,2001年版,第123頁。

[286]《胡錦濤就新形勢下發展兩岸關係提四點意見》,新華社,北京,2005年3月4日電。

[287]李英明:《全球化時代下的臺灣和兩岸關係》,臺北:生智文化事業有限公司,2001年版,第123頁。

[288]《佐利克:美國應盡速與亞太國家簽自由貿易協定》,臺灣《中國時報》,2002年2月2日。

[289]David M.Lampton,「The Taiwan Relations Act After Twenty

Years：Looking Back to Look Ahead，」Testimony before the United States Senate Committee on Foreign Relations， Hearings on「U.S.-Taiwan Relations：20th Anniversary of Taiwan Relations Act」，March 25，1999.

[290]《反「臺獨」戰爭中國將付出什麼代價？》，轉引自新浪網，http：//news.sina.com.cn/c/2003-12-04/13542283404.html。

[291]胡錦濤：《攜手推動兩岸關係和平發展，同心實現中華民族偉大復興》，新華網，北京，2008年12月31日電。

[292]胡錦濤：《攜手推動兩岸關係和平發展，同心實現中華民族偉大復興》，新華網，北京，2008年12月31日電。

[293]常欣欣：《和平與經濟相互依賴關係的理論考察》，《北京行政學院學報》，2001年第5期，第68頁。

[294]楊仕樂：《中國威脅？經濟互賴與中國大陸的武力使用》，臺灣《東亞研究》，2004年第2期，第129頁。

[295]胡錦濤：《攜手推動兩岸關係和平發展，同心實現中華民族偉大復興》，新華網，北京，2008年12月31日電。

[296]陳明通：《「我國」大陸政策的檢討與前瞻》，載臺灣「行政院大陸委員會」編印：《堅持「主權、民主、和平、對等」四原則的兩岸關係》，臺北：「行政院大陸委員會」，2008年版，第28頁。

[297]《臺灣前途決議文（1999年）》，民進黨中央網站，http：//www.dpp.org.tw/。

[298]陳水扁：《跨世紀中國政策白皮書》，載臺灣「行政院大陸委員會」編：《『政府』大陸政策重要文件》，臺北：「行政院大陸委員會」，2002年版，第83頁。

[299]蔡英文：《加入WTO後兩岸經貿政策》，載臺灣「行政院大

陸委員會」編印：《堅持「主權、民主、和平、對等」四原則的兩岸關係》，臺北：「行政院大陸委員會」，2008年版，第81頁。

[300]童振源：《臺灣與「中國」經貿關係——經濟與安全的交易》，臺灣《遠景基金會季刊》，2000年第1卷第2期，第51-81頁。

[301]李憲榮：《中國對臺灣的意圖及臺灣的危機管理》，載許世楷、施正鋒編：《臺灣前途危機管理》，臺北：前衛出版社，2001年版，第175頁。

[302]吳釗燮：《和平與發展——開創兩岸雙贏新局》，載臺灣「行政院大陸委員會」編印：《堅持「主權、民主、和平、對等」四原則的兩岸關係》，臺北：「行政院大陸委員會」，2008年版，第98-99頁。

[303]《馬英九記者會談話全文》，臺灣「總統府」網站，http：//www.president.gov.tw/php-bin/prez/shownews.php4？__section=3&__recNo=158。

[304]《馬英九：兩岸生意做大怎會打仗》，臺灣《聯合晚報》，2009年11月20日。

[305]胡錦濤：《攜手推動兩岸關係和平發展，同心實現中華民族偉大復興》，新華網，北京，2008年12月31日電。

[306]林韶、張華、胡東華等編：《2010年碩士研究生入學考試應試教程（政治分冊）》，重慶：西南師範大學出版社，2009年版，第54-56頁。

[307]柳建平：《當代國際經濟關係政治化問題研究》，北京：人民出版社，2002年版，第42頁。

[308]林韶、張華、胡東華等編：《2010年碩士研究生入學考試應

試教程（政治分冊）》，重慶：西南師範大學出版社，2009年版，第54-56頁。

[309]John Spanier, Games Nations Play Analyzing International Politics, Hoit, Rinehart & Winstion, Fourth Edition, 1981, p563.

[310]林詔、張華、胡東華等編：《2010年碩士研究生入學考試應試教程（政治分冊）》，重慶：西南師範大學出版社，2009年版，第54-56頁。

[311]劉德厚：《論經濟的政治功能及其結構體系問題》，《求索》，1995年第1期，第18-23頁。

[312]柳建平：《當代國際經濟關係政治化問題研究》，北京：人民出版社，2002年版，第50頁。

[313][英]伊恩·布朗利著，余敏友等譯：《國際公法原理》，北京：法律出版社，2003年版，第319頁。

[314][美]威廉·奧爾森著，王沿等譯：《國際關係的理論和實踐》，北京：中國社會科學出版社，1989年版，第13頁。

[315]徐藍：《經濟全球化與民族國家的主權保護》，《世界歷史》，2007年第2期，第22-24頁。

[316]任衛東：《全球化進程中的國家主權：原則、挑戰及選擇》，《國際關係學院學報》，2005年第6期，第4頁。

[317]胡錦濤：《攜手推動兩岸關係和平發展，同心實現中華民族偉大復興》，新華網，北京，2008年12月31日電。

[318]李非：《海峽兩岸經濟關係通論》，廈門：鷺江出版社，2008年版，第359頁。

[319]李家泉：《在危機中前進的兩岸關係——專家點評兩岸關係

的熱點問題》，《臺聲》，2003年第8期，第12頁。

[320]《李登輝稱解決兩岸緊張情勢終將歸諸經濟力量》，臺灣《中央日報》，1999年8月8日。

[321]丁永康：《臺灣8吋晶圓赴中國大陸設廠政經分析》，中國網，http：//www.china.com.cn/chinese/zhuanti/179112.htm。

[322]臺灣《聯合報》，1991年10月28日。

[323]《臺灣民眾統獨立場趨勢分布（1994-2007）》，臺灣政治大學選舉研究中心網站，http：//esc.nccu.edu.tw/newchinese/data/tonduID.htm。

[324]《許信良：站在高處看兩岸關係更全面》，《廈門日報》，2007年4月11日。

[325]李非：《海峽兩岸經濟關係通論》，廈門：鷺江出版社，2008年版，第360頁。

[326]《回望2009：兩岸經貿交流取得突破》，《人民日報（海外版）》，2010年1月7日。

[327]高朗：《從整合理論探索兩岸整合的條件與困境》，載包宗和、吳玉山編：《爭辯中的兩岸關係理論》，臺北：三民書局，1990年版，第54頁。

[328]胡錦濤：《攜手推動兩岸關係和平發展，同心實現中華民族偉大復興》，新華網，北京，年月日電。

[329]《馬英九接受墨西哥太陽報系集團董事長瓦斯蓋茲專訪》，臺灣「總統府」網站，http：//www.president.gov.tw/php-bin/prez/shownews.php4？__section=3＆__recNo=2。

[330]《馬英九發表「人民奮起，臺灣新生」的就職演說》，臺灣

「總統府」網站，http：www.president.gov.tw/2__special/2008__0520p/speech.html。

[331]《呂秀蓮拋出「臺灣地位未定論」激起公憤》，華夏經緯網，http：//www.huaxia.com/zt/2001-02/9970.html。

[332]《薄瑞光中國主權說，隱含新爭端》，香港中評社，臺北，2009年11月25日電。

[333]胡錦濤：《攜手推動兩岸關係和平發展，同心實現中華民族偉大復興》，新華網，北京，2008年12月31日電。

[334]《馬英九接受墨西哥太陽報系集團董事長瓦斯蓋茲專訪》，臺灣「總統府」網站，http：//www.president.gov.tw/php-bin/prez/shownews.php4？__section=3＆__recNo=2。

[335]劉國深：《試析現階段兩岸關係》，《臺灣研究集刊》，2003年第2期，第31頁。

[336]劉國深：《兩岸關係和平發展新課題淺析》，《臺灣研究集刊》，2008年第4期，第2頁。

[337]李英明：《全球化時代下的臺灣和兩岸關係》，臺北：生智文化事業有限公司，2001年版，第113頁。

[338]胡錦濤：《攜手推動兩岸關係和平發展，同心實現中華民族偉大復興》，新華網，北京，2008年12月31日電。

[339]楊連福：《人口問題與臺灣政治變遷》，臺北：博揚文化事業有限公司，2005年版，第260頁。

[340]江宜樺：《自由主義、民族主義與國家認同》，臺北：揚智文化事業股份有限公司，2000年版，第8-11頁。

[341]葛永光：《文化多元主義與國家整合——兼論中國認同的形

成與挑戰》，臺北：正中書局，1993年版，第45頁。

[342][美]亞歷山大·溫特著，秦亞青譯：《國際政治的社會理論》，上海：上海世紀出版集團，2000年版，第431-437頁。

[343]邱芝：《論歐洲一體化進程中集體認同的建構》，《世界經濟與政治論壇》，2007年第4期，第122頁。

[344][美]亞歷山大·溫特著，秦亞青譯：《國際政治的社會理論》，上海：上海世紀出版集團，2000年版，第431-438頁。

[345]陳陸輝、耿曙、塗萍蘭、黃冠博：《理性自利或感性認同？影響臺灣民眾兩岸經貿立場因素的分析》，臺灣《東吳政治學報》，2009年第2期，第114頁。

[346]劉文斌：《臺灣「國家認同」變遷下的兩岸關係》，臺北：問津堂書局，2005年版，第21頁。

[347]江宜樺：《自由主義、民族主義與國家認同》，臺北：揚智文化事業股份有限公司，2000年版，第8-11頁。

[348]劉文斌：《臺灣「國家認同」變遷下的兩岸關係》，臺北：問津堂書局，2005年版，第22頁。

[349]施正鋒：《臺灣意識的探索》，載夏潮基金會編：《中國意識與臺灣意識》，臺北：海峽學術出版社，1999年版，第89頁。

[350]劉文斌：《臺灣「國家認同」變遷下的兩岸關係》，臺北：問津堂書局，2005年版，第22頁。

[351]張亞中：《兩岸統合論》，臺北：生智文化事業有限公司，2000年版，第118-頁。

[352]《兩岸互動一年，馬英九滿意度民調》，遠見雜誌民調中心，http：//www.gvm.com.tw/gvsrc/index.htm。

[353]Anthony D.Smith， National Identity， Las Vegas：University of Nevada，1991，p.52，p.74.

[354]趙森、李義虎：《構建兩岸關係和平發展框架》，載周志懷主編：《新時期對臺政策與兩岸關係和平發展》，北京：華藝出版社，2009年1月版，第210頁。

[355]《吳伯雄：血緣和文化是推動兩岸和平發展動力》，新華網，長沙，2009年7月10日電。

[356]陳添枝：《全球化與兩岸經濟關係》，臺灣《經濟論文叢刊》，2003年第3期，第336頁。

[357]蔡學儀：《兩岸經貿之政治經濟分析》，臺北：新文京開發出版股份有限公司，2003年版，第73頁。

[358]張亞中：《兩岸統合論》，臺北：生智文化事業有限公司，2000年版，第130頁。

[359]林信華；《超國家社會學：兩岸關係中的新臺灣社會》，臺北：韋伯文化國際出版有限公司，年版，第頁。

[360]Karl W.Deutsch，「The price of Integration」，in Philip E.Jacob，and Henry Teune， eds， The Intergration of Political Communities，（Philadelphia：J.B.Lippincott），pp.143-178.

[361]張亞中：《兩岸統合論》，臺北：生智文化事業有限公司，2000年版，第109頁。

[362]《兩岸互動一年，馬英九滿意度民調》，遠見雜誌民調中心，http：//www.gvm.com.tw/gvsrc/index.htm。

[363]張亞中：《兩岸統合論》，臺北：生智文化事業有限公司，2000年版，第111頁。

[364]張亞中：《兩岸統合論》，臺北：生智文化事業有限公司，2000年版，第111頁。

[365]《溫家寶：大陸將繼續擴大同臺灣經貿交流的範圍》，新華網，北京，2008年3月18日電。

[366]《胡錦濤春節前夕看望臺灣同胞：共同開創兩岸關係更加美好的未來》，新華網，北京，2010年2月12日電。

[367]《胡錦濤就新形勢下發展兩岸關係提四點意見》，新華網，北京，2005年3月4日電。

[368]胡錦濤：《攜手推動兩岸關係和平發展，同心實現中華民族偉大復興》，新華網，北京，2008年12月31日電。

[369]孫茹：《亞太多邊安全合作與中美關係：制度的視角》，《美國研究》，2005年第4期，第100頁。

[370]王明生、梨鸝：《國際機制概念新解》，《湖北行政學院學報》，2007年第5期，第頁。

[371]Stephen D.Krasner, Structural Causes and Regime consequences：Régime as Intervening variables, in Stephan D.Krasner ed, INTERNATIONAL REGIME,（Ithaca：Cornell University Press，1983），p.2.

[372][美]羅伯特·O·基歐漢著，門洪華譯：《局部自由化世界中的自由主義、權力與治理》，北京：北京大學出版社，2004年版，第135、172、173頁。

[373]李鵬：《海峽兩岸關係析論——以和平發展為主題之研究》，廈門：鷺江出版社，2009年版，第223頁。

[374]曹小衡：《東亞經濟格局變動與兩岸經濟一體化研究》，北

京：中國對外經濟貿易出版社，2001年版，第11-17頁。

[375]轉引自唐永紅：《兩岸經濟一體化問題研究——區域一體化的理論視角》，廈門：鷺江出版社，2007年版，第4頁。

[376]蘇長和：《解讀霸權之後——基歐漢與國際關係理論中的新自由制度主義》，《美國研究》，2001年第1期，第138-146頁。

[377][美]羅伯特·基歐漢、約瑟夫·奈著，門洪華譯：《權力與相互依賴（第3版）》，北京：北京大學出版社，2002年版，第39-43頁。

[378]阿瑟·斯坦：《協調與合作：無政府世界中的制度》，載大衛·A·鮑德溫主編，肖歡榮譯：《新現實主義和新自由主義》，杭州：浙江人民出版社，2001年版，第47頁。

[379]樊勇明主編：《西方國際組織經濟學理論與流派》，上海：上海人民出版社，2003年版，第54-56頁。

[380][美]羅伯特·基歐漢、約瑟夫·奈著，門洪華譯：《權力與相互依賴（第3版）》，北京：北京大學出版社，2002年版，第56-59頁。

[381]A肖歡榮譯：《新現實主義和新自由主義》，杭州：浙江人民出版社，2001年版，第45頁。

[382][美]羅伯特·基歐漢、約瑟夫·奈著，門洪華譯：《權力與相互依賴（第3版）》，北京大學出版社，2002年版，第53頁。

[383]《劉國深建議成立「兩岸共同事務委員會」》，香港中評社，臺北，2009年11月13日電。

[384]蔡英文：《加入WTO後兩岸經貿政策》，載臺灣「行政院大陸委員會」編印：《堅持「主權、民主、和平、對等」四原則的兩岸關係》，臺北：「行政院大陸委員會」，2008年版，第80-81頁。

[385]《錢其琛：堅持「和平統一、一國兩制」基本方針，努力推

進兩岸關係發展》，新華社，北京，2002年1月24日電。

[386]胡錦濤：《攜手推動兩岸關係和平發展，同心實現中華民族偉大復興》，新華網，北京，2008年12月31日電。

[387]《澳媒專訪：馬英九盼兩岸發展制度化正常關係》，臺灣「中央社」，臺北，2009年10月28日電。

[388]胡錦濤：《攜手推動兩岸關係和平發展，同心實現中華民族偉大復興》，新華網，北京，2008年12月31日電。

[389]胡錦濤：《攜手推動兩岸關係和平發展，同心實現中華民族偉大復興》，新華網，北京，2008年12月31日電。

[390]唐永紅：《兩岸經濟一體化問題研究——區域一體化理論視角》，廈門：鷺江出版社，2007年版，第148頁。

[391]黃鎮臺：《全球化下的兩岸經貿政策與臺灣競爭力》，臺灣《「國家」政策論壇》，2001年第6期，第112頁。

[392]劉遵義：《走出困境、創造雙贏》，載蕭萬長著：《一加一大於二：邁向兩岸共同市場之路》，臺北：天下遠見出版股份有限公司，2005年版，第11-12頁。

[393]劉國深：《兩岸關係不穩定態與制度創新》，《臺灣研究集刊》，2000年第3期，第5頁。

[394]倪世雄等著：《當代西方國際關係理論》，上海：復旦大學出版社，2001年版，第363頁。

[395]Robert Keohan,「International Institutions：Can Interdependence Work？」,Foreign Policy, Spring, 1998, pp 82-96.

[396]2003 8 29日。

[397]簡軍波、丁冬漢：《國際機制的功能與道義》，《世界經濟與政治》，2002年第3期，第17頁。

[398]劉國深：《兩岸關係和平發展新課題淺析》，《臺灣研究集刊》，2008年第4期，第4頁。

[399]2009年2月14日電。

[400]林信華：《超國家社會學：兩岸關係中的新臺灣社會》，臺北：韋伯文化國際出版有限公司，2003年版，第204頁。

[401]王茹：《兩岸命運共同體與兩岸公共生活的建構》，《臺灣研究集刊》，2006年第3期，第3頁。

[402]王毅：《促進兩岸交流大發展，開創和平發展新局面》，國務院臺灣事務辦公室網站，http：//www.gwytb.gov.cn/gzyw/gzyw1.asp？gzyw_m_id=1678。

[403]劉國深：《試論和平發展背景下的兩岸共同治理》，《臺灣研究集刊》，2009年第4期，第6頁。

[404]張亞中：《兩岸統合論》，臺北：生智文化事業有限公司，2000年版，第277頁。

[405]蕭萬長：《一加一大於二：邁向兩岸共同市場之路》，臺北：天下遠見出版股份有限公司，2005年版，第166-167頁。

[406]唐永紅：《當前兩岸制度性經濟一體化的經濟可行性考察》，《臺灣研究集刊》，2007年第1期，第88頁。

[407]盛九元：《建立兩岸經濟合作機制的方式與途徑研究》，《世界經濟與政治論壇》，年第期，第頁。

[408]連戰：《改變，才有希望》，臺北：天下遠見出版股份有限公司，2004年版，第243-244頁。

[409]唐樹備：《兩岸在政治關係定位上的衝突和建立兩岸和平穩定的政治關係的前瞻》，載北京聯合大學臺灣研究院編：《北京臺研論壇（第一輯）》，香港：香港社會科學出版社有限公司，2006年版，第343頁。

[410]倪世雄等著：《當代西方國際關係理論》，上海：復旦大學出版社，2001年版，第363頁。

[411]蔡英文：《加入WTO後兩岸經貿政策》，載臺灣「行政院大陸委員會」編印：《堅持「主權、民主、和平、對等」四原則的兩岸關係》，臺北：「行政院大陸委員會」，年版，第頁。

[412]《馬英九、蕭萬長的全方位政策白皮書》，馬英九、蕭萬長2008年「總統」競選網站，http：//2008.ma19.net/policy4you/economy/reform。

[413]《馬英九：這次勝選給臺灣帶來新時代》，臺灣《聯合報》，2008年3月29日。

[414]《賈慶林：及早建立兩岸經濟合作機制》，新華網，上海，2008年12月20日電。

[415]朱磊：《兩岸簽署經濟合作協議的前景》，中國臺灣網，http：//www1.chinataiwan.org/jinrong/zjzl/200903/t20090326_856838.htm。

[416]《共創兩岸關係更加美好的未來——記胡錦濤春節前夕在福建漳州看望臺灣同胞》，新華網，漳州，2010年2月12日電。

[417]《溫家寶：充分照顧臺灣中小企業利益，我們可讓利》，人民網時政頻道，http：//politics.people.com.cn/GB/1024/11041089.html。

[418]《國臺辦新聞發布會2010.1.13》，國務院臺灣事務辦公室網站，http：//www.gwytb.gov.cn/xwfbh/xwfbh0.asp？xwfbh_m_id=124。

[419]《尹啟銘：ECFA不涉及統獨問題》，臺灣《聯合報》，2009年3月19日。

[420]ECFA 2009年3月19日電。

[421]曾華群：《論內地與香港CEPA之性質》，《廈門大學學報（哲學社會科學版）》，2004年第6期，第30頁。

[422]鄧利娟：《循序漸進建立具有兩岸特色的經濟合作機制》，《兩岸關係》，2009年第3期，第32頁。

[423]劉震濤、王花蕾：《關於兩岸特色經濟合作機制目標探討》，《國際經濟評論》，2009年9-10期，第57頁。

[424]曹小衡：《兩岸經貿關係現狀與經濟合作機制內涵探討》，《兩岸關係》，2009年第1期，第43頁。

[425]《兩岸研究單位有關「兩岸經濟合作框架協議」研究的共同結論與建議》，商務部國際經濟合作研究院網站，http：//www.caitec.org.cn/c/cn/news/2010-01/20/news__1761.html。

[426]《賈慶林：及早建立兩岸經濟合作機制》，新華網，上海，2008年12月20日電。

[427]曹小衡：《兩岸經貿關係現狀與經濟合作機制內涵探討》，《兩岸關係》，2009年第1期，第43頁。

[428]馬英九：《改革奮鬥，臺灣再起》，臺灣「行政院大陸委員會」網站，http：//www.mac.gov.tw/ct.asp？xItem=72855＆ctNode=5628＆mp=2。

[429]勢雙週報1567期》，臺灣《中央日報網路版》，http：//www.cdnews.com.tw/cdnews__site/docDetail.jsp？coluid=110＆docid=101029653。

[430]《CEPA？CECA？ECFA？戳破馬政府兩岸經濟協議的謊言》，民進黨中央網站，http：//www.dpp.org.tw/news＿content.php？menu＿sn=7＆sub＿menu=43＆sn=3644。

[431]《民進黨無法接受ECFA是區對區》，香港中評社，臺北，2010年1月27日電。

[432]胡錦濤：《攜手推動兩岸關係和平發展，同心實現中華民族偉大復興》，新華網，北京，2008年12月31日電。

[433]《大陸學者澄清：CECA導致統一是媒體誤解》，香港中評社，香港，2009年2月日電。

[434]《CEPA？CECA？ECFA？戳破馬政府兩岸經濟協議的謊言》，民進黨中央網站，http：//www.dpp.org.tw/news＿content.php？menu＿sn=7＆sub＿menu=43＆sn=3644。

[435]侯立朝：《依賴理論與ECFA》，臺灣《玉山週報》，2009年第8期。

[436]《賈慶林：及早建立兩岸經濟合作機制》，新華網，上海，2008年12月20日電。

[437]《兩岸簽定經濟合作協議與交流、民眾終極統獨觀、馬滿意度民調》，臺灣遠見雜誌民調中心網頁，
http：//www.gvm.com.tw/gvsrc/index.asp。

[438]李鵬：《海峽兩岸關係析論——以和平發展為主題之研究》，廈門：鷺江出版社，2009年版，第307頁。

[439]胡錦濤：《攜手推動兩岸關係和平發展，同心實現中華民族偉大復興》，新華網，北京，2008年12月31日電。

[440]賈慶林：《在學習貫徹胡錦濤重要講話座談會上的講話》，

新華網，北京，2009年12月30日電。

[441]陳陸輝、耿曙、塗萍蘭、黃冠博：《理性自利或感性認同？影響臺灣民眾兩岸經貿立場因素的分析》，臺灣《東吳政治學報》，2009年第2期，第89頁。

[442]李鵬：《海峽兩岸關係析論——以和平發展為主題之研究》，廈門：鷺江出版社，2009年版，第310頁。

[443]張冠華：《後「三通」時代的兩岸經濟關係》，大陸臺灣研究會網站，http：//www.chinataiwan.org/taiyanhui/lunwenhuicui/200902/t20090218__832287.htm。

[444]2010 3月2日電。

[445]朱磊：《回望2009：兩岸關係改善，經貿交流突破連連》，《人民日報（海外版）》，2010年1月7日。

[446]《胡錦濤就新形勢下發展兩岸關係提四點意見》，新華網，北京，2005年3月4日電。

[447]賈慶林：《在學習貫徹胡錦濤重要講話座談會上的講話》，新華網，北京，2009年12月30日電。

[448]賈慶林：《在學習貫徹胡錦濤重要講話座談會上的講話》，新華網，北京，2009年12月30日電。

國家圖書館出版品預行編目(CIP)資料

大陸對海峽兩岸經濟互賴效應之研究 / 李鵬 著. -- 第一版.
-- 臺北市：崧燁文化，2019.01

　面 ； 　公分

ISBN 978-957-681-687-1(平裝)

1.兩岸經貿 2.中國

552.2　　　107022180

書　名：大陸對海峽兩岸經濟互賴效應之研究
作　者：李鵬 著
發行人：黃振庭
出版者：崧燁文化事業有限公司
發行者：崧燁文化事業有限公司
E-mail：sonbookservice@gmail.com
粉絲頁　　　　　　　網　址
地　址：台北市中正區重慶南路一段六十一號八樓 815 室
8F.-815, No.61, Sec. 1, Chongqing S. Rd., Zhongzheng Dist., Taipei City 100, Taiwan (R.O.C.)
電　話：(02)2370-3310　傳　真：(02) 2370-3210
總經銷：紅螞蟻圖書有限公司
地　址：台北市內湖區舊宗路二段 121 巷 19 號
電　話：02-2795-3656　傳真：02-2795-4100　網址：
印　刷：京峯彩色印刷有限公司（京峰數位）

　　本書版權為九州出版社所有授權崧博出版事業股份有限公司獨家發行電子書繁體字版。若有其他相關權利及授權需求請與本公司聯繫。

定價：550 元

發行日期：2019 年 01 月第一版

◎ 本書以POD印製發行